权威 · 前沿 · 原创

皮书系列为

“十二五”“十三五”“十四五”时期国家重点出版物出版专项规划项目

北京市哲学社会科学研究基地智库报告系列丛书

城市管理蓝皮书
BLUE BOOK OF URBAN MANAGEMENT

中国城市管理报告（2023）

ANNUAL REPORT ON URBAN MANAGEMENT OF CHINA (2023)

刘承水　冀文彦　史雅娟　张潆文　刘国海／著

社会科学文献出版社
SOCIAL SCIENCES ACADEMIC PRESS (CHINA)

图书在版编目(CIP)数据

中国城市管理报告. 2023 / 刘承水等著. --北京：社会科学文献出版社，2023. 11
（城市管理蓝皮书）
ISBN 978-7-5228-2721-6

Ⅰ. ①中… Ⅱ. ①刘… Ⅲ. ①城市管理-研究报告-中国-2023 Ⅳ. ①F299. 23

中国国家版本馆 CIP 数据核字（2023）第 206649 号

城市管理蓝皮书
中国城市管理报告（2023）

著　　者 / 刘承水　冀文彦　史雅娟　张潆文　刘国海

出 版 人 / 冀祥德
组稿编辑 / 任文武
责任编辑 / 张丽丽
文稿编辑 / 赵熹微
责任印制 / 王京美

出　　版 / 社会科学文献出版社 · 城市和绿色发展分社（010）59367143
　　　　　地址：北京市北三环中路甲 29 号院华龙大厦　邮编：100029
　　　　　网址：www. ssap. com. cn
发　　行 / 社会科学文献出版社（010）59367028
印　　装 / 天津千鹤文化传播有限公司

规　　格 / 开 本：787mm × 1092mm　1/16
　　　　　印 张：19　字 数：289 千字
版　　次 / 2023 年 11 月第 1 版　2023 年 11 月第 1 次印刷
书　　号 / ISBN 978-7-5228-2721-6
定　　价 / 128. 00 元

读者服务电话：4008918866

作者简介

刘承水 管理学博士，教授。现任北京城市学院校长助理，首都城市环境建设研究基地首席专家，中国优选法统筹法与经济数学研究会常务理事、统筹分会副理事长，北京城科会常务理事、城专会副主任。撰写《城市概论》《城市灾害应急管理》等多部著作。主持研究“首都城市环境建设评价及指数研究”与“中国大城市发展模式的思考与研究”等多项重大课题。《试论企业竞争战略之核心竞争力》获中国科协组织“百佳中华创新成果”特别荣誉奖，课题成果“首都城市环境建设评价与指数研究”获北京市优秀等级，“社会舆情焦点聚焦及应对策略研究”获北京市社会建设优秀成果一等奖。在《北京调研》刊发《关于破解垃圾分类居民普遍参与“瓶颈”的建议》等。

冀文彦 管理学博士，现任北京城市学院科研部门党支部书记，首都城市环境建设研究基地副主任，中国城市科学研究会数字孪生与未来城市专委会秘书长助理。出版《城市管理蓝皮书》《首都城市环境现状分析及治理实践》《首都城乡接合部环境治理研究》《冲突与危机管理》《服务经济学》等多部著作。近年来，主持、执行、负责或参与省部级重大、重点或一般项目 10 余项，主持或参与横向项目若干，在各级各类期刊或纸媒发表文章 30 余篇。

史雅娟　人文地理学博士，中国科学院地理科学与资源研究所博士后。现任北京城市学院副教授，北京城市学院首都城市环境建设研究基地研究人员，北京城市管理学会监事。长期从事城市—区域规划、城市治理、乡村振兴等方面的实践与研究。先后主持北京市及其他省份的规划咨询、乡村振兴等城市—区域发展课题10余项，主持研究北京市社会科学基金决策咨询项目等省部级项目2项。主要参与国家自然科学基金、国家社科基金重大课题等国家级基金项目6项，参与国务院发展研究中心“京津冀区域一体化研究”等横向项目课题20余项。累计发表学术论文20余篇，参编学术著作6部。

张潆文　现任北京城市学院首都城市环境建设研究基地研究人员，主要从事自然资源管理、区域发展等研究。曾在北京市规划和自然资源委员会系统从事研究和实务工作近7年，具有综合交叉学科研究优势以及丰富的科研和实践工作经验。近年来，在《应用生态学报》《地域研究与开发》《中国农业资源与区划》等学术期刊发表论文30余篇，出版《土地空间开发利用与确权登记制度研究》《自然资源资产产权制度理论与实践》著作2部，参编其他著作3部。

刘国海　北京城市学院高级工程师，中国物流学会与采购联合会理事，物流学会特约研究员。曾在日本留学及工作8年，近年开展了大量基于日本经验的研究，受邀《中国经济时报》《中国城市报》采访，在《经济参考报》等期刊及纸媒发表多篇文章。

摘 要

城市是现代化的重要载体，城市治理现代化是推进中国式现代化的内在要求。城市人口多、体量大、要素多，是人才、经济、科技等资源要素的聚集地，是经济和社会发展的重要引擎，更是全国乃至全球经济体系的重要节点。因此，城市治理具有复杂性、差异性、特殊性等特征，城市治理体制和治理手段需要不断深入探索、与时俱进。

《中国城市管理报告（2023）》以实践为基础，在多年数据积累的基础上，对城市的经济、公共服务、环境、基础设施、科技创新等领域进行分析，并聚焦首都热点问题，为分析城市问题的致因和发展趋势提供治理路径。

总报告综合分析了中国36个重点城市管理水平，提出城市治理现代化的路径，即充分汲取中华优秀传统文化，充分关注城市的“细枝末节”，利用科技、城市群等优势，实现公共服务共享互通。

5篇分报告分别就城市公共服务管理水平、经济管理水平、环境管理水平、科技创新管理水平、基础设施管理水平进行了分析。提升公共服务管理水平的关键在于坚持以人民为中心，以基本公共服务均等化为目标，持续推进基本公共服务制度体系现代化。城市经济管理水平的提升则主要从市场监管制度以及地方政府收支科学化管理两个方面来入手。城市生态环境越来越成为城市良性、可持续发展的重要影响因素，环境管理的路径在于积极推进碳达峰和碳中和工作、开拓环境宣教新思路、强化协同管理机制。党的二十大报告对加快实现高水平科技自立自强提出了更高的要求，城市科技创新管理水平的提升最重要的影响因素在于城市创新政策工具的选择。基础设施是经济社会发展的重要支撑，提升基础设施管理水平的重点在于完善中国式现代化基础设施体系、提升基础设施智能化水平。

北京专题汇集了北京的部分热点问题。通过研究首都国际空港和大兴国际空港“双枢纽”，并对比东京的发展经验，提出通过品牌效应、轨道交通带动等，促进区港城深度融合。科技创新是国家战略科技力量的重要组成部分，应构建科学合理的企业创新指标评价体系，强化以企业科技创新为主体的“产学研资”四位一体的科技创新联盟。中国式现代化是地方建设实践的理论指导和行动纲领，北京市在人口、收入、物质文明和精神文明、生态、发展路径五个方面，充分展现了中国式现代化的北京特色。住房保障事关国计民生，北京作为首都，完善的住房保障体系和制度，是百姓安居乐业的必要条件，北京市在各类保障性住房建设中的试点经验为其他城市提供了很好的借鉴。高密度地区多点分散是北京的重要特征，因此，北京应为高密度地区塑造多样化的住区能效空间、构建便捷的慢行交通系统和停车系统，扩大公共开放空间，完善服务管理机制，并向住区居民提供多元化的公共服务。提升北京公共服务质量是提高首都社会治理水平和全面实现现代化的重要任务，当前，北京居民对城市公共服务的需求从单一、低层次的生存性需求逐步转向了多元的、高层次的发展性需求，作为提供城市公共服务的一方，北京市必须调整公共服务供给模式，实现自上而下、贴近居民的精准供给。

关键词： 中国式现代化　重点城市　城市治理

目 录

I 总报告

II 分报告

Ⅲ 北京专题

皮书数据库阅读**使用指南**

总报告

General Report

B.1

中国式现代化大城市治理模式研究

摘　要：　受不确定因素影响，世界各国经济增长持续下滑，科技赋能城市驱动生产力提高。总报告追溯了中国先秦时期城市管理制度和模式，综合分析了中国36个重点城市管理水平，客观分析了当下中国大城市中国式现代化治理发展的基础。研究结果显示，中国重点城市管理水平整体稳中有增，科技驱动促进大城市治理水平显著增强、新旧基础设施建设夯实省会城市管理基石、基层社会治理基础稳固发展。报告最后提出中国大城市的中国式现代化治理之路，应从中华优秀传统文化中寻找源头活水、实施党建规划双引领的社区精细治理、科技驱动持续赋能大城市智慧化治理、城市—区域协同发展公共服务共享互通等建议。

关键词：　中国式现代化　城市治理　大城市

面对百年未有之大变局，以及国际社会经济动荡，党的二十大提出，“以中国式现代化全面推进中华民族伟大复兴”。中国式现代化是中国共产党领导的社会主义现代化，既有各国现代化的共同特征，更有基于自己国情的中国特色。中国式现代化是人口规模巨大的现代化，是全体人民共同富裕的现代化，是物质文明和精神文明相协调的现代化，是人与自然和谐共生的现代化，是走和平发展道路的现代化。建设新时代的中国式现代化大城市，必然要从中国优秀的传统文化中寻根朔源，实事求是立足于中国城市发展的基础与阶段，充分利用科技创新之利剑，坚定不移地走中国式现代化城市发展与治理之路。

一　秦朝中央集权下的城市治理模式探析

秦统一六国之后，首次完成中国大一统的嬴政，大刀阔斧地实施新政改革，废除分封制，实行三公九卿制、郡县制，开启了第一个中央集权制的多民族国家——秦朝。其中，郡县制长期以来影响着我国城市发展与演变，现代城市组织架构中依然有迹可循。虽然秦朝历时 14 年就灭亡了，但秦朝构建了我国城市发展早期的制度框架，为我国城市管理留下了宝贵的优秀传统组织架构和模式。因此，研究我国秦朝城市管理制度发展历史，是追根溯源中国式城市治理模式的“首站”。

（一）构建两级城市管理组织架构

周朝时期中国城市的政治性特色非常显著，其“筑城以卫君，造郭以居民”的城市功能，确立了中国传统城市的基本形态。[①] 秦灭六国统一天下后，定都咸阳，实施中央集权统一管理全国的行政系统，废周朝“方千里，分为百县，县有四郡”的旧制，改行郡县制，分层管辖，推行中央政府的

① 赵冈：《中国城市发展史论集》，新星出版社，2006。

政令，设立自上而下的中央、郡、县三层两级城市管理组织架构①，即由中央统一管理战国时期各大国诸侯的都城，将其他六国城市改为郡县的地方政府官署所在地，并按其大小和重要性进行分类，将较大的或者重要城市列为郡，较小的城市列为县。其中，郡县由中央政府派出官员管理地方事务，同全国各地的官员一样均由中央统一任免（见图 1）。

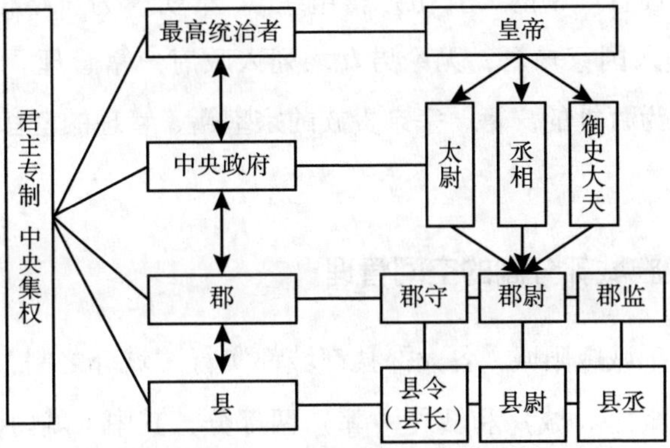

图 1　秦朝中央集权下的城市管理组织架构

（二）确定郡县制城市管理制度

根据《史记·秦始皇本纪》记载，秦朝“分天下为三十六郡，郡置守尉监”。秦朝设郡比县大，每郡下辖若干县，城郡之间分为不同层次和级别的行政管理节点，由中央政府统一管理，城郡之间按照层级上下管辖，县之下再设乡、亭、里。地方郡的长官为郡守，县的长官为县令，均由中央政府直接任免。郡县制打破了宗法制，代替了长期以来的世袭制。郡县制的管理核心在于确立中央政府对地方政权的纵向扁平化管理与控制机制，将城市的建设和体制机制纳入中央的统一政治体系，便于中央政府统一战略部署和管理，也便于民情自下而上的快速反馈。郡县制下的城市等级制度非常严格，

① 李祖春：《秦汉帝制国家遗产——郡县制》，《开封教育学院学报》2016 年第 4 期。

城镇职能分工较为明确，城镇体系逐步形成。

秦朝的郡设守、尉、监（监御史），其中，郡守掌治其郡，郡尉辅佐郡守并典兵事，郡监掌监察事宜。县，万户以上者设令（县令），万户以下者设长（县长）。县令、县长领有县丞、县尉及其他属员。县令、县长主要管政务，县尉掌握军事，县丞掌管司法。[①] 县以下设乡，乡下设里，里是最基层单位，里中设置严密的“什伍户籍组织”。秦朝“为户路相伍”，即五家为一“伍”编入国家户籍，无论男女均列入政府户籍管理。户籍实行分类登记制度，分为百姓的户籍、宗亲贵族的宗室籍、管理的宦官户籍以及商人的市籍等。

（三）实施城郭分制的空间管理

秦朝除了皇城咸阳城，各大郡县都城都实行“城郭之制”。当时的郡与县管辖区包括城内（城）和城外（郭）两部分，其中，城内为郡治和县治的城池，城市以外的是广大农村。[②] 这是延续了周朝的“国鄙之制”，即“内为之城，外之为郭”的城市建设制度，城市内为行政官员和工匠商贾等国人居住，城外为从事农业生产的农民和鄙野之人居住。城内实行里坊制度，设里正、里卒把守，早起晚闭。秦朝城市分类分区管理市场，且设立有较为严格的规章制度，由市令管理；市场只能设在城市内某几个里坊内，并设有市楼或市署，在指定地点和规定时间进行市场交易，与里坊同频按时启闭。在城外、郊野可由政府筹划设立市场或民间自由设立市场，称为邑市、墟市或草市。

政令迁徙人口入城发展城市经济。《史记·秦始皇本纪》记载，秦始皇“徙天下豪富于咸阳十二万户”以扩大咸阳扩建城市后的人口规模，增强咸阳经济实力，按照当时“一户五口”的标准计算，咸阳城内的城市人口规模达到百万。

① 刘素娜：《浅析秦代的地方管理体制》，《黑河学刊》2016 年第 3 期。

② 赵冈：《中国城市发展史论集》，新星出版社，2006。

（四）重视城市规划建设的管理

纵观我国漫长的城市发展史，古代都城建设主要依靠政治力量，由政府主导规划并建设而成，形成政治行政中心。秦朝都城咸阳最初是秦孝公建设的国都，咸阳城初建时范围仅限于渭水之北，但规模已经超过了《周礼》诸侯城方九里的规格。后经秦昭公向渭南扩大建设，并造栈桥联通渭河南北。秦始皇统一六国定都咸阳后，举全国之力建设皇城，将咸阳规划改造成当时的政治经济文化中心，其他城市则依自然禀赋与发展特色分为行政网点城市或商业城市。

由于咸阳故城“诸庙及章台、上林，皆在渭南”，秦始皇规划依托故城跨河向渭北拓展建设新城。《史记·秦始皇本纪》记载，“秦每破诸侯，写放其宫室，作之咸阳北阪上，南临渭。自雍门以东，至泾、渭。殿屋复道周阁相属，所得诸侯美人钟鼓以充入之”，即秦始皇每攻破一个诸侯的城池，会先找工匠把宫廷建筑画下来，并在咸阳北阪将这些建筑原样建设出来，各地不同样式的宫殿楼阁别馆就在咸阳城内规模化集聚，并配置从各诸侯国那里带来的美女、钟鼓等，形成咸阳城市特色风情街，并通过四通八达的城市复道相互贯通。秦始皇还修筑以咸阳为中心向外放射的驰道，均宽五十步，实行“车同轨”，先后开筑了上郡道、临晋道、东方道、武关道、秦栈道、西方道及秦直道等九条驰道。

二　中国重点城市管理水平评价分析

（一）城市管理水平指标评价体系

本书研究延续了2022年“城市管理蓝皮书”构建的城市管理水平评价指标体系，共设置了5个一级指标、20个二级指标、57个三级指标（见表1）。其中，一级指标为公共服务管理水平、经济管理水平、环境管理水平、科技创新管理水平、基础设施管理水平，5个指标体系构建的二级指标和三级指标内容设置保持不变，指标权重按照层次分析法进行综合计算。为缩小与现实年度的时间差，本次使用2021年和2022年连续2年的《中国城市统计年鉴》数据进行分析，且依然选取36个重点城市进行城市管理水平的评价排名。其中，包括北京、上海、天津、重庆4个直辖市，石家庄、太原、呼和浩特、沈阳、长春、哈尔滨、南京、杭州、合肥、福州、南昌、济南、郑州、武汉、长沙、广州、南宁、海口、成都、贵阳、昆明、拉萨、西安、兰州、西宁、银川、乌鲁木齐27个省会（首府）城市，以及大连、青岛、宁波、厦门和深圳5个计划单列市。

表1　2022年中国城市管理水平评价指标体系

一级指标	二级指标	三级指标
公共服务管理水平(G)	教育(G1)	教育支出占比(G11)
		普通高等学校生师比(G12)
		中等职业教育学校生师比(G13)
		普通中学生师比(G14)
		普通小学生师比(G15)
	卫生和社会保障(G2)	每万人口医院床位数(G21)
		每千人口执业(助理)医师数(G22)
		城镇职工基本养老保险参保人数占常住人口比例(G23)
		城镇职工基本医疗保险参保人数占常住人口比例(G24)
		城镇失业保险参保人数占常住人口比例(G25)
	公共文化(G3)	人均拥有公共图书馆图书藏量(G31)
		每百万人口博物馆数(G32)
经济管理水平(J)	经济发展水平(J1)	人均地区生产总值(J11)
		城镇居民人均可支配收入(J12)
		城镇新增就业人数(J13)
		第三产业占GDP的比重(J14)
	经济调节水平(J2)	经济增长波动系数(J21)
		居民消费价格弹性系数(J22)
		城镇登记失业率波动系数(J23)
		固定资产投资效果系数(J24)

续表

一级指标	二级指标	三级指标
经济管理水平(J)	市场监管水平(J3)	限额以上批发零售商贸企业数(J31)
		人均金融机构本外币存款余额(J32)
		社会消费品零售额增长率(J33)
	基本财力水平(J4)	财力规模(J41)
		公共财政收入增长率(J42)
		财政赤字率(J43)
环境管理水平(H)	固体废物管理水平(H1)	生活垃圾无害化处理率(H11)
		工业固体废物利用率(H12)
	气体废物管理水平(H2)	工业二氧化硫排放降低率(H21)
		工业颗粒物排放降低率(H22)
		细颗粒物(PM2.5)年平均浓度(H23)
	液体废物管理水平(H3)	污水处理厂集中处理率(H31)
		工业化学需氧量排放降低率(H32)
	生态绿化管理水平(H4)	建成区绿化覆盖率(H41)
	噪声环境管理水平(H5)	道路交通噪声等效声级(H51)
		区域环境噪声等效声级(H52)
科技创新管理水平(C)	创新投入水平(C1)	R&D 强度(C11)
		科研支出占财政支出比重(C12)
	创新潜力水平(C2)	每万人高等学校人数(C21)
		每万人学生拥有的教育支出(C22)
		每百人高校学生拥有专任教师人数(C23)
	创新载体水平(C3)	每万人规模以上工业产值(C31)
		科学研究和技术服务业从业人员占比(C32)
		每万人吸引外商投资额(C33)
	创新效率水平(C4)	第二产业劳动生产率(C41)
		第三产业劳动生产率(C42)
	创新产出水平(C5)	新增人均发明专利申请量(C51)
		新增人均专利授权量(C52)
		高技术产品出口额占出口额的比重(C53)
基础设施管理水平(S)	水电气设施管理水平(S1)	人均供水总量(S11)
		人均供气总量(S12)
		人均用电总量(S13)
	道路交通设施管理水平(S2)	人均城市道路面积(S21)
		万人拥有公共汽车数(S22)
		万人拥有出租汽车数(S23)
	邮电通信设施管理水平(S3)	人均移动电话用户数(S31)
		人均互联网用户数(S32)

除以上的指标分析之外，本书还设立了“北京专题”报告，分别从北京高密度建成区治理、城市公共服务、打造首都航空“双枢纽”国际消费桥头堡、强化企业科技创新主体、实施住房保障制度等方面呈现首都城市治理研究成果，为中国式现代化城市治理提供“首都经验”。

（二）中国城市管理水平排名

1. 城市总体排名概述

中国城市管理水平总体评价结果显示，2020~2021 年中国 36 个重点城市管理水平评价得分呈现显著提高态势，整体管理水平稳中有升。城市管理水平评价得分排名结果显示，2021 年排名前十的城市分别是北京、深圳、上海、南京、杭州、广州、宁波、武汉、厦门、青岛。相对于 2020 年前十名的北京、上海、深圳、杭州、广州、南京、宁波、长沙、成都、武汉排名来讲，2021 年入围前十的城市相对稳定，位序则有上下的调整，其中，北京蝉联冠军，上海和深圳稳居前三，出现增减的城市仅有 2 个，厦门和青岛入围前十，长沙和成都退出前十（见图 2、图 3、表 2）。

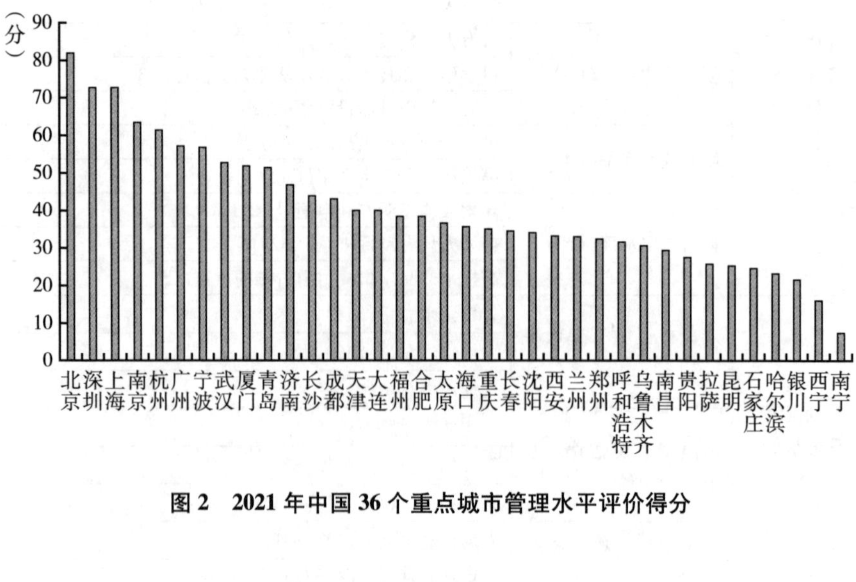

图 2　2021 年中国 36 个重点城市管理水平评价得分

2021 年，蝉联第一的北京城市管理水平评价得分为 81.98 分，较 2020 年提高了 1.34 分；排名第二的深圳城市管理水平评价得分为 72.85 分，排名前五的城市管理水平评价得分均值为 70.58 分，排名前十的城市管理水平评价得分均值为 62.31 分。

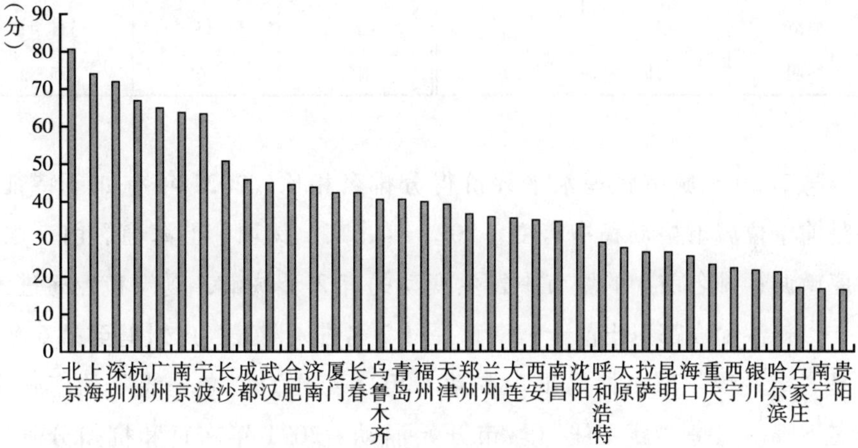

图 3　2020 年中国 36 个重点城市管理水平评价得分

表 2　中国 36 个重点城市 2020~2021 年管理水平排名变化情况

城市	2021 年	2020 年	城市	2021 年	2020 年
北京	1	1	天津	14	18
深圳	2	3	大连	15	21
上海	3	2	福州	16	17
南京	4	6	合肥	17	11
杭州	5	4	太原	18	26
广州	6	5	海口	19	29
宁波	7	7	重庆	20	30
武汉	8	10	长春	21	14
厦门	9	13	沈阳	22	24
青岛	10	16	西安	23	22
济南	11	12	兰州	24	20
长沙	12	8	郑州	25	19
成都	13	9	呼和浩特	26	25

续表

城市	2021 年	2020 年	城市	2021 年	2020 年
乌鲁木齐	27	15	石家庄	32	34
南昌	28	23	哈尔滨	33	33
贵阳	29	36	银川	34	32
拉萨	30	27	西宁	35	31
昆明	31	28	南宁	36	35

与 2020 年城市管理水平评价得分排名相比，2021 年有如下特征。一是前十位城市格局稳中有变。2021 年北京、深圳、上海稳居前三名，位序微调；排名前十的城市中发生变动的有 2 个城市，厦门和青岛进入前十，长沙和成都退出前十；南京提升 2 名进入前五，广州退至第 6 名。二是“老一线”城市格局出现震动。2021 年作为“老一线”的广州市排名下降。三是“新一线”城市开始涌动。2021 年南京和杭州分别以 63.74 分和 61.55 分的成绩强势进入前五，分别比广州高出 6.49 分和 4.30 分。杭州和南京的城市管理水平已经呈现跻身“新一线”城市的态势。四是部分城市位序变化较大。2021 年重庆和海口均提升了 10 位，太原提升了 8 位，贵阳提升了 7 位，大连和青岛均上升了 6 位；而乌鲁木齐下降了 12 位，长春下降了 7 位，郑州和合肥下降了 6 位，南昌下降了 5 位。

2. 分区域城市管理水平评价

本报告继续从城市—区域的宏观角度进行分析，统一按照东部、中部、西部和东北四个区位划分标准，将 36 个重点城市划分为东部城市（14 个）、东北城市（4 个）、中部城市（6 个）、西部城市（12 个），进行区域维度的城市管理水平评价分析。

2020 年和 2021 年的全国分区域城市管理水平评价结果显示，中国城市管理水平的东部强、西部弱的区域差异化发展趋势更加凸显（见表 3）。2020~2021 年，东部地区的城市管理水平优势显著。东北地区和中部地区趋于同等量级，西部地区城市管理水平相对较低。与2020年的分区域评价相比，除了东部地区分值略增，其他3个区域的分值均是略降。

表3　2021年中国分区域城市管理水平评价得分及排名

单位：分

区域	城市	排名	总得分	区域	城市	排名	总得分
东部	北京	1	81.98	中部	武汉	8	52.98
	深圳	2	72.85		长沙	12	44.04
	上海	3	72.79		合肥	17	38.47
	南京	4	63.74		太原	18	36.69
	杭州	5	61.55		郑州	25	32.28
	广州	6	57.25		南昌	28	29.28
	宁波	7	56.77	西部	成都	13	43.05
	厦门	9	51.73		重庆	20	35.12
	青岛	10	51.44		西安	23	33.52
	济南	11	46.85		兰州	24	33.09
	天津	14	40.22		呼和浩特	26	31.76
	福州	16	38.52		乌鲁木齐	27	30.74
	海口	19	35.81		贵阳	29	27.49
	石家庄	32	24.70		拉萨	30	26.10
东北	大连	15	40.20		昆明	31	25.44
	长春	21	34.24		银川	34	21.72
	沈阳	22	33.95		西宁	35	16.31
	哈尔滨	33	23.42		南宁	36	7.36

2021年，东部地区中有9个城市位列全国36个重点城市管理水平评价得分前十名，济南、天津、福州和海口分别晋级到第11名、第14名、第16名和第19名，仅有石家庄位次较为靠后，排在第32位。整个东部地区城市管理水平的均值为54.01分，分值较2020年略有提升。中部地区城市排名持续降低，2021年仅有武汉进入前十，太原晋升8位排名第18，长沙、合肥、郑州和南昌均较2020年较为显著的降级。2021年中部六大城市的综合管理水平的均值为38.96分，较2020年略有下降。东北地区城市管理

水平排名较为稳定，大连市提升 6 位排名第 15，沈阳小升 2 位排名第 22，哈尔滨仍居第 33 位，长春降幅显著连降 7 位排在第 21 名，2021 年整个东北地区城市管理水平均值为 32.95 分。2021 年西部地区的 12 个城市的管理水平普遍下降，除了重庆和贵阳排名显著提升，其他 10 个城市排名均不同程度地下降。2021 年西部地区城市管理水平均值为 27.64 分，较 2020 年略低。

综上，2020~2021 年东部地区城市管理水平明显较高，中部地区略高于东北地区，西部地区相对较弱，区域的差异化特征增强。

（三）分指标的城市管理水平分析

1. 城市公共服务管理水平分析

城市公共服务管理水平分析显示，2021 年 36 个重点城市公共服务管理排名前五的分别是北京（92.24 分）、上海（74.20 分）、杭州（71.03 分）、南京（69.51 分）、济南（62.33 分）。与 2020 年相比，济南是新进入城市，成都则由第 4 位降至第 7 位。结果表明，36 个重点城市公共服务管理均等化水平显著提升，中部和西部地区城市在卫生和教育方面缩小了与东部地区城市的差距。36 个重点城市卫生和社会保障投入水平整体上升，同时相关财政投入进一步向农村地区倾斜。

截至 2021 年底，中国城镇单位非私营单位就业人员总数达 1.72 亿人，其中，卫生和社会工作城镇单位从业人员为 912.4 万人，占比 5.30%，相较 2020 年上升了 0.2 个百分点。

36 个重点城市的卫生从业人员的上升空间逐渐由城市转向农村，城乡一体化的公共服务设施建设全面开展。鉴于此，建议继续立足于坚持以人民为中心的发展思想，坚持以基本公共服务均等化和基本公共服务能力现代化为目标，持续推进城市公共服务管理水平提升。

2. 城市经济管理水平分析

2021 年，36 个重点城市经济管理水平综合得分均值为 41.61 分。从总体排名看，前 5 名的城市分别是上海、北京、杭州、深圳和武汉，其中上海以 73.79 分位居第一，北京以 69.52 分紧随其后，杭州、深圳和武汉分数接近。与 2020 年相比，前三名位次不变，深圳和广州各有 1 个位次的提升，南京下降 3 个名次，宁波和青岛各下降 2 个名次，厦门和长沙都跌出了前 10，分列第 11 位和第 12 位。值得注意的是，武汉从 2020 年的第 34 名上升至 2021 年的第 5 名，成绩斐然。2021 年，武汉市经济呈现全面恢复、快速增长、稳中向好的态势。总的来说，2021 年武汉城市经济管理水平提升势头强劲，排名上升速度快，城市产业结构、经济基础良好，城市总体的经济实力显著提升。

从城市梯度分布看，36 个重点城市的经济管理水平可以划分为四个梯队，第一梯队是得分在 50 分以上的城市，共 8 个，分别是上海、北京、杭州、深圳、武汉、广州、南京和宁波；第二梯队是得分在 40~50 分的城市，共 9 个，分别是福州、青岛、厦门、长沙、济南、成都、海口、重庆和合肥；第三梯队是得分在 30~40 分的城市，共 10 个，分别是天津、太原、南昌、兰州、西宁、大连、西安、呼和浩特、长春和沈阳；第四梯队是得分在 30 分以下的城市，共 9 个，分别是昆明、乌鲁木齐、贵阳、郑州、石家庄、拉萨、哈尔滨、南宁和银川。

分区域评价结果显示，2021 年，东部地区城市经济管理水平最高，深圳、北京、上海等一线城市尤为突出。中部地区城市经济管理水平逐渐与东部地区差距缩小，但是一流的经济管理水平城市仍屈指可数。值得一提的是，中部地区城市外贸进出口在 2021 年表现突出，增长速度远高出全国平均水平。西部地区城市经济管理水平持续提升，区域发展的协调性也逐步增强，成渝、关中平原等重要城市群引领作用更加明显。东北地区城市经济管理行政色彩较浓，市场缺乏活力，未来一段时期，在构建新发展格局过程中，打造市场化、法治化、国际化营商环境对进一步推动东北地区经济社会高质量发展、实现东北全面振兴有着重要意义。

3. 城市环境管理水平分析

城市环境管理指标分析显示，2021 年环境管理水平排名前十的城市分别为厦门、海口、青岛、大连、拉萨、石家庄、乌鲁木齐、广州、南京和沈阳。与 2020 年相比，2021 年中国 36 个重点城市环境管理水平排名前十的城市，在名次和所包含的城市上都有所变化。2020 年和 2021 年连续两年城市环境管理水平都位于前十的城市共有 3 个：广州、乌鲁木齐和大连。大连排名稳定上升，由第 10 名提升至第 4 名；广州和乌鲁木齐有所下降，广州由第 1 名降至第 8 名，乌鲁木齐由第 2 名降至第 7 名。2021 年，厦门、海口、青岛、拉萨、石家庄、南京和沈阳这 7 个城市分别取代杭州、兰州、福州、南昌、宁波、长沙和长春，进入前十。

分指标分析显示，2021 年是“十四五”规划的开局之年，中国 36 个重点城市顺利完成了国民经济和社会发展计划中生态环境领域的 8 项约束性指标，污染物排放量持续下降，生态环境质量持续改善，城市环境管理工作也得到了平稳推进。然而，区域城市环境管理水平发展不均衡，东部地区和东北地区平均得分基本持平，均高于 36 个重点城市的平均得分；西部地区和中部地区平均得分基本持平，均低于 36 个重点城市的平均得分。东部地区和东北地区的环境管理水平明显高于西部地区和中部地区。

4. 城市科技创新管理水平分析

总体来看，36 个重点城市的科技创新管理水平呈明显下降态势，从 2019 年的 32.71 分下降到 2020 年的 30.12 分和 2021 年的 30.33 分。但各城市仍坚持把科技创新作为经济高质量发展的重点工作，组织设立科技应急专项、加大科技投入力度，充分发挥科技创新排头兵作用，保障经济平稳运行。

从创新较强的城市个体来看，北京、上海、深圳承载着瞄准全球的国际规划布局的战略任务，科技创新管理水平得分基本保持在前 3 的水平。从进步较快的城市个体来看，武汉、合肥、长沙、郑州、西安、成都等城市快速发展，它们进一步提升了区域的自主创新能力，日益成为区域科技创新中心，并发挥区域中心的优势，形成产业链、供应链的协同性创新应用。

5. 城市基础设施管理水平分析

城市基础设施管理指标分析显示，2021 年基础设施管理水平排在前 10 名的是深圳、乌鲁木齐、广州、宁波、拉萨、银川、北京、厦门、兰州和上海。与 2020 年相比，2021 年位于前 10 名的城市没有变化，只是排名有所变动。深圳、乌鲁木齐和上海的排名两年来均未变，分别稳居第1名、第2名和第10名。厦门、广州和宁波排名上升，分别上升了1个名次、2个名次和3个名次。拉萨、北京、兰州和银川排名下降，其中，拉萨、北京和兰州均下降了1个名次，银川的下降较为明显，下降了3个名次。

分指标分析显示，中国36个重点城市基础设施管理水平整体相对稳定，排名波动不大。与2020年相比，2021年中国36个重点城市中，排名没有变化的城市有15个：深圳、乌鲁木齐、上海、西宁、合肥、昆明、成都、长春、青岛、大连、济南、南宁、石家庄、哈尔滨和重庆；变动了1名的城市有14个；变动了2名的城市有1个；变动了3名的城市有3个；变动了4名的城市有2个；变动了5名的城市有1个。2021年，北京、上海、广州和深圳四大一线城市在基础设施管理水平方面处于领先地位，它们的基础设施管理水平平均得分远高于36个重点城市的平均得分，且排名分别是第7、第10、第3和第1，都在前10名之内。不过，四大一线城市基础设施管理水平之间仍存在一定的差异。深圳的基础设施管理水平得分高于四大一线城市平均得分，其基础设施管理水平领先于四大一线城市的平均水平。广州、北京和上海的基础设施管理水平得分均介于36个重点城市的平均得分和四大一线城市平均得分之间，其基础设施管理水平高于36个重点城市的平均水平，但低于四大一线城市的平均水平。

三　以城市治理现代化推进中国式现代化的基础

随着以计算机技术和多源城市数据为代表的新一代信息技术的快速发展，中国城市建设发展要素基础如虎添翼，城市智能化基础设施快速发展，社区基层治理更加精细化，推进中国式现代化的智慧城市建设迅猛发展。

（一）科技创新发展的支撑

互联网和工业智能的技术融合开启了人类历史上的第四次工业革命，日新月异的颠覆性高新技术正在剧烈地改变城市和人类的行为方式，传统的工业机械城市正在快速地向大数据智能化城市转变，其资源利用、社会状况和空间利用也正经历一系列变革，科技旋风不断地刷新迭代着我国智慧城市现代化治理的科技基础。

1. 物联网技术

物联网为智慧城市提供了坚实的技术基础，许多基于物联网的技术应用和产业的服务标的就是智慧城市。物联网（IoT，Internet of Things）即“万物相连的互联网”，是基于互联网、传统电信网的延伸和扩展的网络，其将各种信息传感设备与网络融合形成一个巨大网络，让所有能够被独立寻址的普通物理对象实现任何时间、任何地点的人、机、物的互联互通。[①] 城市通过大规模部署的二维码、各类传感器、RFID 射频识别设施等，链接城市中的各种物理设备，实现城市中的人与物的互联互通，完成数据收集、共享和交换，监测城市的环境状况和资源利用情况。物联网网络和传感器本质上是智能城市的神经系统，它们将关键信息和海量大数据传递给控制实体，并将响应命令中继到适当的端点。因此，物联网不断以各种形式实时收集详细信息，为城市提供持续智能感知的能力，通过城市管网感知、城市环境感知、无线城市门户感知、城市智能交通交互感知等，政府机构可以在城市民生、市政、产业等方面实现智能化快速响应管理。

2. 云计算和大数据技术

物联网为城市提供大量数据，这些大数据在云计算的技术加持下为智慧城市提供技术基础。云计算（Cloud Computing）是分布式计算的一种，指的是通过网络“云”形成极强的计算能力系统，将巨大的数据计算处理程序分解成无数个小程序，对相关资源数据存储、集合并按需配置，再通过多部服务器组成的系统进行处理和分析并将结果精准地返回给用户。[②]

大数据（Big Data），或称巨量资料，指的是所涉及的资料量规模巨大

① 贾益刚：《物联网技术在环境监测和预警中的应用研究》，《上海建设科技》2010 年第 6 期；刘陈、景兴红、董钢：《浅谈物联网的技术特点及其广泛应用》，《科学咨询》2011 年第 9 期。

② 许子明、田杨锋：《云计算的发展历史及其应用》，《信息记录材料》2018 年第 8 期；赵斌：《云计算安全风险与安全技术研究》，《电脑知识与技术》2019 年第 2 期。

到无法通过主流软件工具进行处理，需要具有更强决策力的新型处理模式，以更强的洞察发现力、更优化的流程来处理海量的多样化的和高增长率的海量数据，大数据是一种信息资产。大数据与云计算的关系就如硬币的正反两面，大数据必须依托云计算的分布式处理，云计算只有处理大数据才能体现其技术特性。城市每天产生的大数据需要云计算平台处理，通过对大数据进行深入挖掘和分析，人们才能得到有价值的决策支持。

3. 5G 通信网络

第五代移动通信技术（5th Generation Mobile Communication Technology，简称 5G）是具有低时延、高速率和覆盖连接特点的新一代移动通信技术，5G 通信设施是能有效实现人机物互联的网络基础设施。5G 作为一种新型的移动通信网络，在提高通信速率的同时，还能为用户提供超高清（3D）视频等业务体验，解决人与物、物与物的通信问题，满足环境监测、城市交通、智能家居等物联网应用需求。5G 已然渗透到城市经济、社会、文化的各个领域，成为支撑城市智能化转型的关键新型基础设施。因此，高速、高可靠性、低延迟的 5G 网络覆盖城市，可实现传感器、终端之间的数据实时传输与交换，可为智慧城市提供关键的基础技术支撑。

4. 人工智能技术

人工智能（Artificial Intelligence，简称 AI），是用于研究模拟和开发延伸人类智能的理论、方法和应用的新技术科学。通过研究使用计算机来模拟人的某些思维过程和智能行为（如学习、推理、思考、规划等），主要包括计算机实现智能的原理、制造类似于人脑智能的计算机，使计算机能实现更高层次的应用，如自然语言处理、图像识别、机器学习等，用于处理大量数据和提供智能决策。人工智能技术将有效提高城市的运营效率和智能化水平，分析城市的各类运营数据，支持大数据驱动下的政府和企业决策。

中国信息协会把移动、物联、大数据、云计算、人工智能和工业互联网等列入“新一代信息技术”，即基于我国的信息网络基础设施，研发新一代移动通信、下一代互联网核心设备、智能终端、三网融合、物联网、云计算、数字虚拟等关键技术，并以技术推动计算机、集成电路、新型显示、高端软件、高端服务器、光电与无线通信等核心基础产业升级发展，提升软件服务、网络增值服务等信息服务能力，实现我国重要基础设施智能化。这些技术共同构成了智慧城市的技术基础，并不断推动城市的智慧化进程，提高城市的效率、可持续性和居民生活质量。

（二）现代化基础设施体系的完善

基础设施是保障现代城市社会生产、生活正常运转的重要物质基础，城市基础设施积极推动区域经济发展、提升投资环境、强化城市功能、加强区域之间的协作。随着我国新型城镇化快速发展，城市传统基础设施加快更新改造，新型基础设施建设规模不断扩大，统筹建设新、老基础设施，更有利于构建完备高效、智能、绿色的现代化基础设施体系。

1. 新型城镇化发展激发基础设施新需求

《中华人民共和国2022年国民经济和社会发展统计公报》显示，2022年末，我国常住人口城镇化率为65.22%，与发达国家80%以上的城镇化率相比还有一段差距，我国城市基础设施建设需求依然较为强烈。城市基础设施建设指为保证城市社会生产和生活正常运转的物质设施建设，城市基础设施主要包括交通运输系统、能源系统、水利资源及排水系统、邮电通信系统、环境绿化系统、防灾和战备系统六大系统。我国大城市普遍存在道路交通拥挤、城市内涝、老旧小区亟待更新、城市环境污染严重、水资源短缺、市政管网老化等情况，这与中国全面建设小康社会、大力推进城镇化的发展要求存在差距。

2022年3月国家发展改革委《2022年新型城镇化和城乡融合发展重点任务》明确提出“县域补短板”，促进县城公共服务设施提标扩面、环境基础设施提级扩能、市政公用设施提档升级、产业配套设施提质增效，实现公共设施能力与常住人口规模基本匹配。2022年5月中共中央办公厅、国务院办公厅《关于推进以县城为重要载体的城镇化建设的意见》首次提出，新一轮新型城镇化将以县城为重要载体。城市基础设施建设提质增效仍是中国城市现代化建设的重要任务。国家既重视区域协同层面上的综合基础设施通道体系等宏观重大战略，也更加重视城市老旧小区改造、新建小区的养老育幼等城市内精细化的配套设施建设。在国家政策措施的带动下，城市基础设施建设在全国积极推进。

2. 传统基础设施亟待提升改造

国家统计局数据显示，2021 年城市市政公用设施投资在中国基础设施建设细分行业中占比达到 71.55%。2023 年 1~6 月，中国积极推动交通等重大基础设施建设，基础设施投资同比增长 7.2%。《2023-2029 年中国城市基础设施行业竞争格局及投资战略规划研究报告》显示，2016~2021 年，我国城市轨道交通建设投资规模累计 3.21 万亿元，其规划、建设、运营和规模保持在一个较高水平。我国城市基础设施建设已形成以自筹资金和地方财政拨款为主，自筹、发放债券、银行贷款、利用外资等多元化融资的格局。中共中央、国务院发布《关于促进民营经济发展壮大的意见》，明确提出支持民营企业参与全面加强基础设施建设，引导民营资本参与新型城镇化等重大工程和补短板领域建设。《中华人民共和国国民经济和社会发展第十四个五年规划纲要》明确指出，健全城乡基础设施统一规划、统一建设、统一管护机制，推动市政公用设施向郊区乡村和规模较大中心镇延伸。

2023 年北京和天津协同推进“轨道上的京津冀”工程，北京轨道交通新机场线北延、平谷线，城际联络线一期工程、京唐城际铁路（隧道段）、城市副中心综合交通枢纽等工程全面快速推进，城市副中心轨道交通 M101 线、6 号线南延建设全面展开。平谷线建成通车后，将实现“北三县”最快 9 分钟到达城市副中心、32 分钟到达 CBD 地区，平谷区最短 55 分钟到达 CBD 地区，提高沿线居民的通达效率，大幅缩短京冀距离。[①] 上海强化新城与长三角城市、近沪枢纽和相邻新城的便捷连接，加快推进沪苏湖铁路上海段和轨道交通南汇支线、嘉闵线、13 号线西延伸等项目建设。重庆建设“轨道上的都市区”，其轨道交通已突破运营里程 500 公里，到 2035 年重庆计划形成 24 条城市轨道交通网络，规划建设渝合线等城际铁路，全面推动

① 金朝力、冉黎黎：《京津冀交通网上的平谷支点》，《北京商报》2023 年 7 月 24 日。

成渝双城经济圈建设。[①]

3. 新型基础设施建设全覆盖

新技术支撑新基建，带来高效、安全、绿色的韧性城市。2020 年 8 月，住房和城乡建设部、中央网信办、科技部、工业和信息化部、人力资源和社会保障部、商务部、银保监会这七部门联合印发《关于加快推进新型城市基础设施建设的指导意见》，提出我国新型城市基础设施建设的 7 项重点任务，即全面推进城市信息模拟（CIM）平台建设、实施智能化市政基础设施建设和改造、协同发展智慧城市与智能网联汽车、建设智能化城市安全管理平台、加快推进智慧社区建设、推动智能建造与建筑工业化协同发展、推进城市综合管理服务平台建设。2022 年 1 月，国家发展改革委、生态环境部、住房和城乡建设部、国家卫生健康委联合下发《关于加快推进城镇环境基础设施建设指导意见的通知》，提出到 2025 年，城镇环境基础设施供给能力和水平显著提升，加快补齐重点地区、重点领域短板弱项，构建集污水、垃圾、固体废物、危险废物、医疗废物处理处置设施和监测监管能力于一体的环境基础设施体系。到 2030 年，基本建立系统完备、高效实用、智能绿色、安全可靠的现代化环境基础设施体系。国家系统布局新型基础设施，加快 5G、工业互联网、大数据中心等建设。国家统计局数据显示，2023 年 1~6 月，中国新基建投资稳步增长，同比增长 16.2%，其中 5G、数据中心等信息类新型基础设施投资同比增长 13.1%，工业互联网、智慧交通等融合类新型基础设施投资同比增长 34.1%。

北京市全面实施智慧城市规划与建设，基本构建大数据与智慧城市发展的“四梁八柱”框架体系，推广应用了“京通”“京办”“京智”等智慧终端，实现了公众服务、政务服务和决策服务的“一网通办”“一网统管”“一网慧治”。北京市加速多网融合，全市支路以上道路停车电子收费基本实现全覆盖，提升地面公交与轨道交通接驳换乘便利度，优化改造轨道交通

---

① 《突破 500 公里！重庆加快打造“轨道上的都市区”》，上游新闻，2023 年 3 月 1 日，https：//www.cqcb.com/dyh/live/dyh3691/2023-03-01/5186669_pc.html。

既有线网。在感知体系的智能基础设施建设方面取得了突破，并拓展到了教育、医疗、文旅、政府等各个领域，逐步推动智慧社区试点建设，市民生活更加便利。

城市地下综合管廊是集敷设电力、通信、广播电视、给水、排水、燃气等市政管线于一体的公共隧道，代表着一个城市安全运行和精细治理的水平。杭州为保障城市运行，市建委坚持“立足实际、按需而建、因地制宜”的理念，统一规划、分步推进地下综合管廊开发，全力打造全国地下综合管廊建设示范城市。杭州以 2023 年亚运会为切入点，建设了钱江世纪城亚运村片区 21.5 公里的地下综合管廊，集给水、电力、燃气、通信等多种市政管网于一体。该管廊配备了标准挂轨式、灭火挂轨式、防爆挂轨式等多类型智能机器人进行 24 小时巡查，通过运用无线通信技术，实现燃气管道、高压电缆、高压水管等具有危险性的设施的智能巡检全覆盖，重点保障亚运村能源和通信传输。目前，该管廊形成了杭州最大的系统管廊网，是全国新建区域配置成网最完善的地下综合管廊系统之一。①

（三）基层社会治理的基础

习近平总书记指出，维护公共安全体系，要从最基础的地方做起。基层治理是国家治理的基石，统筹推进城市社区治理是实现中国国家治理体系和治理能力现代化的基础工程之一。城市基层治理通常需要政府主导、社会多方参与，共同维系社会秩序，创造城市社会生产生活和发展所需的秩序、活力、环境。

1. 党建统领下的城市社区治理传统

1949 年 10 月，杭州市政府建立了我国第一个城市居委会；20 世纪 50 年代初《中华人民共和国城市居民委员会组织条例》发布实施，拉开了在中国城市居委会设立党组织并开展党建工作的序幕；1982 年通过了《中华

① 《亚运加速杭州城乡基础设施升级，引领国际化大都市格局之变》，《杭州日报》2023 年 6 月 19 日。

人民共和国宪法》，确立了社区居民自治的重要原则，市基层社会进入“社区党建”的阶段。[①] 党的十八大以来，习近平总书记高度重视城市基层治理工作，提出“要加强党的领导，推动党组织向最基层延伸，健全基层党组织工作体系，为城乡社区治理提供坚强保证”“要夯实社会治理基层基础，推动社会治理重心下移，构建党组织领导的共建共治共享的城乡基层治理格局”。《高举中国特色社会主义伟大旗帜 为全面建设社会主义现代化国家而团结奋斗——在中国共产党第二十次全国代表大会上的报告》提出，“健全共建共治共享的社会治理制度，提升社会治理效能”“完善网格化管理、精细化服务、信息化支撑的基层治理平台，健全城乡社区治理体系，及时把矛盾纠纷化解在基层、化解在萌芽状态”“加强城市社区党建工作，推进以党建引领基层治理，持续整顿软弱涣散基层党组织，把基层党组织建设成为有效实现党的领导的坚强战斗堡垒”。《中共中央 国务院印发关于加强城乡社区治理的意见》要求，社区治理要发挥基层党组织领导核心作用，发挥基层政府的主导作用，发挥基层群众性自治组织基础作用，发挥社会力量协同作用，推进城乡社区治理体系和治理能力现代化。

2017 年，上海召开的全国城市基层党建工作经验交流座谈会上明确提出了“城市基层党建”的概念，城市党建工作创新发展进入新阶段。各大城市贯彻落实会议精神，将党建工作深度融入城市社区基层治理，推出了一系列颇有成效的创新实践，高质量党建引领城市基层治理工作全面铺开。中华人民共和国民政部 2022 年第四季度的统计数据显示，目前，中国一共有 11.8 万个城市居民委员会。根据《中共中央组织部关于进一步加强和改进街道社区党的建设工作的意见》，各街道纷纷成立社区党组织领导班子、党员队伍，建设各项相关制度，不断提升党对社区居民的服务意识和治理能力。

---

① 《我国社区发展的历程》，中国社区网，2015 年 11 月 25 日，http：//www.cncn.org.cn/content/2015-11/144800241222999.html；刘静：《完善服务功能探索新社区发展新思路》，中国法治网，2023 年 4 月 25 日，http：//www.zqwgw.com/art493706.aspx。

2. 规划引领下的责任规划师制度创新

早在20世纪90年代，北京就在国内率先开展了中国城市有机更新的理论探索与实践，在《北京市人民政府关于实施城市更新行动的指导意见》中强调，责任规划师、建筑师应全程参与街区城市更新，加强业务指导，做好技术服务，并对实施方案提出书面意见。自2007年开始试点以来，责任规划师逐渐成为北京城市更新体系中的重要主体之一。随着北京背街小巷环境整治的深入开展，东城、西城、海淀等区开始积极推进责任规划师进街道工作，在制度设计和工作机制方面进行了大量的探索。通过经常性互动了解居民诉求，对规划成果进行长期维护，对街道公共空间建设项目提供技术支持，参与街区长远发展的研究和街区规划编制工作，跟踪规划落实情况、向居民解释规划相关政策等。2017年，北京东城区以“百街千巷”环境整治提升工作为试点，开展了责任规划师制度的建立及落地工作，出台了《东城区“百街千巷”环境整治提升三年行动计划》，覆盖全区17个街道。北京市规划和自然资源委员会发布了《北京市责任规划师制度实施办法（试行）》，在北京16个区全面推广责任规划师制度，责任规划师由区政府组织选聘，以街道、镇（乡）、片区或村庄为单元，为在其责任范围内的规划、建设、管理提供庄严指导和技术服务的独立第三方人员担任。责任规划师逐渐在全国得到响应。

2021年9月1日，上海正式施行《上海市城市更新条例》，明确提出，探索建立社区规划师制度，发挥好社区规划师在城市更新活动中提供技术咨询服务、公众沟通协调等作用，推动多方协商、共建共治。在《上海市城市更新条例》颁布之前，上海各区已就社区规划师制度在治理理念、管理引导、技术运作等方面进行了多样化的尝试。经过多年的探索与实践，上海各区在一定程度上形成了可借鉴推广的社区规划师制度内容与行动配合方案，体现了本土发展的特点。

3. 日益完善的基层治理制度保障

街道办事处制度更新。街道办是市辖区、不设区的市人民政府的派出机关，承担着大量的政府职能。街道作为城市服务居民和社会治理的“最后一公里”，“上面千条线，下面一根针”，各项工作落实离不开街道和社区。2019年11月27日，北京市立足首都功能定位和超大城市基层治理需求，针对长期以来基层治理中的问题，依法出台了《北京市街道办事处条例》，该条例规范、保障街道办事处依法履职，构建党委领导、政府负责、多元共治、简约高效的基层公共服务、城市管理和社会治理体制，推进基层治理体系和治理能力现代化，明确赋权街道、下沉力量、提升效能，推动街道管理体制改革继续深化，推行党建引领“街乡吹哨、部门报到”改革、建立“接诉即办”机制，依法开展辖区内公共服务、城市管理和社会治理等相关工作，解决“看得见的管不了、管得了的看不见”的治理难题。2021年7月底，上海市也发布了《上海市人民代表大会常务委员会关于修改〈上海市街道办事处条例〉等2件地方性法规的决定》，并于8月1日起施行。修订后的《上海市街道办事处条例》进一步明确了街道办事处的行政执法职能，为基层治理赋能。

行政执法权下放基层。2020年7月1日，为进一步推进北京城市管理精细化发展，实现社会治理体系和治理能力现代化，北京在全国首创将城市管理执法权下放基层，将原本由北京城管执法部门等五部门行使的共计431项行政执法权下放至街道办事处和乡镇人民政府，组建统一的综合行政执法机构，提高综合执法效能。权力下放后的北京各区城管执法局，主要负责统筹指导、协调、监督考核本区城市管理领域综合行政执法工作，健全完善综合执法与专业执法以及街道和乡镇间衔接配合机制与联合执法机制。① 2021年7月15日起施行的《中华人民共和国行政处罚法（2021年修订版）》，将一些行政处罚权从县级政府行政主管部门的行政权力链条中分离出来，交由乡镇人民政府、街道办事处行使，基于属地管理原则，并在拥有概括性的日常社会治理权的基础上，获得了以惩戒、打击不法行为为内在功能的行政处罚权，从促进基层行政执法体制一体化、基层社会治理结构最优化、基层社会治理效果精准化等方面回应基层治理需求，以防范因行政处罚权下沉不

① 《北京将431项行政执法权赋予街道乡镇　放得下接得住　效率高干劲足》，人民网，2020年8月24日。

当而引发制度异化的问题、因执法力量整合不到位而引发执法机构虚置的问题、因执法机关协同不力而引发执法效率低下的问题、因执法主体多元而引发执法责任交叉和模糊的问题，依法有机整合了基层社会治理权与行政处罚权，建立了查处一体化的行政执法体制，增强了乡镇、街道的基层社会治理效能。2021 年 8 月 1 日起，上海市城管执法力量全面下沉，将 401 项原城管领域的行政处罚事项等区级部门的行政处罚事项赋予街道、乡镇直接行使，全面推动基层治理能力提升。

四　中国式现代化视阈下的大城市治理之路

大城市的中国式现代化治理之路任重道远，要在党的统一领导之下，从中国五千多年历史中汲取优秀经验和智慧，发挥科技创新利剑之光，全民同心同力、坚定信心，秉持不做到极致不罢休的坚韧不拔与勇气持续走下去。

（一）从中华优秀传统文化中寻找源头活水

治理好当下和未来的中国城市，需要对中国城市发展历史和传统文化有深入了解，更需要积极总结中国古代治国理政、城市管理的智慧。党的十八大以来，习近平总书记曾多次强调中华传统文化的历史影响和重要意义，提出要深入了解中华文明五千多年发展史，推动全党全社会增强历史自觉、坚定文化自信，坚定不移走中国特色社会主义道路，为全面建设社会主义现代化国家、实现中华民族伟大复兴而团结奋斗。要加强统筹规划和科学布局，坚持多学科、多角度、多层次、全方位，密切考古学和历史学、人文科学和自然科学的联合攻关，拓宽研究时空范围和覆盖领域，进一步回答好中华文明起源、形成、发展的基本图景和内在机制以及各区域文明演进路径等重大问题。要善于从中华优秀传统文化中汲取治国理政的理念和思维，广泛借鉴世界一切优秀文明成果，不能封闭僵化，更不能一切以外国的东西为圭臬，而应坚定不移走中国特色社会主义道路。中华优秀传统文化是中华文明的智慧结晶和精华所在，是中华民族的根和魂，是我们在世界文化激荡中站稳脚跟的根基。我们坚持把马克思主义基本原理同中国具体实际相结合、同中华优秀传统文化相结合，不断推动马克思主义中国化时代化，推进中华优秀传统文化创造性转化、创新性发展。

2023 年 7 月，全球厄尔尼诺现象造成台风、大暴雨等极端天气，引发北京、涿州等城市发生严重洪涝灾害，对中国城市居民造成危害。然而有些设计得当的古城区在洪水到来时受灾反而比新城区小，可见，中国古代城市建设工程中也留下了需要后人传承和发扬的珍贵文化遗产。《管子》中《度地》第五十七中记载："夫水之性，以高走下则疾，至于漂石；而下向高，即留而不行，故高其上。领瓴之，尺有十分之三，里满四十九者，水可走也。乃迂其道而远之，以势行之。"古代城池建设非常重视顺应水的本性，城池建设在依山傍水之地，确保城市与水和谐相处，故"凡立国都，非于大山之下必于广川之上"，战国时齐国临淄城排水系统和宋代江西赣州福寿沟就是很好的例子，二者均充分利用城市地理高差，巧妙设计排水设施，有效实现城市防洪防涝。

（二）实施党建与规划双引领的社区精细治理

街道、社区党组织是党在城市工作的基础，不断提升城市基层党建与规划双引领的基层治理效能，推进以党建引领基层治理、以规划引领基层生活，以建设服务型党组织为抓手，带动社区社会组织和环境宜居改造的双向建设，贴近群众、团结群众、引导群众，为群众办实事、办好事。在党的统一领导下，开展社区软环境治理；在责任规划师制度下，通过规划引领开展具体的社区硬环境更新，共同构建以软环境治理为基础、以硬环境更新为重点的"党建规划双引领"的社区更新治理模式。

社区更新治理要做到规划先行、统筹实施、公众参与和共建共治，其中，规划先行是社区更新工作科学性和计划性的保障，也是社区更新的谋划前提，需要通过街区统筹、规划指引、社区体检和实施计划分步骤开展。统筹实施则是社区更新项目高质量落地实施的保障，是社区更新的实施路径，其主要针对老旧社区的居住空间、生态空间、配套空间、公共空间和小微空间等开展具体实施。公众参与是提升居民获得感、幸福感、满意度的保障，是社区更新的决策依据和有效助力，需要通过开展问卷调查、设计竞争、意见征集、方案公示等一系列工作让更新方案深入社区居民内心，鼓励大家积极参与监督实施，共同做好社区营造。共建共治是社区治理能力不断提升和创新的保障，是社区更新的基础支撑和持续动力，应通过党群建设、多元协同、志愿服务、协商议事、宣传培训形成长效机制。

（三）科技创新持续赋能大城市智慧化治理

“智能科技、数据驱动、平台管理”将越来越成为“科技赋能”的城市“智慧”治理手段，数字化转型助推城市治理高质量发展。未来城市的管理服务将是基于数据的政府治理与监督，通过智慧城市的全域感知网和大数据决策支持平台，进行采集和算法分析，开展实时识别、预警、监管和空间调度，逐渐建设完善以数字孪生技术为支撑的智能化政府治理重点和目标服务平台，建设与实体城市空间孪生的虚拟城市空间。北京领导驾驶舱就是通过接入和管理北京市城市运行持续汇聚的多源数据，辅以智能分析及可视化技术手段，为城市管理者提供城市运行监测、管理和决策支持，辅助管理者基于大数据认识城市、监管城市和治理城市。基层社区治理服务也受益于大数据技术的赋能，通过数字手段为社区赋能，打造多源端口社区，提供基于不同年龄群体的差异化、精准化的智能生活服务，开展基于偏好导向的社区服务与社群治理。单体建筑在科技赋能的基础上呈现出功能的智能化、共享化和宜居化。未来城市基础设施和公共服务也将全面智能化发展，城市机动交通系统将会由自动驾驶逐渐承担城市的物流与人流运输，公共服务在城市运营商的数据平台运算下，城市管理实现全流程智能化运行。

（四）城市—区域协同发展公共服务共享互通

我国数字化智能化技术正在深入赋能新型城镇化战略、区域协调发展战略等国家重大战略，日新月异的数智技术为京津冀、长三角和粤港澳大湾区等城市—区域一体化发展提供了丰富的场景应用，科技技术率先打破城市群之间的各种壁垒，尤其是促进了城乡融合与省际交界地区的基础设施互联互通、公共服务共建共享、生态环境联保共治等区域治理一体化协同发展，显著地推动了跨城市—区域间的协作与共赢。然而，城市区域之间的体制机制障碍仍是数智赋能区域一体化发展的主要瓶颈。[①] 因此，城市—区域的数智化顶层设计应全面纳入区域战略规划，推动由地方政府，基础设施、公共服务行业企业与科技企业共同开发基础设施互联互通的数字化管理平台，创新体制机制，扩大跨区域政务通办事项。同时，必须提高各级政府领导城市工作能力，培养高素质城市干部队伍。认真贯彻落实习近平总书记关于“要加快培养一批懂城市、会管理的干部，用科学态度、先进理念、专业知识去规划、建设、管理城市”的要求，各级领导干部要主动学习城市建设和管理这门科学、掌握城市发展的规律，了解数智科技的数据分析，尊重城市的发展规律、尊重城市优秀文化传承、尊重自然生态环境、尊重群众诉求，建设宜居宜业的健康智慧城市。

① 叶振宇：《数智赋能区域一体化发展：进展与前瞻》，《山西师大学报》（社会科学版）2023年第3期。

分报告

Sub-reports

B.2 中国重点城市公共服务管理水平评价报告*

摘　要： 本文基于3个维度12个指标对36个重点城市的公共服务管理水平进行分析评价。结果表明，经济水平相对落后地区比经济发达地区的公共服务管理水平进步更快，导致这一现象的理论解释是公共服务管理难度会随着城市规模的扩大而提升，并且一线城市社会公共服务人员不足的问题比较突出。为保持并进一步提高公共服务管理水平，一线城市应当从基层治理的强化入手，缓解公共服务管理水平降低的问题；同时，应着力完善社会保障，缩小城乡收入差距和健全养老服务体系。

关键词： 重点城市　公共服务　社会保障

* 本文数据提供者和分析者为北京城市学院助理研究员翟文博士，感谢翟文博士。

一　城市公共服务管理水平评价指标体系设计

（一）城市公共服务管理水平评价指标体系框架

城市公共服务管理水平评价指标体系由教育、卫生和社会保障、公共文化3个二级指标构成，聚焦居民普遍关注的教育、卫生和社会保障、公共文化三个方面，具体指标构成见表1。

表1　城市公共服务管理水平评价指标体系

一级指标	二级指标	三级指标
公共服务管理水平(G)	教育(G1)	教育支出占比(G11)
		普通高等学校生师比(G12)
		中等职业教育学校生师比(G13)
		普通中学生师比(G14)
		普通小学生师比(G15)
	卫生和社会保障(G2)	每万人口医院床位数(G21)
		每千人口执业(助理)医师数(G22)
		城镇职工基本养老保险参保人数占常住人口比例(G23)
		城镇职工基本医疗保险参保人数占常住人口比例(G24)
		城镇失业保险参保人数占常住人口比例(G25)
	公共文化(G3)	人均拥有公共图书馆图书藏量(G31)
		每百万人口博物馆数(G32)

（二）样本城市和数据来源

1. 样本城市

本文评价了36个重点城市的公共服务管理水平并对其进行排名，36个重点城市具体包括4个直辖市：北京、上海、天津和重庆；27个省会（首府）城市：石家庄、太原、呼和浩特、沈阳、长春、哈尔滨、南京、杭州、合肥、福州、南昌、济南、郑州、武汉、长沙、广州、南宁、海口、成都、贵阳、昆明、拉萨、西安、兰州、西宁、银川和乌鲁木齐；5 个计划单列市：宁波、厦门、青岛、深圳、大连。

2. 数据来源

根据公开渠道可以查询到的资料，原始数据主要来源包括《中国城市统计年鉴（2022）》、各省份 2022 年统计年鉴、各城市 2022 年统计年鉴。少量数据取自地方政府历年国民经济和社会发展统计公报。

二 重点城市公共服务管理水平整体评价结果分析

公共服务管理水平评价指标体系由教育、卫生和社会保障、公共文化 3 个维度构成，其中教育设 5 个三级指标，卫生和社会保障设 5 个三级指标，公共文化设 2 个三级指标，总计 12 个三级指标。经加权计算得出全部重点城市公共服务管理水平得分及其排名。

（一）公共服务管理水平得分及排名

2021 年 36 个重点城市的公共服务管理水平的平均分为 49.06 分；从排名看，排名前五的分别是北京（92.24 分）、上海（74.20 分）、杭州（71.03 分）、南京（69.51 分）、济南（62.33 分），如图 1 所示。

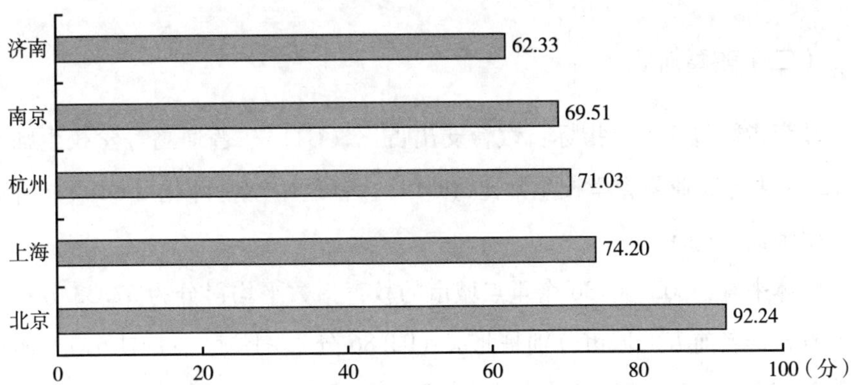

图 1　2021 年 36 个重点城市公共服务管理水平排名前五的城市得分

2021 年 36 个重点城市公共服务管理水平得分及排名如表 2 所示。

表 2　2021 年 36 个重点城市的公共服务管理水平得分及排名情况

单位：分

排名	城市	得分	排名	城市	得分
1	北　京	92.24	20	兰　州	45.55
2	上　海	74.20	21	厦　门	44.64
3	杭　州	71.03	22	郑　州	43.91
4	南　京	69.51	23	长　沙	42.91
5	济　南	62.33	24	合　肥	41.67
6	宁　波	59.39	25	乌鲁木齐	39.51
7	成　都	58.96	26	重　庆	39.35
8	武　汉	57.96	27	贵　阳	37.72
9	深　圳	57.91	28	福　州	37.63
10	太　原	56.48	29	昆　明	37.46
11	天　津	55.27	30	西　宁	37.15
12	沈　阳	54.60	31	海　口	36.81
13	大　连	53.93	32	拉　萨	35.22
14	哈尔滨	52.47	33	银　川	33.35
15	长　春	51.95	34	南　昌	33.02
16	青　岛	51.31	35	石家庄	32.11
17	呼和浩特	50.16	36	南　宁	24.50
18	西　安	47.04	平均分		49.06
19	广　州	46.98			

（二）教育排名

教育指数包括 5 个指标：教育支出占比（G11）、普通高等学校生师比（G12）、中等职业教育学校生师比（G13）、普通中学生师比（G14）、普通小学生师比（G15）。

整体来看，2021 年 36 个重点城市的教育指数平均得分为 57.33 分；从排名看，排名前五的城市分别是北京（93.86 分）、上海（84.41 分）、南京（77.08 分）、长春（72.71 分）、哈尔滨（70.70 分）（见图 2）。2021 年 36 个重点城市教育指数得分及排名，如表 3 所示。

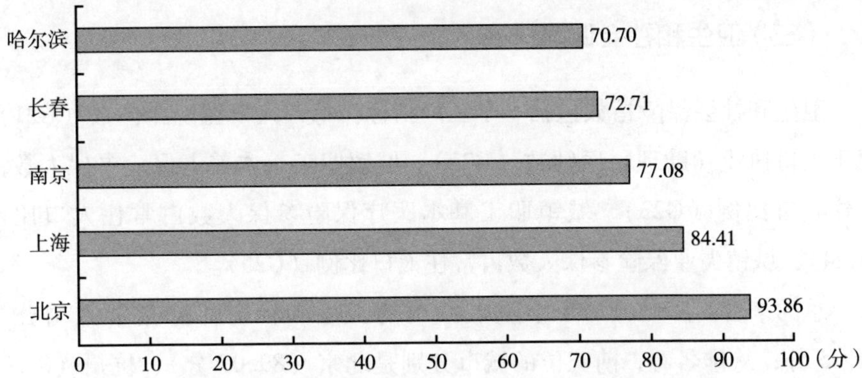

图 2　2021 年 36 个重点城市中教育指数排名前五的城市得分

表 3　2021 年 36 个重点城市的教育指数得分及排名情况

单位：分

排名	城　市	得分	排名	城　市	得分
1	北　京	93.86	20	长　沙	52.81
2	上　海	84.41	21	合　肥	52.07
3	南　京	77.08	22	广　州	50.70
4	长　春	72.71	23	厦　门	49.39
5	哈尔滨	70.70	24	贵　阳	47.73
6	沈　阳	70.68	25	西　安	47.67
7	天　津	69.06	26	福　州	47.15
8	青　岛	68.17	27	郑　州	46.74
9	太　原	67.78	28	海　口	46.63
10	大　连	67.77	29	石家庄	46.17
11	杭　州	65.51	30	乌鲁木齐	45.59
12	宁　波	64.60	31	昆　明	44.62
13	济　南	64.31	32	拉　萨	43.33
14	武　汉	63.58	33	南　昌	40.90
15	呼和浩特	63.04	34	西　宁	39.42
16	深　圳	62.22	35	银　川	35.73
17	成　都	60.29	36	南　宁	28.50
18	兰　州	59.66	平均分		57.33
19	重　庆	53.20			

（三）卫生和社会保障排名

卫生和社会保障指数包括5个三级指标：每万人口医院床位数（G21）、每千人口执业（助理）医师数（G22）、城镇职工基本养老保险参保人数占常住人口比例（G23）、城镇职工基本医疗保险参保人数占常住人口比例（G24）、城镇失业保险参保人数占常住人口比例（G25）。

总的来看，2021年36个重点城市的卫生和社会保障指数平均分为44.35分；从排名看，前五位的城市分别是北京（89.07分）、杭州（81.70分）、上海（61.45分）、成都（60.84分）、济南（60.32分）（见图3）。36个重点城市卫生和社会保障指数得分及排名情况如表4所示。

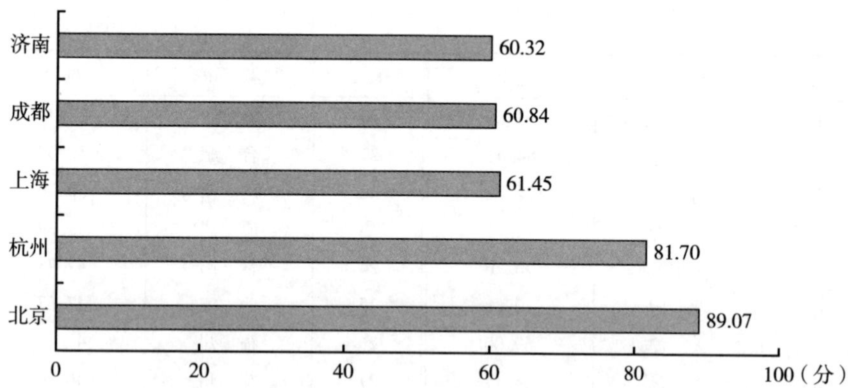

图3　2021年36个重点城市中卫生和社会保障指数排名前五的城市得分

表4　2021年36个重点城市的卫生和社会保障指数得分及排名情况

单位：分

排名	城　市	得分	排名	城　市	得分
1	北　京	89.07	4	成　都	60.84
2	杭　州	81.70	5	济　南	60.32
3	上　海	61.45	6	南　京	57.32

续表

排名	城　市	得分	排名	城　市	得分
7	太　原	55.28	23	西　宁	37.62
8	深　圳	54.36	24	海　口	37.59
9	宁　波	52.87	25	西　安	36.64
10	厦　门	52.34	26	哈尔滨	34.77
11	青　岛	52.28	27	昆　明	34.46
12	沈　阳	50.64	28	合　肥	33.51
13	武　汉	50.37	29	兰　州	32.35
14	郑　州	50.33	30	重　庆	31.02
15	广　州	47.05	31	呼和浩特	30.57
16	大　连	45.40	32	南　昌	26.22
17	乌鲁木齐	45.26	33	石家庄	26.15
18	天　津	44.14	34	南　宁	23.13
19	长　沙	43.09	35	福　州	22.16
20	银　川	42.06	36	拉　萨	14.07
21	贵　阳	41.69	平均分		44.35
22	长　春	38.32			

（四）公共文化排名

公共文化指数由 2 个三级指标构成，包括人均拥有公共图书馆图书藏量（G31）和每百万人口博物馆数（G32）。

整体来看，2021 年 36 个重点城市公共文化指数平均分为 39.30 分；从排名看，排名前五的城市分别是北京（94.29 分）、南京（74.55 分）、上海（74.48 分）、杭州（64.19 分）、西安（64.13 分）（见图 4）。2021 年 36 个重点城市公共文化指数得分及排名情况如表 5 所示。

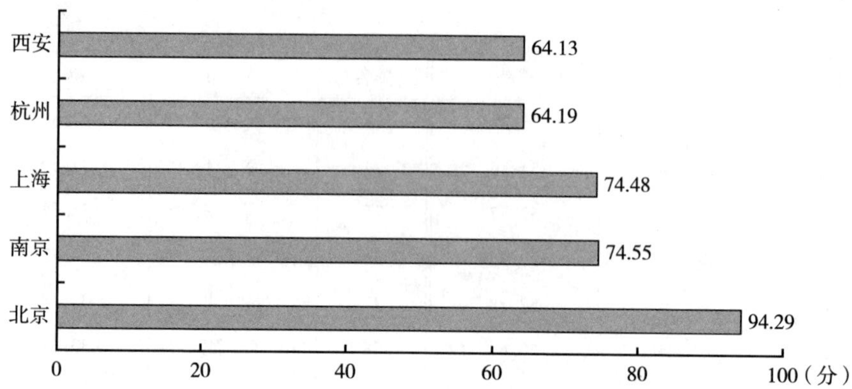

图 4　2021 年 36 个重点城市中公共文化指数排名前五的城市得分

表 5　2021 年 36 个重点城市的公共文化指数得分及排名情况

单位：分

排名	城　市	得分	排名	城　市	得分
1	北　京	94. 29	20	合　肥	33. 31
2	南　京	74. 55	21	西　宁	31. 34
3	上　海	74. 48	22	长　春	30. 58
4	杭　州	64. 19	23	南　昌	27. 79
5	西　安	64. 13	24	昆　明	27. 09
6	济　南	61. 56	25	沈　阳	26. 33
7	宁　波	59. 52	26	郑　州	26. 27
8	武　汉	59. 12	27	重　庆	23. 77
9	呼和浩特	56. 71	28	长　沙	20. 84
10	拉　萨	55. 02	29	厦　门	20. 51
11	深　圳	54. 74	30	南　宁	18. 15
12	成　都	52. 72	31	乌鲁木齐	15. 96
13	天　津	44. 75	32	海　口	13. 85
14	福　州	44. 24	33	银　川	12. 63
15	哈尔滨	43. 88	34	青　岛	12. 56
16	大　连	38. 73	35	石家庄	11. 84
17	广　州	38. 70	36	贵　阳	8. 68
18	兰　州	38. 05	平均分		39. 30
19	太　原	33. 78			

三　城市分类视阈中的公共管理服务水平对比分析

为深入研究城市公共管理水平评价指数，准确反映数据背后的问题，本部分将按照城市的不同分类标准，对不同类型城市、不同区域城市进行横向分析。

（一）不同区域城市公共服务管理水平对比分析

从区域分类出发，36 个重点城市可以划分为东部、中部、西部和东北四个地区，具体划分标准为，东部地区包括深圳、北京、上海、杭州、南京、厦门、广州、宁波、天津、青岛、济南、福州、海口、石家庄；中部地区包括长沙、武汉、郑州、南昌、太原、合肥；西部地区包括呼和浩特、兰州、昆明、成都、乌鲁木齐、西安、重庆、贵阳、拉萨、南宁、银川、西宁；东北地区包括大连、长春、哈尔滨、沈阳。

数据显示，2021 年东北地区城市的公共服务管理水平得分最高，为 53. 24 分；东部地区其次，为 50. 24 分；再次是中部地区，为 48. 59 分；最后是西部地区，为 44. 47 分（见表 6 和图 5）。

表 6　2021 年不同区域城市公共服务管理水平得分的比较

单位：分

城市区位	教育	卫生和社会保障	公共文化	公共服务管理水平
东部地区	56. 69	46. 42	42. 88	50. 24
中部地区	56. 60	46. 52	34. 66	48. 59
西部地区	52. 73	39. 10	35. 89	44. 47
东北地区	70. 47	42. 28	34. 88	53. 24
36 个重点城市平均值	57. 33	44. 35	39. 30	49. 06

区域对比分析可见，中部、东部地区城市公共服务管理水平得分差距较小，西部地区城市与中部、东部地区城市之间差距较为突出，西部地区城市公共服务管理评价总得分较36个重点城市的平均分低4.59分。

具体来看，教育分指数得分从高到低排序为，东北、东部、中部、西部。

卫生和社会保障分指数得分从高到低排序为，中部、东部、东北、西部。

公共文化分指数得分由高到低排序为，东部、西部、东北、中部。

从每个分项指数来看，东部地区城市在公共文化方面表现最好，中部地区城市在卫生和社会保障方面得分最高，东北地区城市在教育方面得分最高。

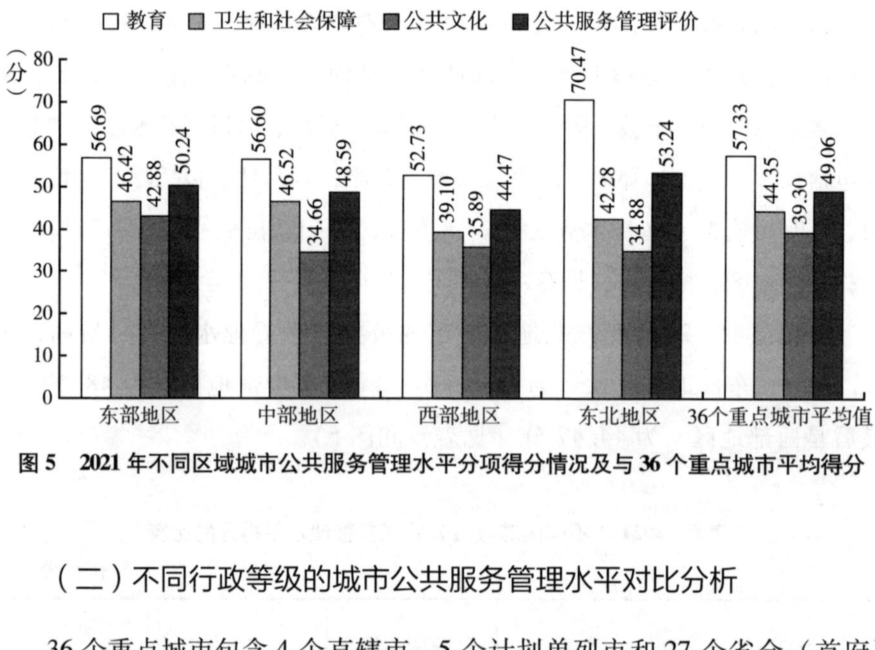

图5　2021年不同区域城市公共服务管理水平分项得分情况及与36个重点城市平均得分

（二）不同行政等级的城市公共服务管理水平对比分析

36个重点城市包含4个直辖市、5个计划单列市和27个省会（首府）城市。根据计算，城市公共服务管理评价指数显示以下结果：直辖市的公共服务管理水平最高，为65.27分；计划单列市其次，为53.44分，省会（首府）城市得分最低，为45.85分（见表7和图6）。

将直辖市、计划单列市和省会（首府）城市进行比较可见，直辖市公共服务管理水平明显高于其他两类城市，省会（首府）城市的平均分低于36个重点城市平均分，计划单列市平均分高于36个重点城市平均分。

表 7　2021 年不同类型城市公共服务管理水平比较

单位：分

城市类型	教育	卫生和社会保障	公共文化	公共服务管理水平
直辖市	75.13	56.42	59.32	65.27
计划单列市	62.43	51.45	37.21	53.44
省会(首府)城市	53.74	41.24	36.72	45.85
36 个重点城市平均值	57.33	44.35	39.30	49.06

具体从每一个分项指数来看，可以得出以下结论。

第一，教育分指数得分由高到低依次是直辖市、计划单列市、省会（首府）城市。

第二，卫生和社会保障分指数得分由高到低依次是直辖市、计划单列市和省会（首府）城市。

第三，公共文化分指数得分由高到低依次是直辖市、计划单列市和省会（首府）城市。

直辖市在所有分项指数的表现上都优于计划单列市和省会（首府）城市。

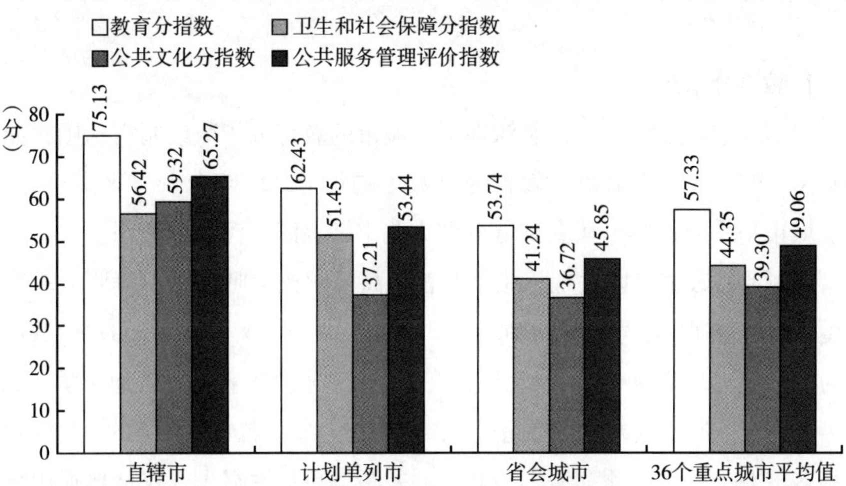

图 6　2021 年不同类型城市公共服务管理水平得分情况及与 36 个重点城市的对比

（三）四大一线城市公共服务管理水平对比分析

对四大一线城市公共服务管理水平分析发现，四大一线城市公共服务管理水平平均得分 67.83 分，显著高于 36 个重点城市的平均分（49.06 分），北京、上海、广州、深圳城市公共管理水平得分分别为 92.24 分、74.20 分、46.98 分、57.91 分，数据说明，与 36 个重点城市的平均水平相比，四大一线城市的公共服务管理整体水平较高，同时内部也存在明显的差异（见表 8），有必要进一步分析。

表 8　2021 年四大一线城市公共服务管理水平得分比较一览

单位：分

城　市	教育	卫生和社会保障	公共文化	公共服务管理评价指数
北京	93.86	89.07	94.29	92.24
上海	84.41	61.45	74.48	74.20
广州	50.70	47.05	38.70	46.98
深圳	62.22	54.36	54.74	57.91
一线城市平均值	72.80	62.98	65.55	67.83
36 个重点城市平均值	57.33	44.35	39.30	49.06

1. 教育分指数

根据北京、上海、广州和深圳 4 个城市的教育分指数绘制雷达图，如图 7 所示，2021 年 4 个城市的教育分指数平均得分 72.80 分，显著高于 36 个重点城市平均分；得分从高到低分别为北京、上海、深圳、广州。

回顾原始数据可以发现，北京的普通高等学校生师比、中等职业教育学校生师比、普通中学生师比分别为 8.31、8.58 和 8.66，而上海的对应数值分别为 11.27、13.52 和 10.24。无论是高等学校、职业学校还是普通中学，北京每名老师服务的学生人数均不超过 9 人，而在上海每名老师服务的学生人数比北京多出 1~3 人，广州和深圳与北京的差距就更加明显了，仅从普通中学生师比的数据来看，广州和深圳分别是 12.08 和 12.20，比北京多 3 人以上。

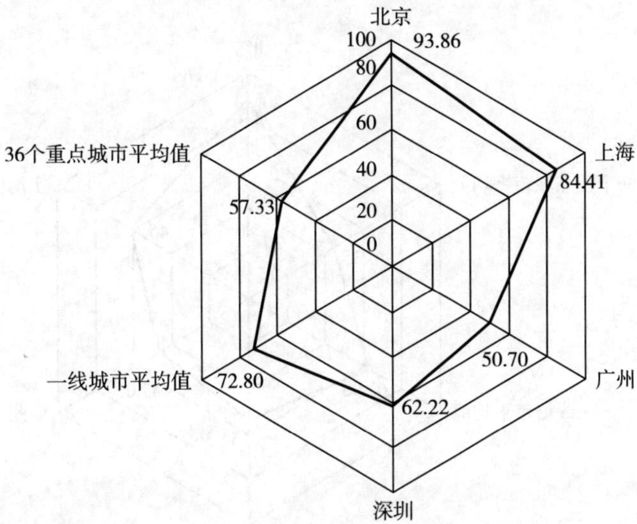

图 7　四大一线城市教育分指数得分雷达图

2. 卫生和社会保障分指数

根据北京、上海、广州和深圳 4 个城市的卫生和社会保障分指数绘制雷达图，如图 8 所示，2021 年四大一线城市卫生和社会保障分指数平均得分 62. 98 分，显著高于 36 个重点城市平均分；得分由高到低依次是北京、上海、深圳和广州。

回顾原始数据可以发现，北京的每千人口执业（助理）医师数、城镇职工基本养老保险参保人数占常住人口比例分别为 5. 14 人和 95. 34%，上海对应数据分别为 3. 38 人和 74. 45%，广州对应数据分别为 3. 53 人和 53. 52%，深圳对应数据分别为 2. 59 人和 76. 01%。也就是说，北京每千人口拥有的执业（助理）医师数远超过上海、广州、深圳，北京城镇职工基本养老保险参保人数占常住人口比例也远高于上海、广州、深圳。

3. 公共文化分指数

根据北京、上海、广州和深圳 4 个城市的公共文化分指数绘制雷达图，如图 9 所示，2021 年四大一线城市公共文化分指数平均得分 65. 55 分，显著高于 36 个重点城市平均分；得分由高到低依次是北京、上海、深圳和广州。

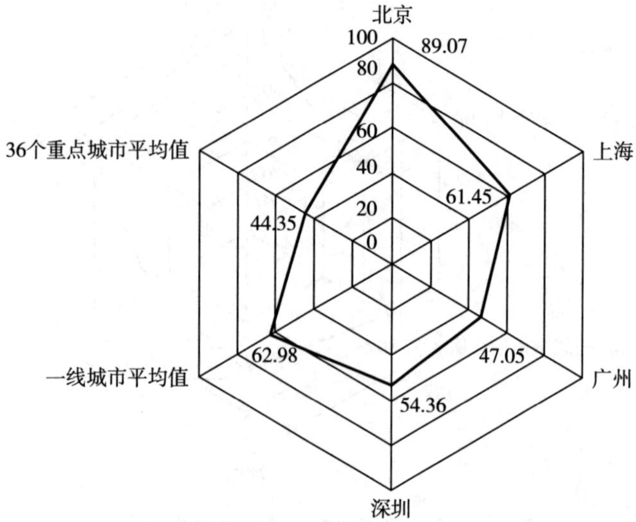

图 8　四大一线城市卫生和社会保障分指数得分雷达图

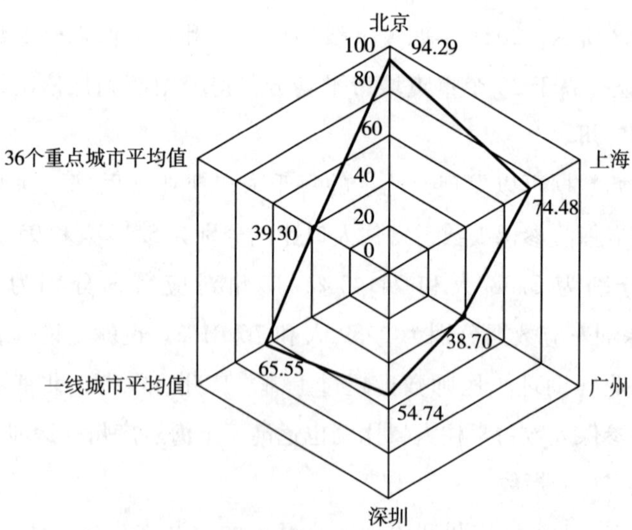

图 9　四大一线城市公共文化分指数得分雷达图

回顾原始数据可以发现，北京的每百万人口博物馆数为 9. 31 家，而上海、广州、深圳的对应数据分别为 6. 35 家、3. 42 家和 3. 23 家。《博物馆蓝皮书：北京地区博物馆发展报告（2020—2021）》发布数据显示，截至 2021 年底，在北京市文物局备案的博物馆共有 204 家。2020 年 4 月发布的《北京市推进全国文化中心建设中长期规划（2019 年—2035 年）》提出，北京要打造布局合理、展陈丰富、特色鲜明的“博物馆之城”。未来，北京市民不仅将见证北京大运河博物馆、路县故城考古遗址博物馆、国家自然博物馆等现代化大型博物馆的快速建设或建成，而且东城、西城、朝阳等有条件的地区还将利用文物建筑闲置空间建设小而精的专题博物馆。

四　36个重点城市公共服务管理水平评价年度对比

接下来将对比 2020~2021 年 36 个重点城市公共服务管理指数及 3 个分指数的变化，并试图重点分析以下问题：排名前五的城市的特征，总排名和单项排名快速上升的城市的进步原因。值得注意的是，由于在指数测算的过程中采用了归一化去量纲的处理，指数得分反映的是城市在当年度在该指标上的一个相对水平，在进行跨年度的比较时，得分的绝对值变化不具有显著的现实意义，我们更关注的是排名的变化。

（一）公共服务管理水平年度对比

从公共服务管理水平排名来看，2020 年排名前五的城市分别是北京、上海、杭州、成都、南京；2021 年排名前五的城市分别是北京、上海、杭州、南京、济南，公共服务管理水平居于前列的城市的构成相对稳定。

36 个重点城市中，公共服务管理水平 2020~2021 年排名上升较快的城市分别是深圳、宁波、合肥、贵阳、福州（见表 9、图 10）。

（二）教育分指数年度对比

从教育分指数排名来看，2020 年排名前五的城市分别是北京、上海、哈尔滨、长春、拉萨；2021 年排名前五的城市分别是北京、上海、南京、长春、哈尔滨，北京和上海稳定居于教育分指数的前两位。

表 9　36 个重点城市公共服务管理水平 2020~2021 年排名及变化

城　市	2021 年	2020 年	年度排名变化
北　京	1	1	0
上　海	2	2	0
广　州	19	21	2
深　圳	9	18	9
成　都	7	4	−3
杭　州	3	3	0
重　庆	26	28	2
武　汉	8	7	−1
西　安	18	8	−10
天　津	11	9	−2
南　京	4	5	1
长　沙	23	22	−1
郑　州	22	25	3
青　岛	16	19	3
沈　阳	12	12	0
宁　波	6	11	5
昆　明	29	30	1
合　肥	24	29	5
大　连	13	14	1
福　州	28	33	5
厦　门	21	23	2
哈尔滨	14	10	−4
济　南	5	6	1
南　宁	36	36	0
长　春	15	17	2
石家庄	35	35	0
贵　阳	27	32	5
太　原	10	13	3
南　昌	34	34	0
兰　州	20	20	0
海　口	31	26	−5
乌鲁木齐	25	27	2
呼和浩特	17	16	−1

续表

城　市	2021 年	2020 年	年度排名变化
银　川	33	31	-2
拉　萨	32	15	-17
西　宁	30	24	-6

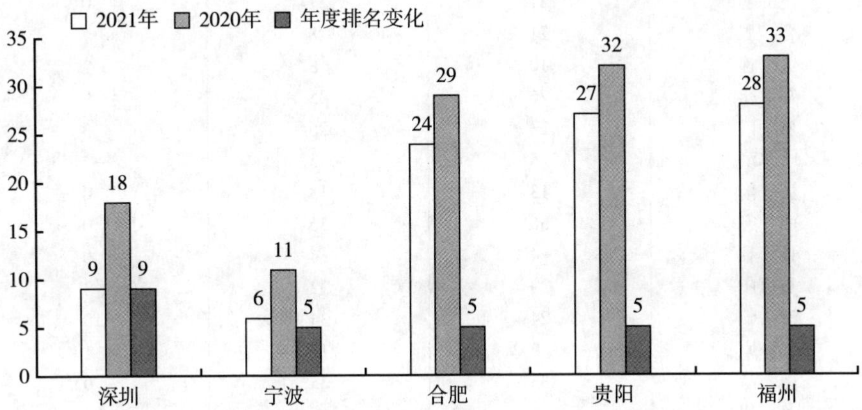

图 10　2020~2021 年公共服务管理水平排名进步较快的城市

36 个重点城市中，教育分指数 2020~2021 年排名上升较快的城市分别是贵阳、福州、南京、合肥、青岛、深圳和杭州（见表 10、图 11）。

表 10　36 个重点城市教育分指数 2020~2021 年排名及变化

城　市	2021 年	2020 年	年度排名变化
北　京	1	1	0
上　海	2	2	0
广　州	22	24	2
深　圳	16	22	6
成　都	17	18	1
杭　州	11	17	6
重　庆	19	23	4
武　汉	14	9	-5
西　安	25	20	-5
天　津	7	7	0
南　京	3	11	8
长　沙	20	19	-1

续表

城　市	2021 年	2020 年	年度排名变化
郑　州	27	27	0
青　岛	8	14	6
沈　阳	6	6	0
宁　波	12	16	4
昆　明	31	31	0
合　肥	21	28	7
大　连	10	8	−2
福　州	26	35	9
厦　门	23	26	3
哈尔滨	5	3	−2
济　南	13	13	0
南　宁	36	36	0
长　春	4	4	0
石家庄	29	32	3
贵　阳	24	34	10
太　原	9	10	1
南　昌	33	33	0
兰　州	18	15	−3
海　口	28	25	−3
乌鲁木齐	30	29	−1
呼和浩特	15	12	−3
银　川	35	30	−5
拉　萨	32	5	−27
西　宁	34	21	−13

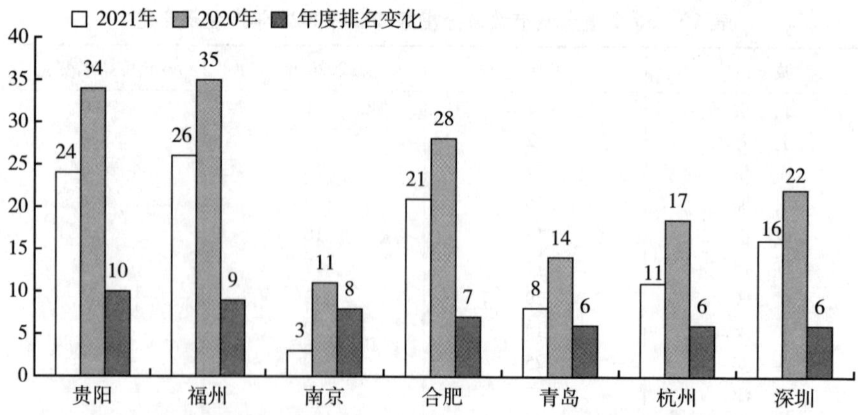

图 11　2020~2021 年教育分指数排名进步较快的城市

（三）卫生和社会保障分指数年度对比

从卫生和社会保障分指数排名来看，2020 年排名前五的城市分别是北京、杭州、上海、济南、青岛；2021 年排名前五的城市分别是北京、杭州、上海、成都、济南，成都新进入前五，青岛退出前五。

36 个重点城市中，卫生和社会保障分指数 2020~2021 年排名上升较快的城市分别是长春、成都、宁波、大连（见表 11、图 12）。

表 11　36 个重点城市卫生和社会保障分指数 2020~2021 年排名及变化

城　市	2021 年	2020 年	年度排名变化
北　京	1	1	0
上　海	3	3	0
广　州	15	14	-1
深　圳	8	7	-1
成　都	4	8	4
杭　州	2	2	0
重　庆	30	29	-1
武　汉	13	15	2
西　安	25	26	1
天　津	18	17	-1
南　京	6	6	0
长　沙	19	20	1
郑　州	14	16	2
青　岛	11	5	-6
沈　阳	12	11	-1
宁　波	9	12	3
昆　明	27	23	-4
合　肥	28	28	0
大　连	16	19	3
福　州	35	34	-1
厦　门	10	10	0
哈尔滨	26	25	-1
济　南	5	4	-1
南　宁	34	35	1

续表

城　市	2021 年	2020 年	年度排名变化
长　春	22	27	5
石家庄	33	33	0
贵　阳	21	22	1
太　原	7	9	2
南　昌	32	32	0
兰　州	29	30	1
海　口	24	21	-3
乌鲁木齐	17	13	-4
呼和浩特	31	31	0
银　川	20	18	-2
拉　萨	36	36	0
西　宁	23	24	1

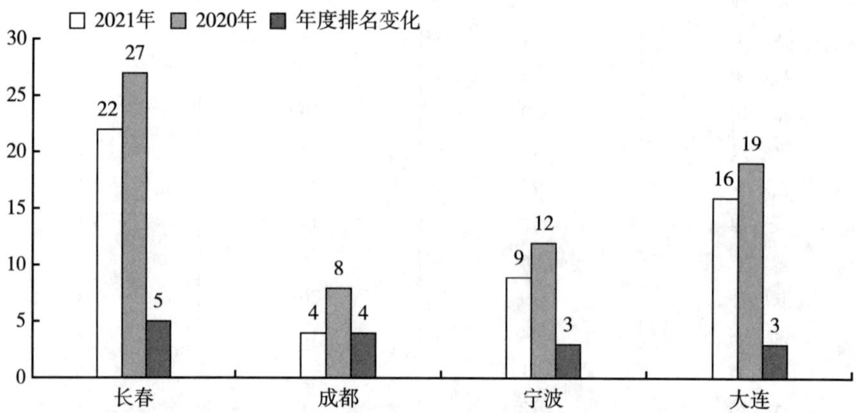

图 12　2020~2021 年卫生和社会保障分指数排名进步较快的城市

（四）公共文化分指数年度对比

从公共文化分指数排名来看，2020 年排名前五的城市分别是西安、成都、北京、拉萨、呼和浩特；2021 年排名前五的城市分别是北京、南京、上海、杭州、西安，上海、南京和杭州新进入前五。公共文化分指数居于前列的城市的构成并不十分稳定，主要原因可能是组成指标仅有 2 个，单个指标对指标值变动的影响增大。解决这一问题有待更多与公共文化相关的地市级数据及时披露。

36 个重点城市中，公共文化分指数 2020~2021 年排名上升较快的城市分别是深圳、杭州、上海、济南（见表 12、图 13）。

表 12　36 个重点城市公共文化分指数 2020~2021 年排名及变化

城　市	2021 年	2020 年	年度排名变化
北　京	1	3	2
上　海	3	8	5
广　州	17	20	3
深　圳	11	17	6
成　都	12	2	-10
杭　州	4	10	6
重　庆	27	27	0
武　汉	8	9	1
西　安	5	1	-4
天　津	13	13	0
南　京	2	6	4
长　沙	28	28	0
郑　州	26	24	-2
青　岛	34	34	0
沈　阳	25	29	4
宁　波	7	7	0
昆　明	24	19	-5
合　肥	20	21	1
大　连	16	18	2
福　州	14	14	0
厦　门	29	32	3
哈尔滨	15	15	0
济　南	6	11	5
南　宁	30	31	1
长　春	22	25	3
石家庄	35	35	0

续表

城　市	2021 年	2020 年	年度排名变化
贵　阳	36	33	-3
太　原	19	22	3
南　昌	23	26	3
兰　州	18	12	-6
海　口	32	23	-9
乌鲁木齐	31	30	-1
呼和浩特	9	5	-4
银　川	33	36	3
拉　萨	10	4	-6
西　宁	21	16	-5

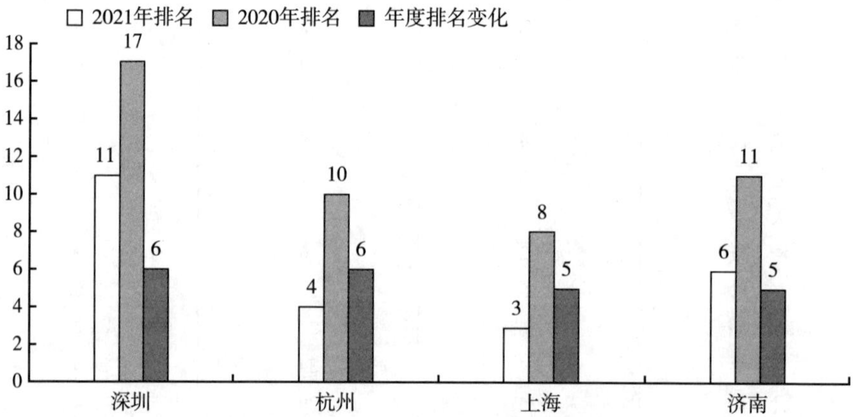

图 13　2020~2021 年公共文化分指数排名进步最快的四个城市

五　城市政府推进公共服务管理水平提升的建议

（一）坚持以人民为中心的发展思想

坚持以人民为中心的发展思想是习近平新时代中国特色社会主义思想的基本方略，也是城市公共服务和社会治理的出发点和落脚点。习近平总书记指出，人民是历史的创造者，是决定党和国家前途命运的根本力量。必须坚持人民主体地位，坚持立党为公、执政为民，践行全心全意为人民服务的根本宗旨，把党的群众路线贯彻到治国理政全部活动之中，把人民对美好生活的向往作为奋斗目标，依靠人民创造历史伟业。保障和改善民生，增进人民福祉、促进人的全面发展是我们党坚持立党为公、执政为民的本质要求。新时代新阶段，必须坚持以人民为中心的发展思想，以满足人民美好生活需要为目标，着力保障和改善民生，紧紧抓住人民群众最关心的基本公共服务问题，健全社会保障和就业创业、基础教育、医疗卫生、公共文化体育等基本公共服务体系，不断提高人民生活品质，促进人的全面发展。通过人的全面发展促进社会全面进步，形成人的全面发展与社会全面进步相互协调、相互促进、共同发展的良好局面。

（二）坚持以基本公共服务均等化为目标

基本公共服务是政府二次分配的重要形式，在调节收入分配、促进社会公平、保障国民基本生存和发展权利等方面发挥着重要作用。公共服务均等化是体现和保障国民平等权利的重要原则和举措，也是衡量国家公共服务现代化水平的重要标尺。决定各城市基本公共服务满意度最重要的因素是城市间基本公共服务水平差距的缩小。党的十九大和十九届五中全会明确提出，到 2035 年“基本公共服务均等化基本实现”。新时代新阶段，要以基本公共服务均等化为目标，推进全面建设社会主义现代化国家，不断提高基本公共服务现代化水平。要坚持基本公共服务均等化的价值理念，健全基本公共服务均等化的体制机制，努力实现城镇基本公共服务常住人口全覆盖。基本公共服务与户籍脱钩，城镇基本公共服务财政支出和转移支付与常住人口数量挂钩；推进基本公共服务制度一体化，消除基本公共服务的制度分割，打破身份、职业、群体、地域限制，建立基本公共服务跨地区、跨职业的衔接转移制度和办法，推进制度一体化；将基本公共服务均等化纳入经济社会发展规划之中，制定基本公共服务均等化的发展规划，明确年度工作目标和任务，并落实到相关部门。

（三）坚持推进基本公共服务制度体系现代化不动摇

国家公共服务职能与国家相伴而生，公共服务制度体系是国家治理体系的重要组成部分。党的十九大明确“完善和发展中国特色社会主义制度、推进国家治理体系和治理能力现代化”的全面深化改革总目标，党的十九届五中全会要求“健全基本公共服务体系”。公共服务制度体系是包括公共服务制度及在公共服务制度基础上形成的公共服务机制等在内的一系列体制机制、法律法规。新时代新阶段，应贯彻落实中共中央关于“国家治理体系和治理能力现代化”的精神和要求，健全幼有所育、学有所教、劳有所得、病有所医、老有所养、住有所居、弱有所扶等方面的基本公共服务制度体系，健全城乡发展一体化体制机制，加快完善城乡一体化的基本公共服务制度，健全基本公共服务均等化的体制机制，完善公共服务型财政体系，健全基本公共服务事权和支出责任相适应的制度，构建公共服务供给的社会参与机制，完善基本公共服务的监管和绩效评估制度，以基本公共服务制度体系现代化助推国家治理体系现代化，推进基本公共服务制度体系成熟定型，不断提高基本公共服务制度体系现代化水平。

（四）坚持加大公共服务投入力度

加快形成以国内大循环为主体、国内国际双循环相互促进的新发展格局，是新时代党中央根据中国发展阶段、环境、条件变化做出的战略抉择，是重塑中国国际合作与竞争新优势的战略决策。党的十九届五中全会明确提出“形成强大国内市场，构建新发展格局”，要求畅通国内大循环，促进国内国际双循环，全面促进消费，拓展投资空间，为经济社会发展提供了重要指导原则。新时代新阶段，要加大公共服务投入力度，提升公共服务供给数量和质量，融入和服务双循环新发展格局，推动经济社会持续健康稳定发展。增加公共服务支出，有利于扩大社会公共服务消费，从而增加社会总消费。一方面，要以加快形成双循环新发展格局为契机，发挥投资对优化供给结构的关键作用，加大基本公共服务投入力度，加快教育、医疗卫生和社会保障、公共文化等领域基本公共服务设施建设，提升服务水平，补齐基本公共服务短板，推进以民生为重点的社会建设，促进基本公共服务大发展。另一方面，要通过基本公共服务的发展推动形成双循环新发展格局，服务国家经济社会发展战略。

（五）坚持以实现基本公共服务能力现代化为目标

服务能力是国家治理能力的重要内容，是衡量国家治理现代化水平的重要标尺。同时基本公共服务硬件设施建设、制度体系、服务能力和水平等因素对基本公共服务满意度有着重要的影响，在其他影响因素一定的情况下，基本公共服务能力和水平是影响基本公共服务满意度的重要因素。党的十九大明确完善和发展中国特色社会主义制度、推进国家治理体系和治理能力现代化的全面深化改革总目标，明确提出到 2035 年基本实现社会主义现代化，到 21 世纪中叶全面建成社会主义现代化强国的两步走战略安排。新时代新阶段，要以基本公共服务能力现代化助推国家治理能力现代化。通过公共服务供给创新改进公共服务供给方式，积极探索大数据、人工智能、云计算等数字技术、网络信息技术在公共服务领域的运用，推进“互联网+基本公共服务和区块链+基本公共服务”。推动公共服务思维方式改变、体系重构和效率提升，提高基本公共服务的智能化、便利化、科学化、精细化水平。要加强政府行政管理和公共服务人员队伍建设、能力建设、素质提升，不断提高政府公共服务能力。

B.3

中国重点城市经济管理水平评价报告*

摘　要： 本报告建立了中国城市经济管理水平评价指标体系，并选择36个重点城市进行了2021年城市经济管理水平评价。评价结果显示，东部地区城市经济管理水平总体较高，得分和排名都具有明显优势。中部地区城市经济管理水平与东部地区差距缩小。西部地区城市经济管理水平持续提升，区域发展的协调性也逐步增强，成渝、关中平原等重要城市群引领作用更加明显。东北地区城市经济管理行政色彩较浓，市场缺乏活力。报告建议，要持续优化城市政府经济职能，推动经济高质量发展；要完善市场监管基础制度，健全市场监管长效机制，不断提升市场监管治理体系和治理能力现代化水平；要强化地方政府预算收支管理，因地制宜地制定财政收入政策，推动财政高质量发展。

关键词： 城市管理　经济管理　综合评价

一　城市经济管理水平评价指标体系构建

（一）城市经济管理水平指标体系框架

城市经济管理水平综合评价指标体系涵盖经济发展水平、经济调节水平、市场监管水平和基本财力水平4个二级指标，下设人均地区生产总值、城镇居民人均可支配收入、城镇新增就业人数、居民消费价格弹性系数、公

* 本文数据提供者和分析者为北京城市学院副教授胡雅芬博士，感谢胡雅芬博士。

共财政收入增长率等 14 个三级指标，指标的选取遵循指标内容完整性、逻辑结构合理性、指标测度科学可操作性和权重设立合理性等原则，具体如表 1 所示。

表 1　城市经济管理水平综合评价指标体系

一级指标	二级指标	三级指标
城市经济管理水平(J)	经济发展水平(J1)	人均地区生产总值(J11)
		城镇居民人均可支配收入(J12)
		城镇新增就业人数(J13)
		第三产业占 GRP 的比重(J14)
	经济调节水平(J2)	经济增长波动系数(J21)
		居民消费价格弹性系数(J22)
		城镇登记失业率波动系数(J23)
		固定资产投资效果系数(J24)
	市场监管水平(J3)	限额以上批发零售商贸企业数(J31)
		人均金融机构本外币存款余额(J32)
		社会消费品零售额增长率(J33)
	基本财力水平(J4)	财力规模(J41)
		公共财政收入增长率(J42)
		财政赤字率(J43)

（二）数据来源与评价对象的选择

1. 数据来源

数据来源包括《中国城市统计年鉴 2021》《中国城市统计年鉴 2022》《中国统计年鉴 2021》《中国统计年鉴 2022》，以及各省（区、市）统计年鉴和国民经济和社会发展统计公报等（见表 2）。个别城市的某些数据缺失，采用类似数据或相邻年份数据进行估计。各指标的统计数据，样本统计口径基本一致，数据具有较高可信度。

表 2 数据来源参考

项目	涉及相关资料
国家	《中国城市统计年鉴》《中国统计年鉴》《中国区域经济统计年鉴》《中国经济年鉴》等
省(区、市)	各省(区、市)统计年鉴、各省(区、市)国民经济和社会发展统计公报、各省(区、市)经济年鉴、各省(区、市)经济发展报告、各省(区、市)政府网站发布的信息等

2. 评价城市的选择

考虑到数据的可获得性和评价标准的相对统一和完整，本报告选取了36个重点城市进行城市经济管理水平分析与评价，其中包括4个直辖市、27个省会（首府）城市和5个计划单列市（见表3）。

表 3 36 个重点城市分布

4个直辖市	北京、上海、天津、重庆
27个省会(首府)城市	杭州、南京、广州、长沙、武汉、乌鲁木齐、郑州、呼和浩特、合肥、福州、太原、济南、贵阳、南昌、西安、成都、兰州、拉萨、石家庄、沈阳、长春、银川、海口、南宁、哈尔滨、昆明、西宁
5个计划单列市	大连、宁波、厦门、青岛、深圳

二 重点城市经济管理评价结果

（一）经济发展水平排名

2021年36个重点城市经济发展水平得分与排名情况如表4和图1所示。

表 4 2021 年 36 个重点城市经济发展水平得分与排名情况

单位：分

城 市	排名	得分	平均分
北 京	1	91.47	43.41
上 海	2	90.99	

续表

城 市	排名	得分	平均分
杭 州	3	79.69	43.41
宁 波	4	77.11	
南 京	5	76.81	
深 圳	6	72.40	
广 州	7	72.36	
青 岛	8	63.24	
福 州	9	60.77	
厦 门	10	57.17	
长 沙	11	55.89	
合 肥	12	53.70	
武 汉	13	51.53	
济 南	14	49.06	
天 津	15	42.42	
成 都	16	41.84	
郑 州	17	36.64	
昆 明	18	36.00	
重 庆	19	34.32	
南 昌	20	34.01	
呼和浩特	21	32.31	
大 连	22	32.16	
乌鲁木齐	23	31.03	
西 安	24	28.19	
拉 萨	25	27.29	
沈 阳	26	27.20	
太 原	27	27.03	
长 春	28	25.05	
海 口	29	24.37	
贵 阳	30	24.30	
兰 州	31	23.04	
石家庄	32	20.93	
南 宁	33	18.70	
西 宁	34	16.33	
哈尔滨	35	16.21	
银 川	36	11.04	

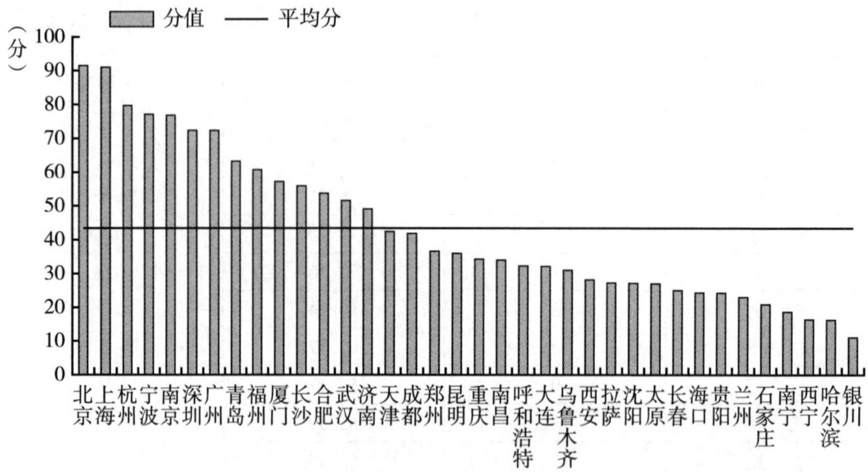

图 1　2021 年 36 个重点城市经济发展水平得分与平均得分

从表 4 的结果来看，2021 年排名经济发展水平前十的城市分别是北京、上海、杭州、宁波、南京、深圳、广州、青岛、福州和厦门，得分分别是 91.47 分、90.99 分、79.69 分、77.11 分、76.81 分、72.40 分、72.36 分、63.24 分、60.77 分和 57.17 分，36 个重点城市平均得分为 43.41 分。可以看到，排名前十的城市无一例外都位于东部地区，连续三年进入榜单的中部地区城市长沙排在了第 11 名。此外，榜单城市也均分布在较为成熟的京津冀、长三角、粤港澳大湾区三大城市群中。2021 年，京津冀、长三角、粤港澳大湾区地区生产总值分别达 9.6 万亿元、27.6 万亿元、10.1 万亿元，总量超过了全国的 40%，发挥了全国经济“压舱石”、高质量发展动力源的重要作用。

排在第 11 名和第 12 名的是长沙与合肥。作为中部地区的代表城市，长沙市是长江中游地区重要的中心城市，是“两型社会”综合配套改革试验区、中国重要的粮食生产基地，长江中游城市群和长江经济带重要的节点城市，2021 年长沙实现地区生产总值 13270.7 亿元。而合肥近年来新型显示器件、集成电路、人工智能产业集群已经颇具规模，新能源汽车产业也在迅速崛起。2021 年的 GDP 增速和财政收入增速都不错，这也得益于安徽在基建、行政区划调整、资源配置等方面给予了合肥充分的政策扶持；而在国家层面，合肥也是长三角一体化战略的最大受益者之一。

（二）经济调节水平排名

2021 年，36 个重点城市经济调节水平得分与排名情况如表 5 和图 2 所示。

表 5　2021 年 36 个重点城市经济调节水平得分与排名情况

单位：分

城　市	排名	得分	平均分
武　汉	1	82.22	49.51
海　口	2	78.49	
成　都	3	64.22	
重　庆	4	62.65	
南　京	5	60.84	
广　州	6	58.81	
西　宁	7	58.49	
南　昌	8	58.36	
济　南	9	58.31	
福　州	10	57.92	
兰　州	11	57.72	
太　原	12	57.29	
长　沙	13	57.12	
杭　州	14	56.63	
上　海	15	53.51	
北　京	16	53.28	
厦　门	17	51.50	
深　圳	18	50.49	
长　春	19	48.18	
合　肥	20	48.13	
青　岛	21	47.33	
呼和浩特	22	45.93	
大　连	23	45.75	
宁　波	24	44.72	
沈　阳	25	43.80	
石家庄	26	42.14	
贵　阳	27	42.12	
哈尔滨	28	40.35	

续表

城市	排名	得分	平均分
拉萨	29	40.13	49.51
乌鲁木齐	30	40.04	
天津	31	39.21	
昆明	32	32.51	
银川	33	32.37	
郑州	34	29.17	
南宁	35	26.98	
西安	36	15.82	

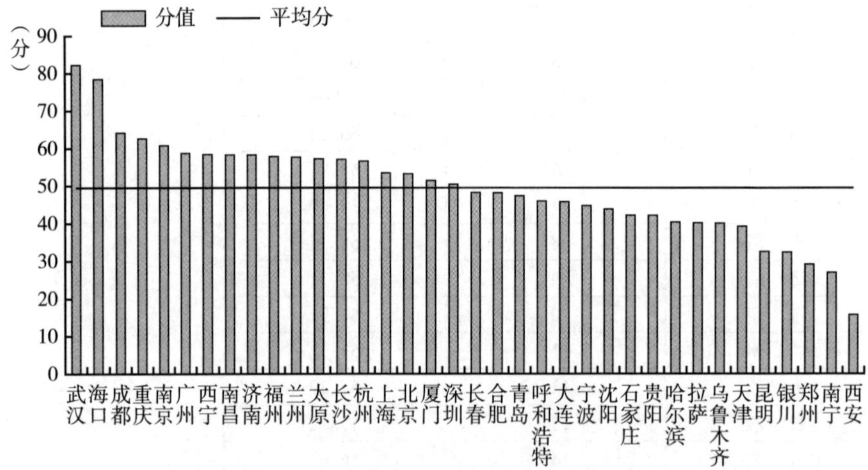

图 2　2021 年 36 个重点城市经济调节水平得分与平均得分

从表 5 和图 2 的结果来看，2021 年经济调节水平排名前十的城市分别是武汉、海口、成都、重庆、南京、广州、西宁、南昌、济南和福州，得分分别是 82.22 分、78.49 分、64.22 分、62.65 分、60.84 分、58.81 分、58.49 分、58.36 分、58.31 分和 57.92 分，36 个重点城市平均得分为 49.51 分。2021 年，武汉 GDP 位居全国第九，同比增速为 12.15%，不仅高于全国 GDP 平均增速，在 36 个重点城市中也排名第一。此外，2021 年，武汉固定资产投资也大幅回升，投资额达 9453.04 亿元，同比增长 12.9%，增速在 36 个重点城市中排名第一。在投资领域，基础设施投资同比增长 3.9%，房地产开发投资同比增长 17.2%，工业投资同比增长 10.0%。

（三）市场监管水平排名

2021 年 36 个重点城市市场监管水平得分与排名情况如表 6 和图 3 所示。

表 6　2021 年 36 个重点城市市场监管水平得分与排名情况

单位：分

城市	排名	得分	平均分
上海	1	72.72	26.28
深圳	2	69.10	
北京	3	61.54	
广州	4	53.77	
杭州	5	42.80	
海口	6	37.23	
重庆	7	33.96	
宁波	8	33.31	
南京	9	32.75	
济南	10	31.66	
拉萨	11	31.11	
厦门	12	30.63	
南昌	13	27.92	
青岛	14	27.67	
天津	15	26.87	
成都	16	26.83	
太原	17	25.12	
长沙	18	24.94	
合肥	19	23.44	
武汉	20	21.42	
贵阳	21	20.95	
福州	22	19.44	
长春	23	18.72	
乌鲁木齐	24	17.64	
郑州	25	16.66	
昆明	26	16.64	

续表

城　市	排名	得分	平均分
沈　阳	27	14.93	26.28
大　连	28	14.08	
西　安	29	12.19	
南　宁	30	12.13	
西　宁	31	12.09	
兰　州	32	10.70	
呼和浩特	33	10.17	
哈尔滨	34	9.21	
石家庄	35	3.11	
银　川	36	2.45	

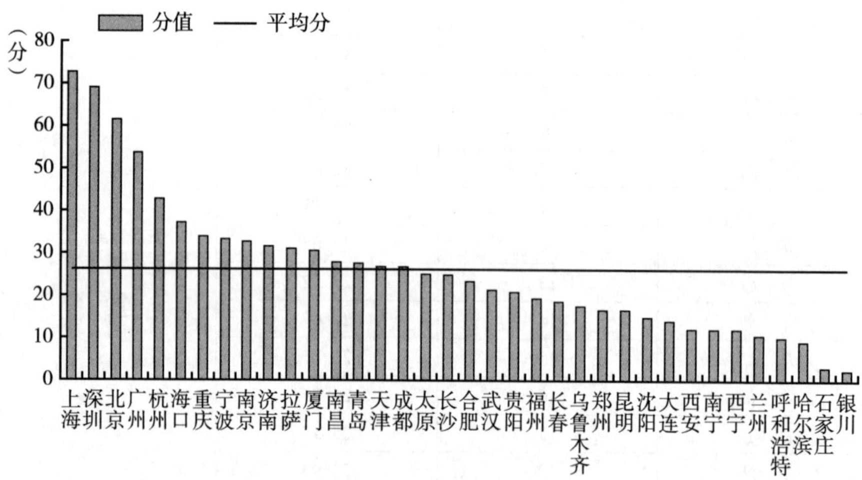

图 3　2021 年 36 个重点城市市场监管水平得分与平均得分

从表 6 和图 3 的结果来看，2021 年市场监管水平排名前十的城市分别是上海、深圳、北京、广州、杭州、海口、重庆、宁波、南京和济南，得分分别为 72.72 分、69.10 分、61.54 分、53.77 分、42.80 分、37.23 分、33.96 分、33.31 分、32.75 分和 31.66 分，36 个重点城市平均得分为 26.28 分。从排名看，上海以 72.72 分稳居第一。2021 年，上海社会消费品零售总额突破

1.8万亿元，居全国城市首位，消费市场展现出强大韧性，对经济增长的贡献度超过60%。2021年，为了切实帮助个体工商户解决融资难题，上海开展金融支持个体工商户专项行动，全市新设市场主体52.73万户，比上年增长10.5%。此外，上海聚焦大市场循环，出台《关于发展壮大市场主体的若干措施》等，优化营商环境。聚焦大监管，编制《上海市市场监管现代化“十四五”规划》和《上海市反不正当竞争条例释义》，出台“关于完善信用体系建设的若干措施”，全市企业年报公示率达95.8%，创历史新高。

（四）基本财力水平排名

2021年，36个重点城市基本财力水平得分与排名情况如表7和图4所示。

表7　2021年36个重点城市基本财力水平得分与排名情况

单位：分

城　市	排名	得分	平均分
上　海	1	76.21	34.52
武　汉	2	62.02	
北　京	2	62.02	
深　圳	4	55.46	
杭　州	5	49.26	
宁　波	6	44.70	
西　安	7	43.94	
天　津	8	42.56	
成　都	9	41.20	
重　庆	10	39.41	
广　州	11	39.14	
厦　门	12	37.46	
济　南	13	36.69	
青　岛	14	36.03	
福　州	15	34.87	
合　肥	16	34.36	

续表

城　市	排名	得分	平均分
南　京	17	34.30	34.52
西　宁	18	33.78	
太　原	19	33.57	
长　沙	20	33.20	
海　口	21	32.73	
兰　州	22	31.78	
石家庄	23	27.72	
昆　明	24	27.50	
沈　阳	25	26.89	
银　川	26	26.88	
大　连	27	26.62	
长　春	28	26.55	
哈尔滨	29	24.90	
南　宁	30	23.42	
呼和浩特	31	22.86	
贵　阳	32	19.40	
郑　州	33	18.95	
南　昌	34	17.87	
乌鲁木齐	35	13.91	
拉　萨	36	4.48	

从表7和图4的结果来看，基本财力水平排名前十的城市分别是上海、武汉、北京、深圳、杭州、宁波、西安、天津、成都和重庆，得分分别是76.21分、62.02分、62.02分、55.46分、49.26分、44.70分、43.94分、42.56分、41.20分和39.41分。其中，武汉和北京并列第二。2021年，武汉财政收入大幅增长，一般公共预算总收入2914.24亿元，比上年增长21.8%。地方一般公共预算收入1578.65亿元，同比增长28.3%，该增长率在36个重点城市中排名第一，是武汉的主要得分项。2021年，北京实现一般公共预算收入5932.3亿元，同比增长8.1%，距离突破6000亿元的关口愈来愈近，并且远超年初设定的增长3%的预期目标。值得一提的是，虽然北京一般公共预算收入同比增速远超预期，但其2021年的财政收入仍然属于恢复性增长。

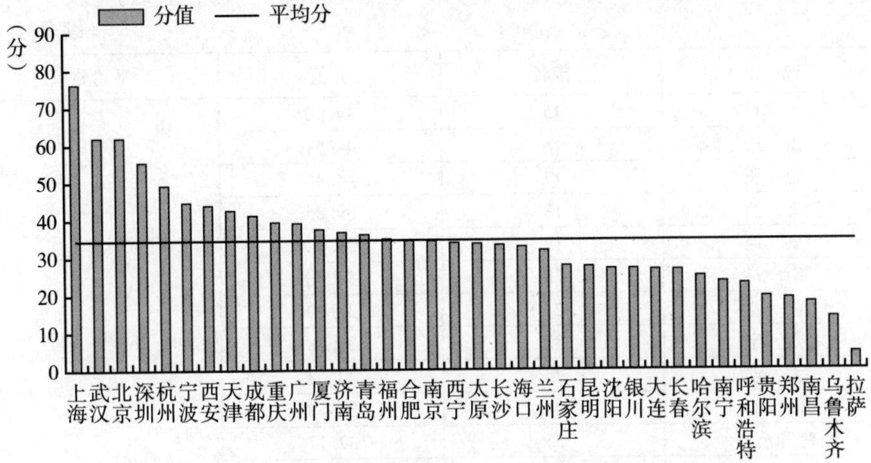

图 4　2021 年 36 个重点城市基本财力水平得分与平均得分

（五）城市经济管理水平总指标得分与排名

2021 年，36 个重点城市经济管理水平得分与排名情况如表 8 和图 5 所示。

表 8　2021 年 36 个重点城市经济管理水平得分与排名情况

单位：分

城　市	排名	分值	平均分
上　海	1	73.79	41.61
北　京	2	69.52	
杭　州	3	61.66	
深　圳	4	61.20	
武　汉	5	60.70	
广　州	6	58.45	
南　京	7	57.58	
宁　波	8	54.94	
福　州	9	49.72	
青　岛	10	48.36	
厦　门	11	48.19	
长　沙	12	48.00	
济　南	13	47.45	
成　都	14	47.34	

续表

城　市	排名	分值	平均分
海　口	15	44.90	41.61
重　庆	16	44.51	
合　肥	17	44.46	
天　津	18	39.86	
太　原	19	38.02	
南　昌	20	37.56	
兰　州	21	35.09	
西　宁	22	33.48	
大　连	23	33.08	
西　安	24	32.48	
呼和浩特	25	32.17	
长　春	26	31.21	
沈　阳	27	31.00	
昆　明	28	28.67	
乌鲁木齐	29	28.56	
贵　阳	30	28.21	
郑　州	31	28.08	
石家庄	32	26.60	
拉　萨	33	25.31	
哈尔滨	34	25.21	
南　宁	35	21.96	
银　川	36	20.67	

如表 8 和图 5 所示，从平均分值看，中国 36 个重点城市经济管理水平综合得分均值为 41.61 分，与上年的 43.31 分相比，略有下降。从总体排名看，2021 年排名前五的城市分别是上海、北京、杭州、深圳和武汉，其中上海以 73.79 分位居第一，北京以 69.52 分紧随其后，杭州、深圳和武汉分数接近。

与 2020 年相比，36 个重点城市经济管理水平总指标排名前三的城市不变，深圳和广州的名次各有 1 个位次的提升，南京下降 3 个名次，宁波和青岛各下降 2 个名次，厦门和长沙都跌出了前十，分列第 11 位和第 12 位。值得注意的是，武汉从 2020 年的第 37 名上升至 2021 年的第 5 名，成绩斐然。2021 年，武汉经济呈快速增长、稳中向好态势，地区生产总值 17716.76 亿元，比

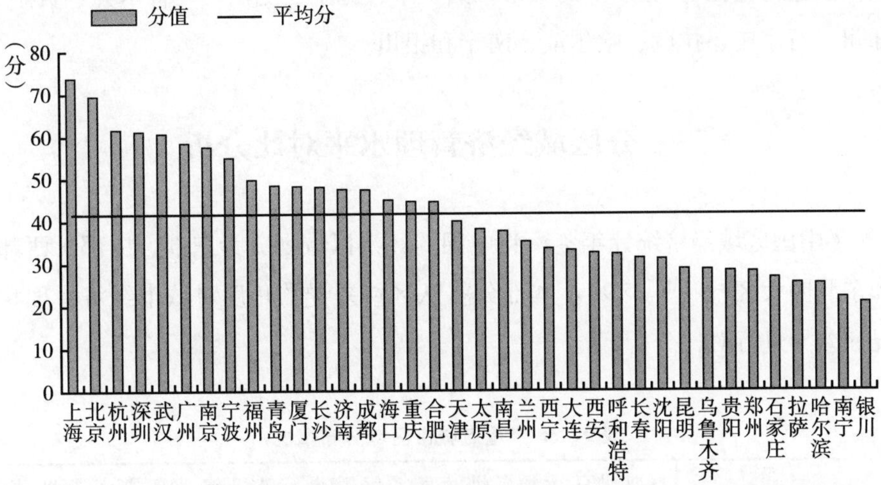

图 5　2021 年 36 个重点城市经济管理水平总指标得分与排名情况

上年增长 12.2%，比 2019 年增长 6.7%。规模以上工业增加值比上年增长 14.2%，为近 9 年来最快增速。固定资产投资比上年增长 12.9%，增速较上年提高 24.7 个百分点。社会消费品零售总额 6795.04 亿元，比上年增长 10.5%。一般公共预算总收入 2914.24 亿元，比上年增长 21.8%。地方一般公共预算收入 1578.65 亿元，增长 28.3%。截至 12 月末，武汉金融机构本外币存款余额为 33775.87 亿元，比上年末增长 8.9%。城镇居民人均可支配收入 55297 元，比上年增长 9.8%。城镇新增就业人口近 30 万人，创历史新高。总的来说，2021 年武汉发展势头强劲，排名上升速度快，既是产业结构、经济基础良好的反映，也是经济实力和城市地位在全国经济版图中的回归。

从城市梯度分布看，根据得分可以大致将 36 个重点城市的经济管理能力划分为四个梯队：第一梯队是得分在 50 分以上的城市，共 8 个，分别是上海、北京、杭州、深圳、武汉、广州、南京和宁波；第二梯队是得分在 40~50 分的城市，共 9 个，分别是福州、青岛、厦门、长沙、济南、成都、海口、重庆和合肥；第三梯队是得分在 30~40 分的城市，共 10 个，分别是天津、太原、南昌、兰州、西宁、大连、西安、呼和浩特、长春和沈阳，第四梯队是得分在30分以下的城市，共9个，分别是昆明、乌鲁木齐、贵阳、郑州、石家庄、拉萨、哈尔滨、南宁和银川。

三　分区域经济管理水平对比分析

《中国区域经济统计年鉴》将中国的经济区域划分为东部、中部、西部和东北四大区域（见表9）。本部分将从区域差异的角度对城市经济管理状况和差异进行对比分析。

表9　36个重点城市区域分布情况

东部地区	深圳、北京、上海、杭州、南京、厦门、广州、宁波、天津、青岛、济南、福州、海口、石家庄
中部地区	长沙、武汉、郑州、南昌、太原、合肥
西部地区	呼和浩特、兰州、昆明、成都、乌鲁木齐、西安、重庆、贵阳、拉萨、南宁、银川、西宁
东北地区	大连、长春、哈尔滨、沈阳

分区域结果显示，2021年，东部地区、中部地区、西部地区和东北地区城市经济管理水平的平均得分分别是53.02分、42.80分、31.54分和30.13分（见表10），与2020年排名一致。此外，除中部地区外，其他区域的平均得分出现了不同程度的下滑。从排名情况来看，2021年，东部地区城市的平均排名基本维持不变，中部地区城市提升了2.67个名次，但西部地区和东北地区城市的平均排名都出现了下滑（见图6、图7）。

表10　2021年36个重点城市经济管理水平分区域得分与排名

单位：分

区　域	城　市	排名	得分	平均得分	平均排名
东部地区	北　京	2	69.52	53.02	9.93
	杭　州	3	61.66		
	深　圳	4	61.20		
	南　京	7	57.58		
	宁　波	8	54.94		

续表

区　域	城　市	排名	得分	平均得分	平均排名
东部地区	宁　波	8	54.94	53.02	9.93
	上　海	1	73.79		
	青　岛	10	48.36		
	厦　门	11	48.19		
	福　州	9	49.72		
	广　州	6	58.45		
	海　口	15	44.90		
	济　南	13	47.45		
	天　津	18	39.86		
	石家庄	32	26.60		
中部地区	长　沙	12	48.00	42.80	17.33
	武　汉	5	60.70		
	合　肥	17	44.46		
	郑　州	31	28.08		
	太　原	19	38.02		
	南　昌	20	37.56		
东北地区	长　春	26	31.21	30.13	27.5
	大　连	23	33.08		
	沈　阳	27	31.00		
	哈尔滨	34	25.21		
西部地区	拉　萨	33	25.31	31.54	26.08
	乌鲁木齐	29	28.56		
	成　都	14	47.34		
	贵　阳	30	28.21		
	昆　明	28	28.67		
	西　安	24	32.48		
	兰　州	21	35.09		
	银　川	36	20.67		
	西　宁	22	33.48		
	呼和浩特	25	32.17		
	重　庆	16	44.51		
	南　宁	35	21.96		

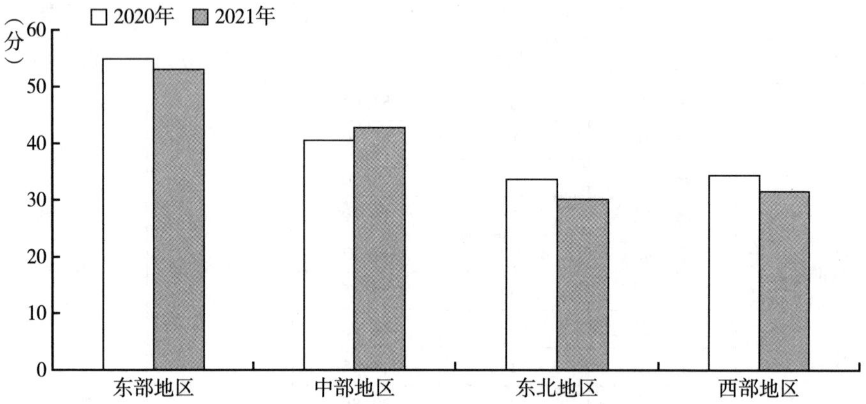

图 6　36 个重点城市经济管理水平分区域平均得分 2020 年与 2021 年对比

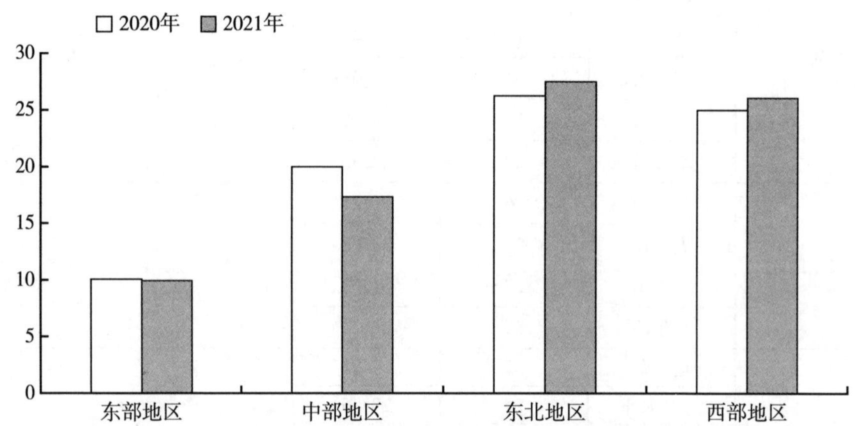

图 7　36 个重点城市经济管理水平分区域平均排名 2020 年与 2021 年对比

（一）东部地区城市经济管理水平总体较高，深圳、北京、上海等一线城市尤为突出

从 2021 年总体排名结果看，前 10 名几乎被东部地区城市包揽，中部地区城市只有武汉排在第 5 名。与 2020 年相比，北京、杭州和上海的名次未发生变化，深圳、广州各上升 1 个名次，南京下降 3 个名次，宁波、青

岛和济南各下降 2 个名次，厦门下降 1 个名次，福州上升 3 个名次，海口和天津分别上升 2 个名次。总体来说，东部地区各城市排名变化都不大（见表 11）。从得分情况来看，2021 年，东部地区城市经济管理平均得分是 53.02 分，仍远高于其他三个区域。东部地区是中国最早实行改革开放的区域，中国的头部城市大部分集中在东部地区，而东部地区省会城市也是东部地区经济发展水平的典型代表。2021 年，东部地区 14 个城市虽然经历了严峻的考验，但是经济运行与管理总体平稳，质量和效益稳步提升。

表 11　2020~2021 年东部地区城市排名与变化

区域	城市	2020 年排名	2021 年排名	排名变化
东部地区	北京	2	2	0
	杭州	3	3	0
	深圳	5	4	1
	南京	4	7	-3
	宁波	6	8	-2
	上海	1	1	0
	青岛	8	10	-2
	厦门	10	11	-1
	福州	12	9	3
	广州	7	6	1
	海口	17	15	2
	济南	11	13	-2
	天津	20	18	2
	石家庄	35	32	3

（二）中部地区城市经济管理水平与东部地区差距缩小，但是经济管理水平一流的城市仍屈指可数

从排名来看，2021 年，中部地区城市平均排名第 17 位，其中武汉进

入榜单前5，成绩亮眼。长沙、合肥和太原分别排在了第12名、第17名和第19名，表现差强人意。与2020年相比，中部地区城市平均提升将近3个名次，其中，武汉与太原表现突出，排名分别上升了29个和11个名次。但除此之外，其他城市的排名或多或少有所下降（见表12）。作为建设中的国家中心城市和长江经济带核心城市之一，武汉2021年经济跑出“加速度”，实现了大翻盘，GDP同比增速达到12.15%，位居全国第一。武汉经济快速复苏离不开近年来经济结构的调整和新基建的超前布局，站在新起点上，武汉应充分发挥在长江中游城市群中的重要功能和定位，突破地域限制，强化枢纽功能，打造国内大循环重要节点和国内国际双循环战略连接。此外，太原也可谓中部地区的一匹“黑马”，2021年，太原地区生产总值首次突破5000亿元大关，达到5121.61亿元，同比增长9.2%，山西举全省之力加强太原国家区域中心城市建设，打造创新高地、产业高地、人才高地、开放高地，助推“一群两区三圈”发展新布局。总体来说，太原各产业比较均衡，规模以上工业持续向好，装备制造业增长强劲，消费市场稳健复苏。

表12　2020~2021年中部地区城市排名与变化

区域	城市	2020年排名	2021年排名	排名变化
中部地区	长沙	9	12	-3
	武汉	34	5	29
	合肥	13	17	-4
	郑州	15	31	-16
	太原	30	19	11
	南昌	19	20	-1

从得分来看，中部地区城市经济管理平均得分是42.80分，在四大经济区域中排名第二，与东部地区相差10.22分。2021年中部六省GDP达到250132.5亿元，占全国经济总量比重为21.77%，较上年有所提高。先进制造业一直是中部地区高质量发展的“脊梁”。2021年，中共中央、国务院专

门出台了《关于新时代推动中部地区高质量发展的意见》，意见明确了五个方面的重点任务，通过五大发展理念协同发力，为推动中部地区高质量发展、开创中部地区新局面指明了方向。

（三）西部地区城市经济管理水平持续提升，区域发展的协调性逐步增强

2021年，在西部地区12个城市中，只有成都和重庆进入了榜单前20名，成都和重庆是西部地区两大城市，重庆作为西部地区唯一的直辖市，GDP接近3万亿元，排名全国第五；成都市是四川省省会，经济增长非常迅速，GDP排名全国第七。2020年1月3日，中央财经委员会第六次会议做出推动成渝地区双城经济圈建设的重大决策部署，10月16日中共中央政治局召开会议，审议《成渝地区双城经济圈建设规划纲要》。2021年是全面贯彻实施《成渝地区双城经济圈建设规划纲要》的第一年。2021年，成渝地区双城经济圈实现地区生产总值73919.2亿元，经济总量占全国的6.5%。此外，以西安为中心的关中平原城市群综合经济实力仅次于成渝城市群，位居内陆地区第二。除西安、重庆、成都三大国家中心城市外，兰州、西宁、昆明、乌鲁木齐等城市的辐射带动力也在不断增强。从排名变化来看，上升最快的是兰州和西宁，分别从2020年的第31、第33名上升至2021年的第21、第22名，重庆上升了5个名次，此外，呼和浩特的名次也略有上升（见表13）。

表13　2020~2021年西部地区城市排名与变化

区域	城　市	2020年排名	2021年排名	排名变化
西部地区	拉　萨	22	33	-11
	乌鲁木齐	23	29	-6
	成　都	14	14	0
	贵　阳	29	30	-1
	昆　明	24	28	-4
	西　安	18	24	-6

续表

区域	城　市	2020 年排名	2021 年排名	排名变化
西部地区	兰　州	31	21	10
	银　川	32	36	-4
	西　宁	33	22	11
	呼和浩特	26	25	1
	重　庆	21	16	5
	南　宁	27	35	-8

西部地区虽然受到地理位置、交通、气候等种种因素影响，但随着以新时代西部大开发为新格局的发展规划的落实，以及在成渝城市群、关中平原城市群等城市集群发展的带领下，相信西部地区城市在未来定会发展得越来越好。

（四）东北地区城市经济管理行政色彩较浓，市场缺乏活力

东北地区是中国最早的经济发达地区，但随着沿海经济的发展，经济重心的南移，东北地区占全国经济总量的比例在不断下降。东北地区城市经济总量在全国城市的排名中也越来越低。2021 年，东北地区城市经济管理的平均得分为 30.13 分，与 2020 年的 33.63 分相比，下降 3.50 分。从排名情况看，大连、长春、沈阳和哈尔滨分别排在第 23 名、第 26 名、第 27 名和第 34 名。与 2020 年相比，大连与哈尔滨排名都有所提高，其中大连提高 5 个名次，表现较好。而沈阳和长春的名次都出现了不同程度的下滑（见表 14）。2021 年，东北三省的 GDP 为 5.57 万亿元，不到广东的一半，占全国 GDP 的比重达到新低，仅为 4.9%。其中表现最好的大连，2021 年 GDP 为 7826 亿元，全国排名第 29 位。大连在 20 世纪 80 年代曾经是 GDP 十强城市之一，2015 年后虽错过了产业转型升级的时机，经济增速不快，但依然是东北三省第一，也是未来最有希望冲击 GDP 万亿元俱乐部的城市。改革开放以来，东北地区的衰落已经是不争的事实。虽然东北地区的老工业基地振兴战略提出已久，但东北地

区经济增速依然落后于全国平均水平，远远低于东部经济发达地区，此外，人口外流也是东北经济衰落的一个明证。东北地区具有较好的资源优势、农业优势和工业基础，持续优化营商环境，东北地区仍然会有较多的经济发展机会。

表 14　2020~2021 年东北地区城市排名与变化

区域	城市	2020 年排名	2021 年排名	排名变化
东北地区	长　春	16	26	-10
	大　连	28	23	5
	沈　阳	25	27	-2
	哈尔滨	36	34	2

分区域总体评价结果显示，2021 年，东部地区城市经济管理水平最高，深圳、北京、上海等一线城市尤为突出。中部地区城市经济管理水平与东部地区差距缩小，但是经济管理水平一流的城市仍屈指可数。值得一提的是，中部地区城市外贸进出口在 2021 年表现突出，增长速度远高出全国平均水平。西部地区城市经济管理水平持续提升，区域发展的协调性在逐步增强，成渝、关中平原等重要城市群引领作用更加明显。东北地区城市经济管理行政色彩较浓，市场缺乏活力。习近平总书记明确指出，只有建设好投资、营商等软环境，才能有效遏制东北资本、人才流失状况，打破所谓“投资不过山海关”的说法，使资本、人才成为东北振兴发展的重要助力。未来，塑造良好的营商环境应是东北振兴的重中之重。

四　“北上广深”经济管理水平对比分析

“北上广深”四大城市一直稳稳占据中国一线城市的席位，本部分重点分析与比较 2021 年这四大一线城市经济管理水平。

表 15　2021 年四大一线城市经济管理各项指标得分比较情况

单位：分

项目	经济发展水平	经济调节水平	市场监管水平	基本财力水平	经济管理水平
北　京	91.47	53.28	61.54	62.02	69.52
深　圳	72.40	50.49	69.10	55.46	61.20
上　海	90.99	53.51	72.72	76.21	73.79
广　州	72.36	58.81	53.77	39.14	58.45
四大一线城市平均得分	81.81	54.02	64.28	58.21	65.74
36 个重点城市平均得分	43.41	49.51	26.28	34.52	41.61

（一）城市经济管理水平：北京紧跟上海，广州深圳迎来新变局

表 15、图 8 显示，北京、上海、广州、深圳 4 个城市总体经济管理水平的平均得分为 65.74 分，远超 36 个重点城市的 41.61 分。其中，上海以 73.79 分位居第一，北京紧跟其后，而广州则以 58.45 分的成绩紧追深圳。2021 年，北京与上海的经济总量都突破了 4 万亿元大关，但上海的 GDP 为 43214.85 亿元，比北京的 40269.6 亿元多出 2945.25 亿元。事实上，上海和北京的定位也是明确的，上海是中国金融和经济中心，而北京则是政治、文化、国际交往、科技创新中心，二者只有差异化发展，才能推动全国的进步。然而，2021 年对于深圳而言，却是非常不平凡的一年。由于外部压力等因素，深圳这座依赖科技创新和进出口外贸带动经济增长的城市受到了非常明显的影响。虽然地区生产总值首次突破 3 万亿元大关，达 30664.85 亿元，同比增长 6.7%。然而，就增速而言，四大一线城市北上广均超过 8%，深圳是唯一跌破 7%的城市，深圳的 GDP 增速（6.7%）远低于全国 8.1%的水平。深圳增速放缓，除外部因素外，在一定程度上也反映出潜藏在深圳经济发展中的深层次问题，在新一轮全球化和科技变革下，深圳的经济面临着一次新的重构。过去的产业和企业发展已经面临一个关键的转型。深圳需要在数字经济、人工智能、智能制造等领域加强“独角兽”企业的培育，为培育下一轮经济增长的龙头进行深度布局。

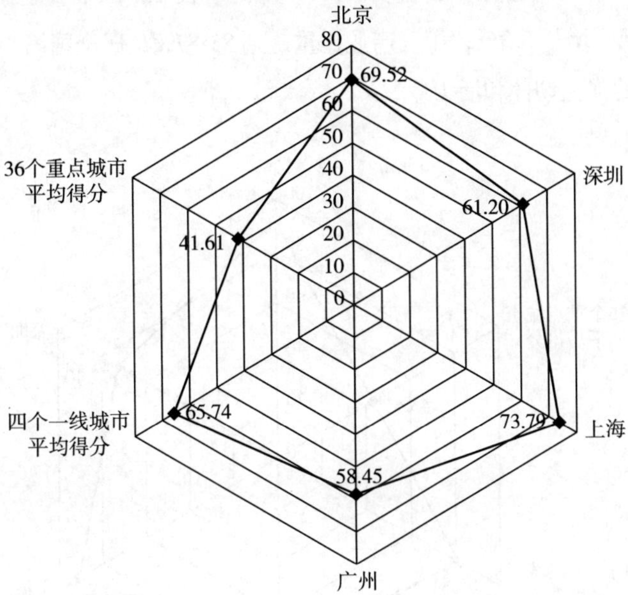

图 8　2021 年四大一线城市经济管理水平得分雷达图

（二）经济发展水平：北京上海仍稳居第一梯队

2021 年，北京、深圳、上海和广州经济发展水平指标的得分分别是 91.47 分、72.40 分、90.99 分和 72.36 分，其中，北京和上海得分在 90 分以上，深圳和广州则处在第二梯队，得分接近。四大一线城市经济发展水平平均得分为 81.81 分，36 个重点城市该项指标的平均得分为 43.41 分，二者相差 38.40 分（见图 9）。可见，四大一线城市在经济发展总体水平上的优势还在不断扩大。2021 年，北京立足新发展阶段，坚持稳中求进工作总基调，统筹推进疫情防控和经济社会发展，努力克服需求收缩、供给冲击、预期转弱等压力，加快建设国际科技创新中心，持续深化“两区”建设，着力打造全球数字经济标杆城市，深入推进供给侧结构性改革，扎实开展新一轮“疏整促”专项行动，实现经济恢复增长。2021 年，北京实现地区生产总值 40269.6 亿元，按不变价格计算，比上年增长 8.5%。城镇居民人均可支配收入为 81518 元，同比增长 7.8%，人均消费支出为 46776 元，增长 12.1%，第三产业增加值 32889.6 亿元，增长 5.7%，第三产业比重达到 83.87%，居全国第一，这都展现了北京经济的强大韧性和活力。

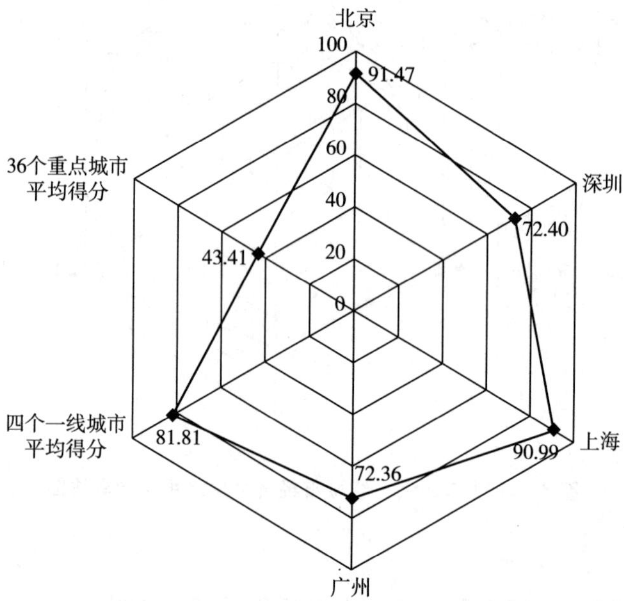

图 9 2021 年四大一线城市经济发展水平得分雷达图

（三）经济调节水平：北上广深齐头并进，但领先优势下降

2021 年，北京、深圳、上海和广州的经济调节水平指标的得分分别是 53.28 分、50.49 分、53.51 分和 58.81 分，可以看到，四大一线城市的该项得分基本接近。四大城市平均得分 54.02 分，36 个重点城市的平均得分为 49.51 分，二者相差 4.51 分（见图 10）。相对于其他分项来说，优势并不明显。广州排在四大一线城市首位，作为国家中心城市和粤港澳大湾区核心引擎，广州 2021 年地区生产总值 2.82 万亿元，同比增长 8.1%，5 年年均增长 6.1%。保供稳价政策效果持续显现，在工业、服务业供给稳定的情况下，全市居民消费价格指数累计上涨 1.1%，涨势温和。城镇登记失业率为 2.22%，同比下降 0.31 个百分点，稳岗

位、保就业工作取得成效。居民收入提升与经济增长同步，城镇居民人均可支配收入 74416 元，同比增长 8.9%，城乡居民收入比缩小至 2.15∶1，比 2020 年降低 0.03。此外，固定资产投资增势强劲，投资总额超过 8500 亿元，同比增长 11.7%。

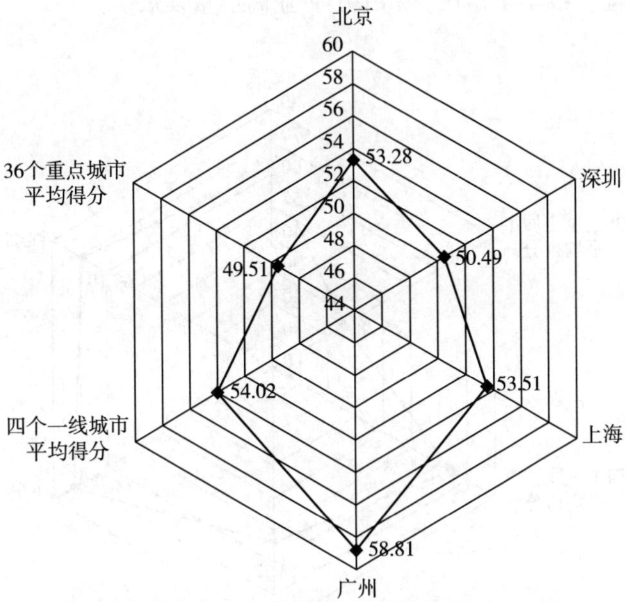

图 10　2021 年四大一线城市经济调节水平得分雷达图

（四）市场监管水平：一线城市依旧领跑，广州稍显落后

2021 年，从市场监管水平指标的排名看，上海以 72.72 分领先，其次是深圳和北京，广州以 53.77 分排在第四。从平均得分来看，2021 年四大一线城市市场监管水平平均得分为 64.28 分，与 36 个重点城市该项指标的平均得分（26.28 分）相比高出了 38.00 分，是四个分项中差距最大的一项（见图 11）。2021 年，深圳全年社会消费品零售总额达 9498.12 亿元，在全国城市中排名第五，比上年增长 9.6%，占同年 GDP 的 31%。长期以来，深圳的市场活力在很大程度上源自其民营经济的发达，这离不开城市政府的重视。2018 年以来，深圳累计出台相关支持政策近千项，持续为民营经济的

发展提供优质的营商环境，深圳的创业密度也连续多年居全国大中城市首位。截至 2021 年底，深圳共有中小企业 241 万家，同比增长 6.5%，表现出较强韧性和活力，增长动能强劲。深圳出台了“纾困解难 30 条”“培育壮大市场主体 30 条”“促消费 30 条”等一系列政策帮助企业纾困解难，切实优化营商环境，推动全市民营和中小企业高质量发展。

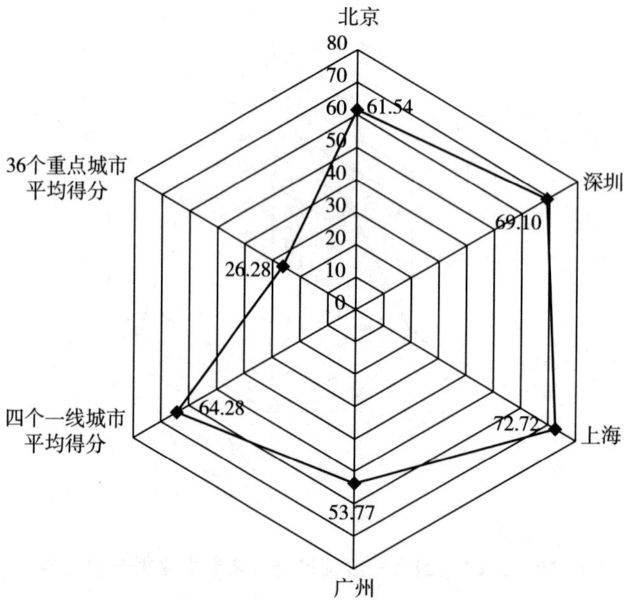

图 11　2021 年四大一线城市市场监管水平得分雷达图

（五）基本财力水平：财政收入企稳复苏

2021 年，城市基本财力水平指标的排名与 2020 年基本一致，上海仍以 76.21 分稳居第一，北京和深圳居中，广州排名第四（见图 12）。2021 年，全国一般公共预算收入 202539 亿元，同比增长 10.7%，超出年初预算约 4800 亿元。在 36 个重点城市中共有 13 个城市 2021 年一般公共预算收入迈过千亿元门槛。其中，上海以 7772 亿元的公共预算收入体量位居第一，比上年增长 10.3%，北京 2021 年公共预算收入为 5932 亿元，比上年增长

8.1%，位居第二。北京市财政局的数据显示，2021 年北京市医药制造业财政收入同比增长 1.8 倍。此外，头部互联网企业的快速发展带动信息服务业财政收入同比增长 33.1%。深圳 2021 年公共预算收入为 4258 亿元，比上年增长 10.4%，位居前三；税收占一般公共预算收入比重为 81.0%，比上年提高 1.0 个百分点。从财政恢复状况来分析，相较于 2019 年，上海 2021 年一般公共预算收入超过 606.7 亿元；深圳 2021 年一般公共预算收入超过 400 亿元，是经济复苏最强劲的两个城市。

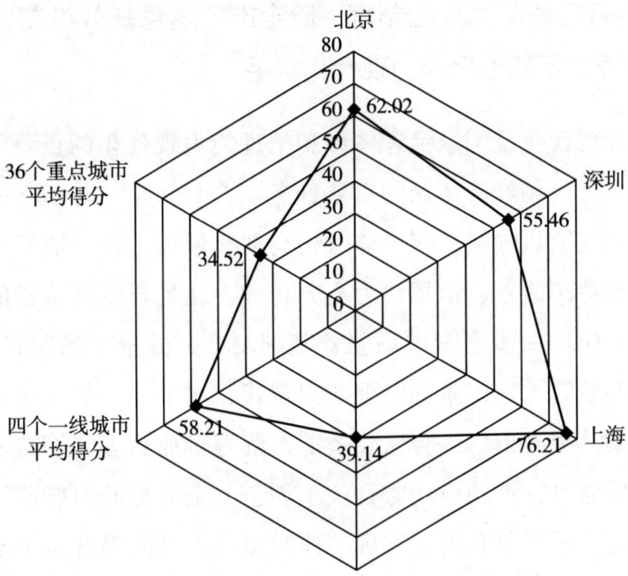

图 12　2021 年四大一线城市基本财力水平得分雷达图

五　提升城市政府经济管理水平的建议

（一）优化政府经济职能，推动经济高质量发展

地方政府在促进经济结构优化方面的作用越来越明显。建议地方政府以

促进经济和产业转型升级为突破口，寻找和培育新的经济增长空间与增长点，把实体经济做优做强，推动经济高质量发展。充分发挥“有效市场”和“有为政府”的作用，完善与推进责任清单、权利清单和负面清单，处理好政府与市场的关系依然是政府经济职能转变的主要方向。此外，要破除流通壁垒，加快区域市场一体化，充分发挥区域比较优势。加强地方政府间横向合作与协调机制建设，促进全国统一大市场的建设，有助于释放政府转型的制度红利，提高资源配置效率。

（二）完善市场监管基础制度，健全市场监管长效机制，不断提升市场监管治理体系和治理能力现代化水平

市场监管现代化是国家治理体系和治理能力现代化的重要方面，是加快完善社会主义市场经济体制的重要任务。“十三五”时期，中国市场监管改革创新步伐明显加快，统一监管格局初步形成，综合监管能力显著提升，监管效能持续改善，市场活力充分释放。立足新发展阶段的基本特征和变化趋势，应进一步完善市场监管基础制度，健全市场监管长效机制，不断提升市场监管治理体系和治理能力现代化水平。一是构建系统完善的市场监管框架。提升市场综合监管效能，统筹行业管理和综合监管，以及事前事中事后监管，推动市场监管改革创新，全面提升市场监管现代化水平。二是强化公平竞争和安全发展的体制保障。巩固提升竞争政策基础性地位，从提升反垄断和反不正当竞争监管能力、优化市场竞争生态、强化公平竞争审查刚性约束等方面营造公平竞争的市场环境；深入贯彻“四个最严”要求，从推进食品安全标本兼治、提升药品安全性有效性可及性、加强工业产品质量安全监管等方面强化安全监管，筑牢安全底线。三是强化问题导向，针对薄弱环节精准补短板。针对高标准市场体系建设中市场主体退出渠道不畅、创新动能不足、跨区域生产经营障碍仍存、数据要素市场规则不健全等短板，要进一步畅通市场退出机制、构建知识产权大保护格局、破除制约要素自由流动的制度障碍、建立数据流通标准和规则等。四是出台应对新时期监管难题的创新举措。针对不同违法倾向、违法

阶段和违法程度，采取不同的监管举措，有效降低执法成本，提升综合监管效能。

（三）强化地方政府预算收支管理，因地制宜地制定财政收入政策，推动财政高质量发展

2021 年，随着经济的复苏，地方政府财政收入的增加缓解了其债务压力，提高了其对未来风险的抗压能力。但从边际角度来说，地方政府财政收入的增长速度明显放缓。因此，在现有的财政分权制度下，地方政府如何增加可持续财政收入，助力财政高质量发展是重中之重。建议首先强化预算收支管理，提高预算管理能力。在收入方面，促进预算编制方法的优化，提高预算编制水平，使预算收入与地区经济社会发展水平相适应；在支出方面，聚焦精准支出，强化财政资金使用效率。其次，健全财政收入高质量增长机制。在提高地方政府预算水平、规范预算支出的基础上健全和完善地方税制度，调整财政收入结构，从而提高地方财政收入的质量。此外，还需建立有效合理的地方政府财政收入质量评价与考核体系，从制度上保障财政的高质量发展。最后，因地制宜地制定财政收入政策。不同地区之间的资源禀赋、区位条件以及经济基础存在巨大差别，因此，在制定财政政策时也要结合实际需求，因地制宜。比如，对于落后地区，政府应在政策上给予一定程度的倾斜与补助，引导资源的合理流动，帮助落后地区提升财政收入质量；对于发达地区应强化约束，加强税收监管，防范“地方保护主义”和“本位主义”抬头。

B.4

中国重点城市环境管理水平评价报告*

摘 要： 和谐宜居的人居环境是城市文明的重要体现。本报告对中国36个重点城市环境管理水平进行了评价和对比分析，从固体废物管理水平、气体废物管理水平、液体废物管理水平、生态绿化管理水平和噪声环境管理水平这5个维度进行了综合考量。分析结果显示，城市环境管理工作在整体上平稳推进。然而，区域城市环境管理水平发展不均衡，存在差异。值得欣慰的是，一些城市在环境管理水平方面取得了显著的提升。最后，报告从积极推进碳达峰和碳中和工作、利用新媒体开拓环境宣教新思路、强化协同管理机制三个方面提出建议，助力城市环境管理水平提升。

关键词： 城市管理　环境管理　综合评价

随着城镇化进程的加快和环境问题的日益凸显，城市环境管理成为当今社会关注的一个重要议题。城市环境管理指的是城市在保证环境质量、生态平衡、资源合理利用等方面采取的管理措施和政策。作为城市可持续发展和居民生活质量的关键保障，城市环境管理涵盖城市污染治理、废弃物处理、绿化覆盖、能源消耗和碳排放等多个方面，并与经济发展、社会进步和政策管理息息相关。城市环境管理对于促进城市可持续发展、提高居民生活质量和保障公共卫生有着重要的作用和意义。

---

* 本报告数据提供者和分析者为北京城市学院教授周秀玲博士，感谢周秀玲博士。

一　城市环境管理水平指标体系的构建

（一）城市环境管理水平评价指标体系

为了全面评估城市环境管理水平，本报告设计了一个评价指标体系，包括固体废物管理水平、气体废物管理水平、液体废物管理水平、生态绿化管理水平和噪声环境管理水平5个二级指标，并细分为10个三级指标涉及固体废物利用、气体废物排放降低、液体废物排放降低、绿化覆盖和道路交通噪声等。具体的评价指标体系如表1所示。

这个评价指标体系综合考虑了城市环境管理的多方面因素，能够评价城市环境管理水平的全面性和准确性。固体废物管理水平指标考虑城市中固体垃圾的收集和处理问题；气体废物管理水平指标考虑城市污染物排放控制问题；液体废物管理水平指标考虑城市水污染防治问题；生态绿化管理水平指标考虑城市绿化建设和维护问题；噪声环境管理水平指标考虑城市噪声污染问题。

表1　城市环境管理水平评价指标体系

一级指标	二级指标	三级指标
环境管理水平(H)	固体废物管理水平(H1)	生活垃圾无害化处理率(H11)
		工业固体废物利用率(H12)
	气体废物管理水平(H2)	工业二氧化硫排放降低率(H21)
		工业颗粒物排放降低率(H22)
		细颗粒物(PM2.5)年平均浓度(H23)
	液体废物管理水平(H3)	污水处理厂集中处理率(H31)
		工业化学需氧量排放降低率(H32)
	生态绿化管理水平(H4)	建成区绿化覆盖率(H41)
	噪声环境管理水平(H5)	道路交通噪声等效声级(H51)
		区域环境噪声等效声级(H52)

（二）数据来源

本报告的原始数据主要采用了《中国城市统计年鉴》中的数据。针对《中国城市统计年鉴》中可能存在数据缺失的问题，部分数据则参考了《中国统计年鉴》等其他可靠数据来源，详细数据来源和资料信息可参见表 2。本报告主要涉及 2019~2021 年各城市的指标数据。然而，极个别情况下可能存在数据缺失的问题，为了解决这个问题，我们使用相邻年份的数据进行了估算，以确保数据的完整性和可靠性。

表 2　数据来源资料信息

分类	数据来源参考
国家	《中国城市统计年鉴》(2020~2022 年) 《中国统计年鉴》(2020~2022 年) 《中国环境统计年鉴》(2020~2022 年)
城市	各城市统计年鉴(2020~2022 年) 各城市 2020~2021 年国民经济和社会发展统计公报

（三）城市选择

本报告选择了 36 个重点城市，对它们的城市环境管理水平进行评价和分析。这 36 个城市分别来自 4 个直辖市、5 个计划单列市和 27 个省会（首府）。按照中国经济区域的划分方法，这些城市分别分布在东部、中部、西部和东北地区。其中，东部地区有 14 个城市，中部地区有 6 个城市，西部地区有 12 个城市，东北地区有 4 个城市（见表 3）。

表 3　36 个重点城市

单位：个

区域	直辖市	省会(首府)	计划单列市	数量
东部地区	北京、上海、天津	石家庄、济南、南京、杭州、福州、广州、海口	深圳、宁波、青岛、厦门	14

续表

区域	直辖市	省会(首府)	计划单列市	数量
中部地区		武汉、合肥、南昌、长沙、郑州、太原		6
西部地区	重庆	呼和浩特、西安、南宁、贵阳、昆明、成都、银川、兰州、西宁、乌鲁木齐、拉萨		12
东北地区		哈尔滨、长春、沈阳	大连	4
数量	4	27	5	36

二 重点城市环境管理水平比较分析

（一）环境管理水平整体和分项比较分析

1. 环境管理水平整体比较分析

2021 年，中国 36 个重点城市环境管理水平得分和排名如表 4 和图 1 所示。

表 4 2021 年中国 36 个重点城市环境管理水平得分和排名

单位：分

城市	得分	排名	城市	得分	排名
厦门	77.80	1	贵阳	64.64	11
海口	76.91	2	重庆	64.63	12
青岛	70.28	3	福州	64.12	13
大连	70.22	4	西安	64.01	14
拉萨	68.38	5	郑州	63.86	15
石家庄	68.31	6	杭州	63.38	16
乌鲁木齐	66.10	7	太原	62.61	17
广州	65.92	8	济南	62.56	18
南京	65.50	9	长春	62.28	19
沈阳	65.45	10	深圳	62.23	20

续表

城　市	得分	排名	城　市	得分	排名
银　川	61.63	21	北　京	57.76	30
兰　州	60.43	22	成　都	57.68	31
南　昌	60.28	23	上　海	56.61	32
呼和浩特	59.06	24	昆　明	53.95	33
武　汉	58.92	25	合　肥	50.39	34
哈尔滨	58.46	26	南　宁	49.30	35
长　沙	58.37	27	西　宁	42.38	36
天　津	57.87	28	平均分		61.95
宁　波	57.81	29			

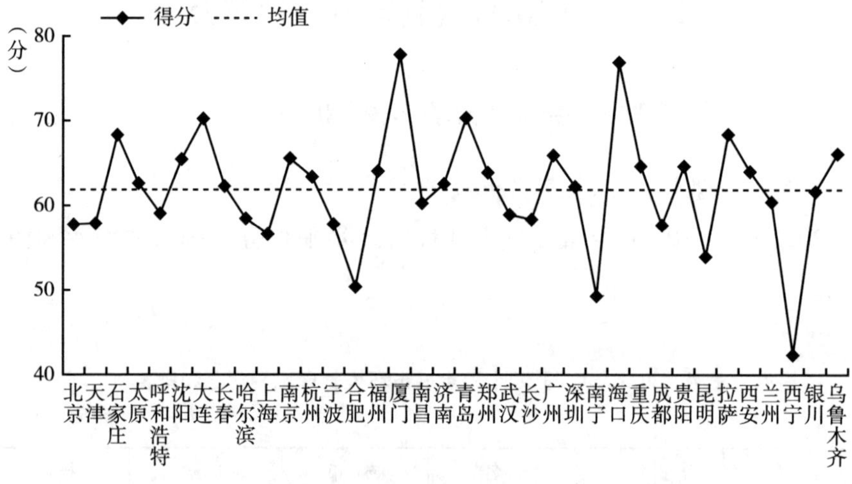

图1　2021年中国36个重点城市环境管理水平得分和平均得分

2021年，中国36个重点城市的环境管理水平平均得分为61.95分，标准差为6.91，其中有20个城市的环境管理水平得分高于平均得分，16个城市的得分低于平均得分。排名前十的城市分别为厦门（77.80分）、海口（76.91分）、青岛（70.28分）、大连（70.22分）、拉萨（68.38分）、石家庄（68.31分）、乌鲁木齐（66.10分）、广州（65.92分）、南京（65.50分）、沈阳（65.45分）。

城市环境管理水平综合得分情况显示，36个重点城市得分均在80分以下。厦门排名第一，其城市环境管理水平居于领先地位；海口位列第二，其环境管理水平高于其他34个城市。排名第20位的深圳（62.23分）和排名第21位的银川（61.63分）得分接近平均值，表明其城市环境管理水平处于中等水平。

2. 固体废物管理水平比较分析

2021年，中国36个重点城市固体废物管理水平得分和排名如表5和图2所示。

表5 2021年中国36个重点城市固体废物管理水平得分和排名

单位：分

城市	得分	排名	城市	得分	排名
杭州	100.00	1	深圳	95.13	20
海口	100.00	1	成都	94.97	21
天津	99.83	3	青岛	94.07	22
宁波	99.81	4	合肥	93.58	23
福州	99.09	5	长沙	91.37	24
兰州	98.86	6	重庆	90.84	25
武汉	98.44	7	郑州	89.21	26
南昌	98.35	8	长春	88.17	27
济南	97.96	9	西安	87.43	28
石家庄	97.16	10	贵阳	84.38	29
南京	96.85	11	北京	77.65	30
广州	96.82	12	银川	74.96	31
大连	96.81	13	太原	67.46	32
上海	96.71	14	昆明	64.98	33
哈尔滨	96.23	15	呼和浩特	55.45	34
厦门	96.12	16	拉萨	50.00	35
沈阳	96.10	17	西宁	48.41	36
乌鲁木齐	95.80	18	平均分		89.01
南宁	95.18	19			

2021年，中国36个重点城市的固体废物管理水平平均得分为89.01分，标准差为14.44，其中有26个城市的环境管理水平得分高于平均得分，10个城市得

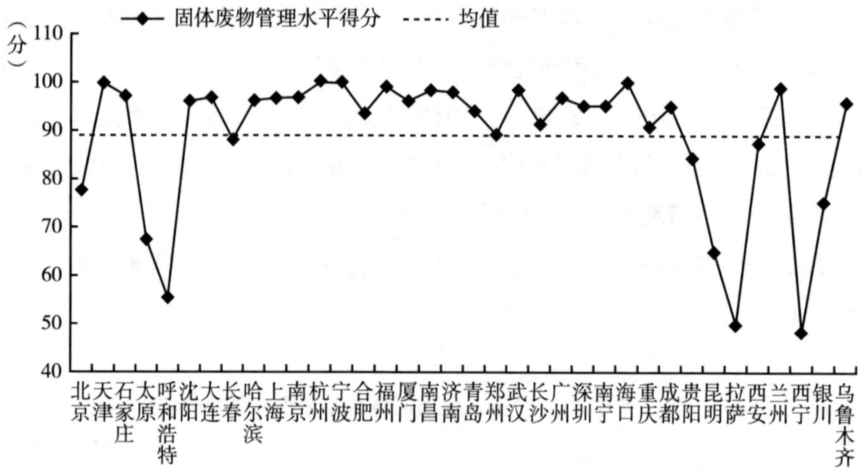

图 2　2021 年中国 36 个重点城市固体废物管理水平得分

分低于平均得分。排名前十的城市分别为杭州（100.00 分）、海口（100.00 分）、天津（99.83 分）、宁波（99.81 分）、福州（99.09 分）、兰州（98.86 分）、武汉（98.44 分）、南昌（98.35 分）、济南（97.96 分）和石家庄（97.16 分）。

从城市固体废物管理水平综合得分情况来看，36 个重点城市的得分在 48~100 分，其中有 25 个城市的得分在 90 分以上。杭州和海口排名并列第一，其固体废物管理水平高于其他 34 个城市。排名第 26 位的郑州（89.21 分）和排名第 27 位的长春（88.17 分）得分接近平均值，表明其固体废物管理水平处于中等水平。

3. 气体废物管理水平比较分析

2021 年，中国 36 个重点城市气体废物管理水平得分和排名如表 6 和图 3 所示。

2021 年，中国 36 个重点城市的气体废物管理水平平均得分是 47.76 分，标准差是 11.68，其中有 17 个城市的气体废物管理水平得分高于平均得分，19 个城市得分低于平均得分。排名前十的城市分别为海口（77.96 分）、拉萨（77.05 分）、厦门（76.01 分）、南宁（60.73 分）、青岛（60.14 分）、长春（56.51 分）、银川（53.81 分）、昆明（53.57 分）、广州（53.52 分）和大连（52.38 分）。

表 6　2021 年中国 36 个重点城市气体废物管理水平得分和排名

单位：分

城　市	得分	排名	城　市	得分	排名
海　口	77.96	1	杭　州	43.76	20
拉　萨	77.05	2	重　庆	43.61	21
厦　门	76.01	3	成　都	43.51	22
南　宁	60.73	4	南　昌	43.31	23
青　岛	60.14	5	上　海	42.54	24
长　春	56.51	6	石家庄	41.29	25
银　川	53.81	7	南　京	40.57	26
昆　明	53.57	8	天　津	39.84	27
广　州	53.52	9	济　南	38.66	28
大　连	52.38	10	沈　阳	38.39	29
北　京	51.99	11	合　肥	37.88	30
西　安	50.55	12	乌鲁木齐	37.67	31
呼和浩特	49.33	13	哈尔滨	37.47	32
贵　阳	49.24	14	武　汉	36.00	33
宁　波	49.06	15	郑　州	33.96	34
福　州	48.60	16	太　原	33.19	35
长　沙	48.29	17	西　宁	28.59	36
深　圳	46.25	18	平均分		47.76
兰　州	44.24	19			

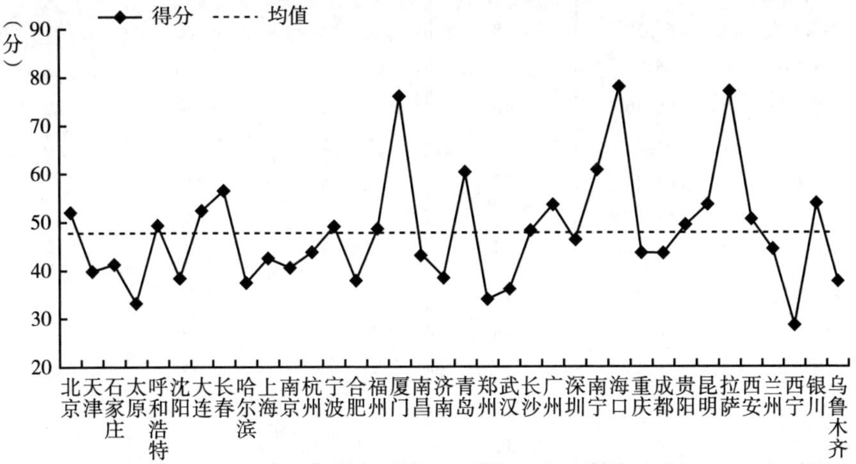

图 3　2021 年中国 36 个重点城市气体废物管理水平得分

城市气体废物管理水平综合得分情况显示，36 个重点城市气体废物管理水平的得分介于 28~78 分。海口排名第一，其气体废物管理水平居于领先地位；拉萨位列第二，其气体废物管理水平高于其他 34 个城市。排名第 16 位的福州（48.60 分）、排名第 17 位的长沙（48.29 分）和排名第 18 位的深圳（46.25 分）得分接近平均值，表明其气体废物管理水平处于中等水平。

4. 液体废物管理水平比较分析

2021 年，中国 36 个重点城市液体废物管理水平得分和排名如表 7 和图 4 所示。

表 7　2021 年中国 36 个重点城市液体废物管理水平得分和排名

单位：分

城　市	得分	排名	城　市	得分	排名
拉　萨	93.73	1	杭　州	54.04	20
太　原	75.15	2	广　州	52.95	21
郑　州	75.02	3	深　圳	51.40	22
石家庄	73.71	4	武　汉	49.72	23
沈　阳	72.16	5	福　州	49.10	24
海　口	71.63	6	长　春	47.97	25
乌鲁木齐	69.59	7	西　宁	45.58	26
呼和浩特	67.39	8	天　津	40.20	27
贵　阳	65.75	9	上　海	39.90	28
青　岛	65.46	10	兰　州	36.24	29
厦　门	65.36	11	南　昌	36.06	30
哈尔滨	63.23	12	成　都	34.42	31
大　连	61.11	13	北　京	29.52	32
西　安	59.03	14	昆　明	27.93	33
重　庆	56.99	15	宁　波	24.37	34
济　南	56.73	16	合　肥	15.10	35
银　川	55.54	17	南　宁	4.33	36
南　京	54.93	18	平均分		52.65
长　沙	54.05	19			

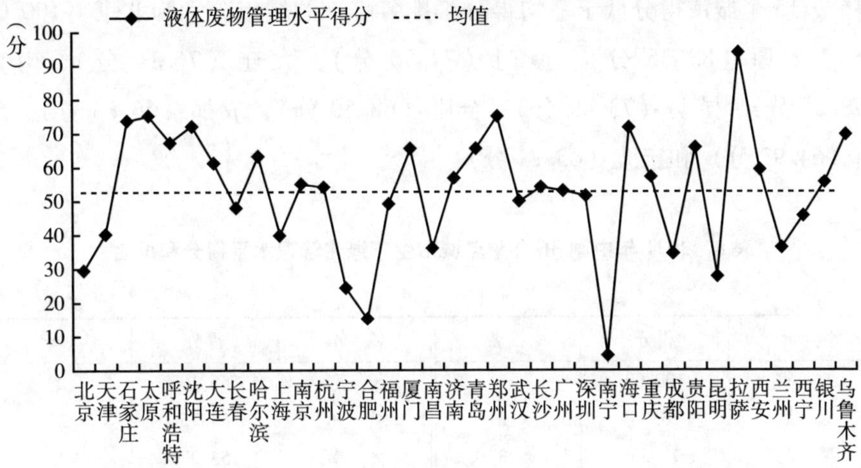

图 4　2021 年中国 36 个重点城市液体废物管理水平得分

2021 年，中国 36 个重点城市的液体废物管理水平平均得分是 52.65 分，标准差是 18.62，其中有 21 个城市的液体废物管理水平得分高于平均得分，15 个城市得分低于平均得分。排名前十的城市分别为拉萨（93.73 分）、太原（75.15 分）、郑州（75.02 分）、石家庄（73.71 分）、沈阳（72.16 分）、海口（71.63 分）、乌鲁木齐（69.59 分）、呼和浩特（67.39 分）、贵阳（65.75 分）和青岛（65.46 分）。

综合得分情况显示，在 36 个重点城市中，除了拉萨得分较高，其余城市得分均在 76 分以下。拉萨排名第一，得分远高于其他 35 个城市，其液体废物管理水平居于领先地位；太原位列第二。排名第 21 位的广州（52.95 分）和排名第 22 位的深圳（51.40 分）得分接近平均值，表明其液体废物管理水平处于中等水平。

5. 生态绿化管理水平比较分析

2021 年，中国 36 个重点城市生态绿化管理水平得分和排名如表 8 和图 5 所示。

2021 年，中国 36 个重点城市的生态绿化管理水平平均得分是 54.73 分，标准差是 20.25，其中有 21 个城市的生态绿化管理水平得分高于平均得分，15 个城市得分低于平均得分。排名前十的城市分别为北京（100.00分）、太原（83.35 分）、厦门（77.56 分）、大连（76.14 分）、南京（73.55 分）、昆明（73.49 分）、合肥（68.50 分）、成都（66.83 分）、广州（64.92 分）和宁波（63.81 分）。

表 8　2021 年中国 36 个重点城市生态绿化管理水平得分和排名

单位：分

城　市	得分	排名	城　市	得分	排名
北　京	100.00	1	长　春	56.10	20
太　原	83.35	2	兰　州	54.75	21
厦　门	77.56	3	济　南	53.27	22
大　连	76.14	4	郑　州	52.77	23
南　京	73.55	5	银　川	52.34	24
昆　明	73.49	6	拉　萨	50.00	25
合　肥	68.50	7	海　口	48.89	26
成　都	66.83	8	沈　阳	46.92	27
广　州	64.92	9	石家庄	45.50	28
宁　波	63.81	10	西　宁	44.27	29
贵　阳	63.01	11	乌鲁木齐	42.23	30
呼和浩特	62.52	12	杭　州	41.12	31
青　岛	61.90	13	天　津	32.24	32
福　州	61.78	14	上　海	28.73	33
武　汉	61.65	15	南　宁	13.50	34
南　昌	61.22	16	长　沙	6.60	35
深　圳	61.22	16	哈尔滨	0.00	36
西　安	61.22	16	平均分		54.73
重　庆	58.51	19			

城市生态绿化管理水平综合得分情况显示，在 36 个重点城市中，除北京以外，其余城市得分均在 85 分以下。北京排名第一，其生态绿化管理水平居于领先地位；太原位列第二，其生态绿化管理水平高于其他 34 个城市。排名第 20 位的长春（56.10 分）、排名第 21 位的兰州（54.75 分）和排名第 22 位的济南（53.27 分）得分接近平均值，表明其生态绿化管理水平处

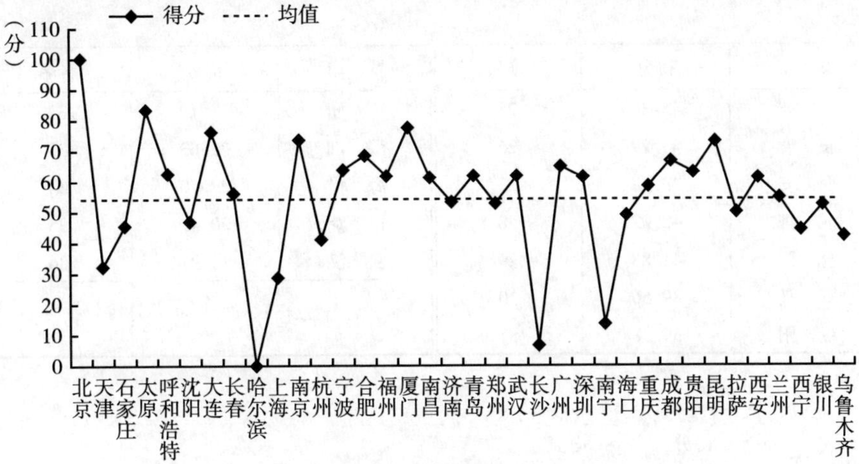

图 5　2021 年中国 36 个重点城市生态绿化管理水平得分

于中等水平。

6. 噪声环境管理水平比较分析

2021 年，中国 36 个重点城市噪声环境管理水平得分和排名如表 9 和图 6 所示。

表 9　2021 年中国 36 个重点城市噪声环境管理水平得分和排名

单位：分

城　市	得分	排名	城　市	得分	排名
昆　明	98.30	1	西　宁	62.54	13
重　庆	88.14	2	大　连	61.47	14
太　原	87.64	3	上　海	58.24	15
乌鲁木齐	84.09	4	厦　门	57.03	16
银　川	81.27	5	北　京	55.03	17
兰　州	80.70	6	长　沙	54.90	18
呼和浩特	78.69	7	哈尔滨	51.67	19
南　昌	74.76	8	济　南	49.85	20
南　京	72.56	9	南　宁	49.59	21
石家庄	71.75	10	郑　州	49.53	22
天　津	71.36	11	宁　波	48.07	23
杭　州	63.59	12	沈　阳	45.38	24

续表

城　市	得分	排名	城　市	得分	排名
福　州	45.36	25	广　州	39.19	32
长　春	43.29	26	深　圳	32.63	33
西　安	43.28	27	海　口	29.70	34
成　都	42.02	28	拉　萨	20.49	35
合　肥	41.88	29	武　汉	15.91	36
青　岛	39.56	30	平均分		56.36
贵　阳	39.38	31			

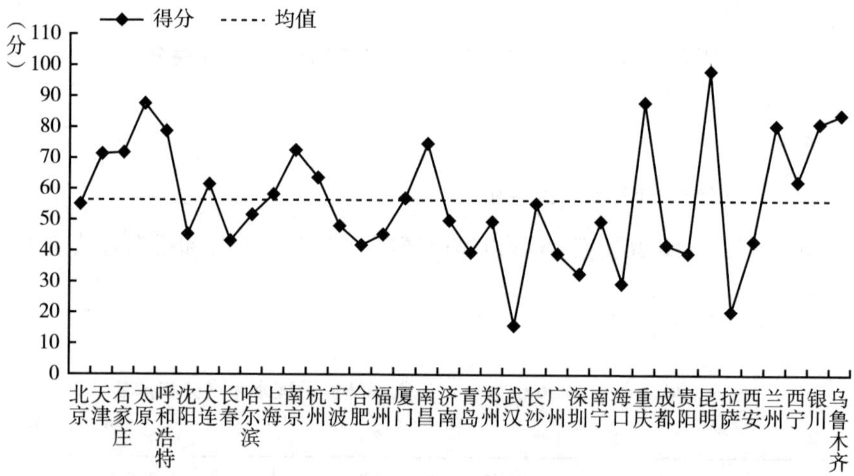

图 6　2021 年中国 36 个重点城市噪声环境管理水平得分和平均得分

2021 年，中国 36 个重点城市的噪声环境管理水平平均得分是 56.36 分，标准差是 19.79，其中有 16 个城市的噪声环境管理水平得分高于平均得分，20 个城市得分低于平均得分。排名前十的城市分别为昆明（98.30 分）、重庆（88.14 分）、太原（87.64 分）、乌鲁木齐（84.09 分）、银川（81.27 分）、兰州（80.70 分）、呼和浩特（78.69 分）、南昌（74.76 分）、南京（72.56 分）和石家庄（71.75 分）。

综合得分情况显示，36 个重点城市噪声环境管理水平得分在 15~99 分。昆明排名第一，其噪声环境管理水平居于领先地位；重庆位列第二，其噪声环境管理水平高于其他 34 个城市。排名第 16 位的厦门（57.03 分）和排名第 17 位的北京（55.03 分）得分接近平均值，表明其噪声环境管理水平处于中等水平。

（二）环境管理水平分区域比较分析

1. 环境管理水平分区域平均得分比较

根据 2021 年中国 36 个重点城市环境管理水平和分项指标的分区域平均得分情况如表 10 和图 7 所示，整体来看，东部地区环境管理水平排名第一，其平均得分为 64.79 分，高于 36 个重点城市的平均得分；东北地区排名第二，平均得分为 64.10 分，也高于 36 个重点城市的平均得分；西部地区排名第三，平均得分为 59.35 分，比 36 个重点城市的平均得分低 2.60 分；中部地区排名第四，平均得分为 59.07 分，比 36 个重点城市的平均得分低 2.88 分。这一结果表明，东部和东北地区的城市在环境管理方面取得了较为显著的进展，而西部和中部地区的城市环境管理仍有所不足。

表 10　2021 年中国 36 个重点城市环境管理水平及分项指标分区域平均得分比较

单位：分

区域	环境管理水平	固体废物管理水平	气体废物管理水平	液体废物管理水平	生态绿化管理水平	噪声环境管理水平
东部地区	64.79	96.23	50.73	52.09	58.18	52.42
中部地区	59.07	89.74	38.77	50.85	55.68	54.10
西部地区	59.35	78.44	49.33	51.38	53.56	64.04
东北地区	64.10	94.33	46.19	61.12	44.79	50.45
36 个重点城市	61.95	89.01	47.76	52.65	54.73	56.36

根据分项指标得分情况可以看出东部地区在固体废物管理水平、气体废物管理水平和生态绿化管理水平这三个方面表现卓越，均排名第一；而西部地区在噪声环境管理水平方面表现出色，排名第一；东北地区则在液体废物管理水平方面表现出色，排名第一。这些结果直观地反映出不同地区城市环

境管理方面的优势和差异。然而，我们仍需密切关注所有分项指标的得分情况，并致力于逐一完善不足之处，以持续提高全国城市环境管理水平。

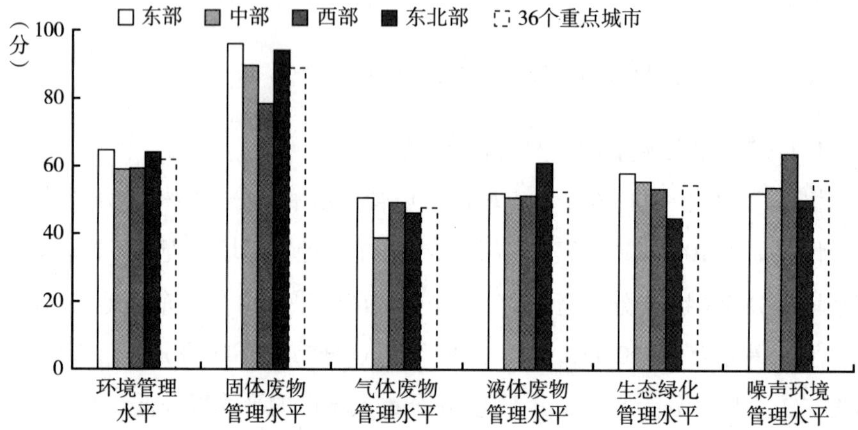

图 7　2021 年中国 36 个重点城市环境管理水平及分项指标分区域平均得分比较

2. 环境管理水平分区域排名分布

2021 年，中国 36 个重点城市环境管理水平及分项指标分区域排名前十城市数量和排名均值分布如表 11 所示。

表 11　2021 年中国 36 个重点城市环境管理水平及分项指标排名前十城市数量和排名均值分布

单位：个

指标	项目	东部地区	中部地区	西部地区	东北地区
环境管理水平	前 10 名	6	0	2	2
	排名均值	15. 36	23. 50	20. 92	14. 75
固体废物管理水平	前 10 名	7	2	1	0
	排名均值	11. 29	20. 00	26. 25	18. 00
气体废物管理水平	前 10 名	4	0	4	2
	排名均值	16. 29	28. 67	15. 75	19. 25
液体废物管理水平	前 10 名	3	2	4	1
	排名均值	19. 50	18. 67	18. 83	13. 75

续表

指标	项目	东部地区	中部地区	西部地区	东北地区
生态绿化管理水平	前10名	5	2	2	1
	排名均值	17.36	16.33	19.58	21.75
噪声环境管理水平	前10名	2	2	6	0
	排名均值	20.50	19.33	15.00	20.75

数据显示，东部地区的城市环境管理水平在4个区域中最高。在东部地区的14个城市中，厦门、海口、青岛、石家庄、广州和南京这6个城市位列城市环境管理水平前十，其中厦门位居第一，其他城市排名分别为第二、第三、第六、第八和第九。整体来看，东部地区环境管理水平排名均值为15.36，高于中部和西部地区。此外，在固体废物管理水平方面，东部地区表现突出，有7个城市排名前十，其排名均值为11.29，比其他3个地区都要高。东部地区在气体废物管理水平和生态绿化管理水平两个方面也表现良好，在气体废物管理水平分项指标上有4个城市排名前十，排名均值为16.29，仅次于西部地区；在生态绿化管理水平分项指标上有5个城市排名前十，排名均值为17.36，仅次于中部地区。

东北地区城市环境管理水平较高。在东北地区，环境管理水平排名均值为14.75，高于其他3个地区，有2个城市位列城市环境管理水平前十，其中大连排名第四，沈阳排名第十。这表明东北地区在城市环境管理方面已经取得了一定的成绩，有望继续发挥优势，带动整个地区的环境管理水平进一步提升。

西部地区的城市环境管理水平位于中等偏下，平均得分低于36个重点城市的平均得分。在西部地区的12个城市中，拉萨和乌鲁木齐这2个城市位列城市环境管理水平前十，分别排名第五和第七。在噪声环境管理方面，西部地区表现突出，排名均值为15.00，高于其他三个地区，有6个城市排名前十。然而，整体看来，西部地区在城市环境管理方面仍存在进一步提高的空间，需要着手制定有针对性的改进措施。

中部地区的城市环境管理水平排名最后。该地区的6个城市，排名均值为 23.50，所有城市均位于中间靠后的名次，显示出中部地区城市环境管理仍有很大的提升空间。

三　重点城市环境管理水平年度比较分析

（一）环境管理水平排名比较分析

2020~2021 年中国 36 个重点城市环境管理水平排名变化情况如图 8 所示。将 2020~2021 年的排名变化定义为 2020 年的城市环境管理水平排名减去 2021 年的对应排名。排名变化用变量 V 表示。

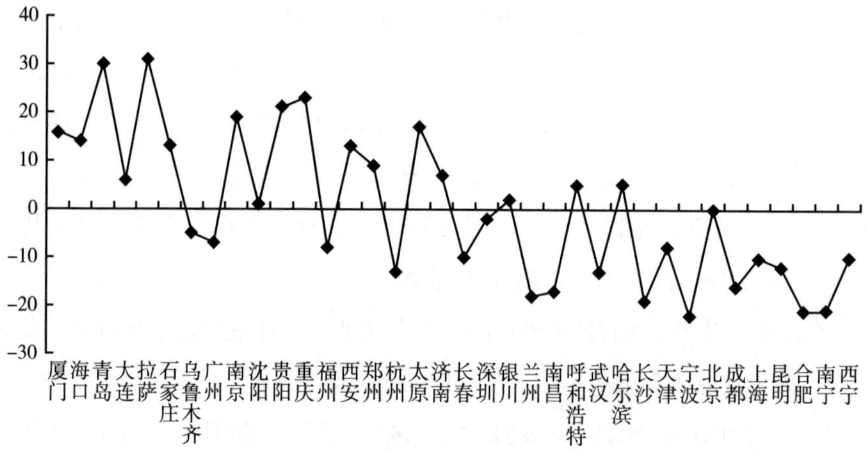

图 8　2020~2021 年中国 36 个重点城市环境管理水平排名变化情况

经计算，变量 V 的标准差为 15.19。这意味着在环境管理水平排名变化方面，2020~2021 年的波动性较大，离散程度强。在 36 个重点城市中，排名上升 0~10 位的城市（0≤V≤10）有 8 个，排名上升至少 11 位的城市（V≥11）有 10 个，排名下降 1~10 位的城市（-10≤V≤-1）有 8 个，排名下降至少 11 位的城市（V≤-11）有 10 个。

在 2020~2021 年环境管理水平排名变化中，排名上升 0~10 位的城市分别是北京、沈阳、银川、呼和浩特、哈尔滨、大连、济南和郑州。2020～2021年北京的排名没有变化。大连连续两年都处于前10名，2021年上升到第4名。沈阳上升了1个名次，在2021年位于第10名。呼和浩特和哈尔滨均上升了5个名次，从2020年的后10名提升到2021年的中间名次。

排名至少上升11位的城市分别是西安、石家庄、海口、厦门、太原、南京、贵阳、重庆、青岛和拉萨。这10个城市的排名变化比较剧烈。青岛、拉萨和南京从2020年的后10名提升到2021年的前10名，在2021年排名分别为第3、第5和第9。厦门、海口和石家庄从2020年的中间名次提升到2021年的前10名，在2021年分别为第1名、第2名和第6名。贵阳、重庆、西安和太原从2020年的后10名提升到2021年的中间名次，在2021年分别为第11名、第12名、第14名和第17名。

排名下降1～10位的城市分别是乌鲁木齐、广州、福州、长春、深圳、天津、上海和西宁。乌鲁木齐和广州2020～2021年连续两年都处于前10名，但在2021年排名有所下降，分别为第7名和第8名。福州和长春从2020年的前10名下降到中间名次，2021年排名分别为第13名和第19名。天津、上海和西宁从2020年的中间名次下降到后10名，名次波动较大。

排名至少下降11位的城市分别是杭州、兰州、南昌、武汉、长沙、宁波、成都、昆明、合肥和南宁。这些城市需持续加强城市环境管理工作，进一步提升城市环境管理水平。

（二）环境管理水平排名前10位城市比较分析

2020～2021年，中国36个重点城市环境管理水平排名前十的城市参见表12。

表12　2020～2021年中国36个重点城市环境管理水平排名前10的城市

	1	2	3	4	5	6	7	8	9	10
2020年	广州	乌鲁木齐	杭州	兰州	福州	南昌	宁波	长沙	长春	大连
2021年	厦门	海口	青岛	大连	拉萨	石家庄	乌鲁木齐	广州	南京	沈阳

2020~2021 年，广州、乌鲁木齐和大连这 3 个城市连续两年排名前十，表现出色。大连在这两年中排名稳定上升，由第 10 名提升至第 4 名，广州和乌鲁木齐则有所下降，广州由第 1 名下降至第 8 名，乌鲁木齐由第 2 名下降至第 7 名。值得关注的是，2021 年，厦门、海口、青岛、拉萨、石家庄、南京和沈阳这 7 个城市脱颖而出，进入前 10 名。具体来看，分别以第 1 名、第 2 名、第 3 名、第 5 名、第 6 名、第 9 名和第 10 名崭露头角。这些城市在环境治理工作中的投入和成果逐渐得到认可，推动了城市的生态环境建设和保护，提升了城市环境管理水平。

四　结论与建议

（一）结论

1. 城市环境管理工作平稳推进

2021 年是“十四五”规划的开局之年，36 个重点城市在深入学习和贯彻习近平生态文明思想的基础上，认真贯彻党中央和国务院的决策部署，着力推进生态环境保护工作。在此过程中，各城市顺利完成了 2021 年国民经济和社会发展计划中生态环境领域的 8 项约束性指标，污染物排放量持续下降，生态环境质量持续改善，城市环境管理工作也得到了平稳推进。2021 年，全国环境污染治理投资总金额为 9491. 8 亿元，环境污染治理投资占国内生产总值的 0. 8%，占全社会固定资产投资总额的 1. 7%。除西藏、海南、青海、天津外，其余 27 个省（区、市）环境污染治理投资总额均超过 100 亿元。

2021 年，一般工业固体废物产生量为 39. 7 亿吨，综合利用量为 22. 7 亿吨。一般工业固体废物产生量排名前五的地区依次为山西、内蒙古、河北、山东和辽宁，产生量合计 17. 8 亿吨，占全国一般工业固体废物产生量的 44. 8%。一般工业固体废物综合利用量排名前五的地区依次为河北、山东、山西、内蒙古和安徽，综合利用量合计 8. 8 亿吨，占全国一般工业固体废物综合利用量的39.0%。

2021年，全国废水中化学需氧量排放量为2531.0万吨，其中工业源废水中化学需氧量排放量为42.3万吨，占比为1.7%。化学需氧量排放量排名前五的地区依次为广东、湖北、山东、河北和河南，排放量合计776.5万吨，占全国化学需氧量排放量的30.7%。

2021年，全国废气中二氧化硫排放量为274.8万吨，其中工业源废气中二氧化硫排放量为209.7万吨，占比为76.3%，二氧化硫排放量排名前五的地区依次为内蒙古、云南、河北、山东和辽宁，排放量合计89.7万吨，占全国二氧化硫排放量的32.7%。2021年，全国废气中颗粒物排放量为537.4万吨，其中工业源废气中颗粒物排放量为325.3万吨，占比为60.5%。2021年，颗粒物排放量排名前五的地区依次为内蒙古、新疆、黑龙江、河北和山西，排放量合计247.1万吨，占全国颗粒物排放量的46.0%①。

2. 区域城市环境管理水平发展不均衡

2021年，中国36个重点城市环境管理水平的平均得分为61.95分。以平均得分为界，东部地区、中部地区、西部地区和东北地区可以分为两组：第一组为东部地区和东北地区，这两个地区的环境管理水平平均得分分别为64.79分和64.10分，平均得分基本持平，均高于36个重点城市的平均得分；第二组为西部地区和中部地区，这两个地区的环境管理水平平均得分分别为59.35分和59.07分，平均得分基本持平，均低于36个重点城市的平均得分。这表明不同地区在环境管理水平上存在差距，区域城市环境管理水平发展不均衡。东部地区和东北地区的环境管理水平明显高于西部地区和中部地区。西部地区在固体废物管理水平方面需重点提升，中部地区需要在气体废物管理水平和液体废物管理水平方面进一步加强。

3. 部分城市环境管理水平取得可喜提升

青岛城市环境管理水平从2020年的第33名提升到2021年的第3名，

① 中华人民共和国生态环境部：《2021中国生态环境统计年报》，2023年1月18日，https：//www.mee.gov.cn/hjzl/sthjzk/sthjtjnb/202301/t20230118_ 1013682.shtml。

从后 5 名提升到前 5 名，提升幅度很大。分项指标上，气体废物管理水平从 2020 年的第 15 名提升到 2021 年的第 5 名，其中工业二氧化硫排放降低率从 2020 年的 5.55%提升到 2021 年的 12.66%，工业颗粒物排放降低率从 2020 的-23.45%提升到 2021 年的 53.49%；液体废物管理水平从 2020 年的第 35 名提升到 2021 年的第 10 名，其中工业化学需氧量排放降低率从 2020 年的-76.45%提升到 2021 年的 25.65%；生态绿化管理水平从 2020 年的第 24 名提升到 2021 年的第 13 名，建成区绿化覆盖率从 2020 年的 41%提升到 2021 年的 43.11%；噪声环境管理水平从 2020 年的第 36 名提升到 2021 年的第 30 名。

2021 年，青岛市突出精准治污、科学治污、依法治污、系统治污，持续改善生态环境质量。加强环境法制建设，修订《青岛市饮用水水源保护条例》，制定《青岛市医疗废物管理办法》；大力推进生态环境损害赔偿制度改革，在山东省首个发布《青岛市生态环境局行政处罚与生态环境损害赔偿联动工作规程》，联合其他部门出台《青岛市生态环境损害赔偿资金管理办法》。大力开展环境监督执法，开展系列专项行动，2021 年立案查处生态环境违法案件 710 起，处罚金额 1.1 亿元；创新执法方式，利用非现场手段发现线索形成并发布典型案例 16 个，立案 21 起，处罚 247 万元①。

南京城市环境管理水平从 2020 年的第 28 名提升到 2021 年的第 9 名，从后 10 名提升到前 10 名，提升幅度较大。分项指标上，南京固体废物管理水平从 2020 年的第 12 名提升到 2021 年的第 11 名；液体废物管理水平从 2020 年的第 36 名提升到 2021 年的第 18 名，其中污水处理厂集中处理率从 2020 年的 80.88%提升到 2021 年的 98%；生态绿化管理水平从 2020 年的第 7 名提升到 2021 年的第 5 名，其中建成区绿化覆盖率从 2020 年的 44.69%提升到 2021 年的 45%。

2021 年，南京市生态环境质量持续改善，生态环境管理能力水平不断

---

① 青岛市人民政府：《2021 青岛市生态环境状况公报》，2022 年 6 月 1 日，http://www.qingdao.gov.cn/zwgk/zdgk/tjsj/hjzkgb/202206/t20220601_ 6090792.shtml。

提升。积极推进碳达峰和碳中和，成立南京市碳达峰碳中和领导小组，统筹推进“双碳”工作。开展“双碳”路径研究，印发《南京市推进碳达峰碳中和工作方案》《南京市“十四五”低碳发展规划》，加快构建“1+3+12+N”低碳发展政策体系。围绕生态文明建设不断开拓环境宣教思路，用好新兴媒体、讲好环保故事，引导公众参与环保建设，深入开展环境教育。南京市生态环境抖音公众号累计发布视频400余条，总播放量超3000万次，粉丝数突破7万人；南京生态环境微博全年发布微博11000篇，粉丝数达170万人，连续多年位列全国十大环保微博；南京生态环境微信公众号全年发布文章1700篇，获评南京市2021年度优秀政务新媒体①。

重庆城市环境管理水平从2020年的第35名提升到2021年的第12名，从后5名提升到靠近前10的名次，提升幅度很大。分项指标上，固体废物管理从2020年的第35名提升到2021年的第25名，其中生活垃圾无害化处理率从2020年的94.44%提升到2021年的100%，气体废物管理水平从2020年的第32名提升到2021年的第21名，其中细颗粒物年平均浓度从2020年的53微克/米^{3}降到2021年的35微克/米^3。

2021年，重庆市坚持方向不变、力度不减，聚焦水、大气、土壤等重点领域继续开展污染防治攻坚，深入打好蓝天碧水净土保卫战。持续加大生态环境保护资金投入，支撑污染物总量减排和环境质量持续改善。2021年，重庆市生态环境保护投入956.5亿元，占GDP的3.4%；其中固定资产投资类805亿元，占生态环境保护投入的84.2%，非固定资产投资类151.5亿元，主要为污染防治设施运行维护费等。开展生态环境大数据建设，构建了涵盖大气、水、声、土壤、自然生态等五大环境综合应用系统和多个专项业务管理系统的智慧环保大数据平台，建立了涵盖生态环境多要素的大数据“一个库”，形成了一次采集、多方使用，业务融合、开放服务的工作格局。②

---

① 南京市生态环境局：《2021南京市生态环境状况公报》，2022年5月28日，http://hbj.nanjing.gov.cn/njshjbhj/202205/t20220528_3430800.html。

② 重庆市生态环境局：《2021重庆市生态环境状况公报》，2022年5月30日，https://sthjj.cq.gov.cn/hjzl_249/hjzkgb/202205/t20220530_10763282.html。

（二）建议

1. 积极推进碳达峰和碳中和工作

2020 年 9 月，习近平总书记在第七十五届联合国大会一般性辩论上宣布：“中国将提高国家自主贡献力度，采取更加有力的政策和措施，二氧化碳排放力争于 2030 年前达到峰值，努力争取 2060 年前实现碳中和”。目前，《中共中央 国务院关于完整准确全面贯彻新发展理念做好碳达峰碳中和工作的意见》《2030 年前碳达峰行动方案》等文件已经出台，为实现“双碳”目标奠定了有力的政策基础。为了推进和实现“双碳”目标，需要进一步从以下方面提升环境管理水平。首先，要积极投入人力、物力，建立健全城市碳排放和能耗监测体系。建立全面、准确的监测体系，能够全面反映城市能源消耗情况和碳排放情况，有利于制定更加科学、合理的减排策略。其次，要鼓励推广绿色能源的使用。要大力推广可再生能源，如太阳能、风能等绿色能源的使用，减少碳排放。另外，还应该有效推广清洁能源的使用，例如无污染清洁燃料的应用，减少有害的 PM2.5 等污染物的排放。最后，要增强公众环保意识。通过各种形式的宣传和教育，提高市民的环保意识和绿色消费观念。倡导低碳生活方式，通过鼓励居民在日常生活中节能、减排，从而督促居民行为更加环保。

2. 利用新媒体开拓环境宣教新思路

环保宣传是城市环境管理工作的重要组成部分，在移动互联网时代，利用新媒体进行环保宣传的作用愈加突出。南京市在利用新媒体讲好“环保故事”、开展环境教育方面取得了不错的效果，助力其在 2021 年城市环境管理水平排名中排到第 12 名。要充分利用新媒体覆盖面广、传播效率高等特点，开拓环境宣传教育思路。一要挖掘可视化宣传素材，提升传播效果。与传统媒体相比，新媒体多样化的视觉和音频表现形式，增强了受众的体验感，同样的宣传信息在新媒体下可以呈现更加直观、生动的效果。因此，在宣传内容的选择上，需要挖掘更多有趣且可视化的素材，以相应的制作手段，将宣传信息传达到更广泛的受众中。二要整合新媒体渠道，实现范围更广的覆盖。目前各大新媒体平台的使用普及率极高，需要统筹整合多个新媒体渠道，如短视频、微信、微博等平台，并在宣传策略上形成分级、互相补充、交互性等特色。比如可以通过微博等社交媒体开辟话题，吸引更多网民参与进来，形成一个知识传播、答疑解惑、互动沟通的生态圈。通过这种方式，实现更加广泛的宣传效果，提高环保意识。三要创造更具参与性的互动内容，推动宣传行动的本地化。新媒体的互动性特点，形成了一个平民化的交流空间，可以利用这种特点增强交流，创造更具参与度、亲和力的宣传内容。比如可以利用短视频制作与环保有关的微电影或趣味短片，设置悬念、有奖问答等创意方式，扩大宣传的窗口，推动宣传行动在更广泛的范围内落地。

3. 强化协同管理机制

强化协同管理机制是实现数字化环境治理的重要一环，也是克服区域环境管理水平不均衡、实现区域环境管理水平协同发展的重要措施。强化协同管理机制，首先，要建立跨部门合作机制。在数字化环境治理中，环境管理涉及多个部门和机构的协作，为了加强协同管理，应建立跨部门的合作机制，包括建立跨部门工作组、召开定期会议、共享信息资源等。跨部门合作机制可以促进信息共享和资源整合，确保各部门之间的有效沟通和协调。其次，要创新合作模式。探索创新的合作模式，如公私合作、产学研合作等，将政府、企业、高校和公众等各方力量整合起来，共同参与数字化环境治理。公私合作可以发挥企业的技术和资源优势，辅助政府实施环境治理措施；产学研合作可以促进科技创新，并为政府提供科学依据和技术支持。最后，要建立信息共享平台。该平台可以整合环境数据、监测报告、治理方案等相关信息，以便各部门及时获取和共享信息；同时，还可以通过平台提供的社交功能，促进不同部门之间的交流与合作。通过数字化信息共享平台，不同部门可以实时共享环境数据和治理进展，加强协作合作，提升环境管理的整体效能。

B.5
中国重点城市科技创新管理水平评价报告*

摘　要： 党的二十大报告对加快实现高水平科技自立自强提出了更高的要求。城市作为中国现代化建设的主战场，增强科技创新能力，是未来城市科技创新管理的首要任务。本报告对36个重点城市创新管理水平进行评价，客观反映这些城市的城市创新管理及推进创新工作的总体状况。最后就目前我国常见的城市创新政策工具进行分类和示例，并对不同城市类型提出这些工具的使用选择和完善建议。

关键词： 创新型城市　科技创新　政策工具

党的二十大报告提出，“必须坚持科技是第一生产力、人才是第一资源、创新是第一动力，深入实施科教兴国战略、人才强国战略、创新驱动发展战略，开辟发展新领域新赛道，不断塑造发展新动能新优势”。这对城市的创新发展提出了新的更高要求。城市作为中国现代化建设的主要阵地，增强科技创新能力，以科技创新和优势产业发展的双轮驱动，进一步加快城市现代化建设进程，成为未来城市科技创新管理的首要任务。本报告对中国式现代化城市科技创新治理路径和治理工具的梳理，为各城市今后开展科技创新管理工作提供了一个可借鉴的视角；对各城市创新管理水平的总体评价则为各城市科技创新管理工作的继续开展提供决策依据。

---

* 本报告数据提供和数据分析主要由北京城市学院副教授汤文仙博士和北京科技职业学院现代服务与管理学院杜利丽硕士、刘士光硕士共同完成。感谢汤文仙博士和杜利丽、刘士光硕士。

一　城市创新管理总体评价与分析

（一）指标体系

参考已有国内外研究成果和科技创新管理水平的总体影响因素，本次研究依据建立了创新投入水平、创新潜力水平、创新载体水平、创新效率水平和创新产出水平5个维度，5个维度之下设三级指标，建立了本报告的城市科技创新全方位评价指标体系，建立的指标体系如表1所示。

表1　城市创新管理水平评价指标体系

一级指标	二级指标	三级指标
科技创新管理水平(C)	创新投入水平(C1)	R&D强度(C11)
		科研支出占财政支出比重(C12)
	创新潜力水平(C2)	每万人高等学校人数(C21)
		每万人学生拥有的教育支出(C22)
		每百人高校学生拥有专任教师人数(C23)
	创新载体水平(C3)	每万人规模以上工业产值(C31)
		科学研究和技术服务业从业人员占比(C32)
		每万人吸引外商投资额(C33)
	创新效率水平(C4)	第二产业劳动生产率(C41)
		第三产业劳动生产率(C42)
	创新产出水平(C5)	新增人均发明专利申请量(C51)
		新增人均专利授权量(C52)
		高技术产品出口额占出口额的比重(C53)

作为评估城市，本报告选取4个直辖市（北京、上海、天津、重庆）、27个省会（首府）城市（石家庄、太原、呼和浩特、沈阳、长春、哈尔滨、南京、杭州、合肥、福州、南昌、济南、郑州、武汉、长沙、广州、南宁、海口、成都、贵阳、昆明、拉萨、西安、兰州、西宁、银川、乌鲁木齐）和5个计划单列市（大连、青岛、宁波、厦门、深圳），构成了36

个重点城市，并通过以上构建的指标体系，对这些城市进行创新管理水平评价和排名。

以上指标的基础数据主要来源于2022年的《中国城市统计年鉴》、《中国科技统计年鉴》、《中华人民共和国国家知识产权局专利统计年报》和部分省份的《科技统计年鉴》等，以及36个城市国民经济和社会发展统计公报和政府工作报告等。各项指标的统计数据，样本统计口径基本一致，数据质量能够得到保证。

（二）创新投入评价

2021年36个重点城市创新投入水平分值和排名如表2和图1所示。

表2　2021年36个重点城市创新投入水平排名与分值

单位：分

排名	城市	分值	排名	城市	分值
1	北京	73.69	19	石家庄	29.32
2	深圳	72.48	20	沈阳	29.00
3	合肥	71.38	21	贵阳	27.75
4	西安	57.59	22	厦门	27.31
5	成都	51.37	23	南昌	27.04
6	上海	49.08	24	济南	25.77
7	南京	45.38	25	郑州	24.20
8	广州	41.39	26	长春	21.97
9	武汉	37.98	27	重庆	21.25
10	天津	37.69	28	兰州	21.19
11	长沙	35.26	29	银川	20.69
12	宁波	35.24	30	哈尔滨	19.65
13	杭州	34.94	31	太原	11.56
14	昆明	33.51	32	呼和浩特	10.86
15	青岛	32.93	33	南宁	9.46
16	福州	31.71	34	西宁	8.90
17	大连	31.37	35	海口	8.73
18	北京	73.69	36	乌鲁木齐	5.03

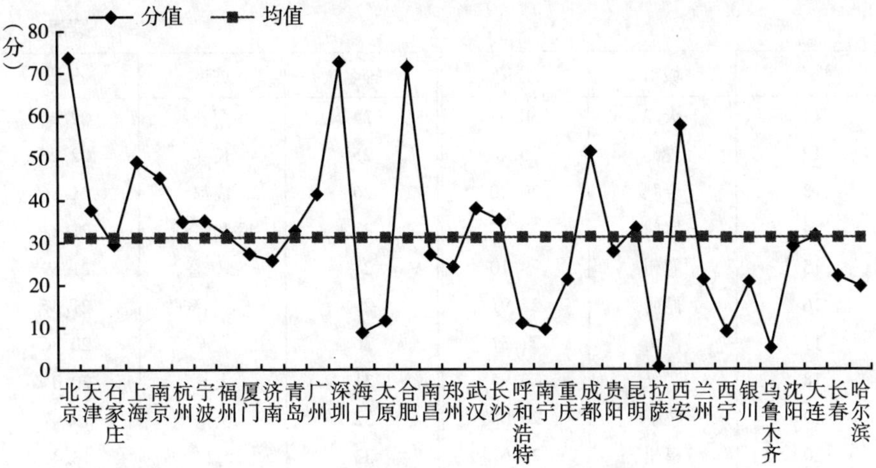

图 1　2021 年 36 个重点城市创新投入水平分值和平均值

2021 年在 36 个重点城市创新投入水平分项指标上，平均得分为 31.20 分。位于前 10 名的城市分别为北京、深圳、合肥、西安、成都、上海、南京、广州、武汉和天津。在创新投入方面，各城市稳定经济增长，纷纷出台科技补贴政策。如合肥对重大科技专项研发、科技成果转化、高成长企业等关键项目给予补贴或奖励。北京加大对企业技术研发投入、成果转化、概念验证等财政支持，为科技创新保驾护航。

（三）创新潜力评价

2021 年 36 个重点城市创新潜力水平分值和排名如表 3 和图 2 所示。

表 3　2021 年 36 个重点城市创新潜力水平排名与分值

单位：分

排名	城市	分值	排名	城市	分值
1	北京	62.67	6	南京	34.59
2	上海	57.99	7	郑州	34.58
3	深圳	55.61	8	广州	34.08
4	杭州	36.99	9	宁波	33.49
5	南昌	36.28	10	长沙	31.55

续表

排名	城市	分值	排名	城市	分值
11	天津	30.51	24	西安	22.96
12	青岛	30.40	25	长春	22.26
13	合肥	30.20	26	成都	21.86
14	厦门	29.87	27	呼和浩特	21.81
15	兰州	29.10	28	石家庄	21.59
16	昆明	27.91	29	哈尔滨	21.37
17	济南	27.31	30	大连	20.86
18	武汉	26.95	31	太原	20.04
19	拉萨	26.05	32	银川	19.47
20	福州	25.67	33	海口	18.46
21	西宁	23.47	34	重庆	18.26
22	南宁	23.34	35	沈阳	15.14
23	贵阳	23.19	36	乌鲁木齐	14.72

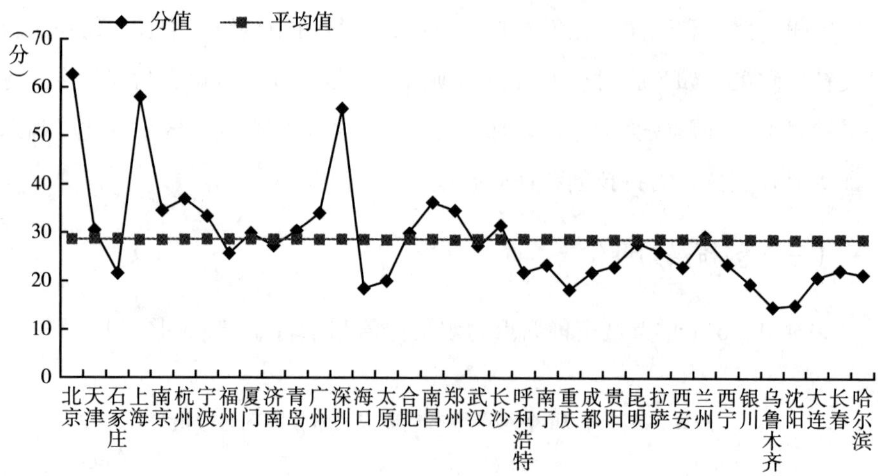

图 2　2021 年 36 个重点城市潜力投入水平分值和平均值

2021 年在 36 个重点城市创新潜力水平分项指标上，平均得分为 28.73 分。位于前 10 名的城市分别为北京、上海、深圳、杭州、南昌、南京、郑州、广州、宁波、长沙。在提升创新潜力方面，各城市进一步加强中小学和高校的协同育人机制，促进学生各项活动安全、有序开展。如南昌坚定不移实施教育优先发展战略，继续落实教育经费投入“两个只增不减”，并纳入市政府对县（市、区）高质量发展考核评价体系，保证各级政府对教育的投入。深圳持续打造特色发展格局，大力推进教育先行示范。

（四）创新载体评价

2021 年 36 个重点城市创新载体水平分值和排名如表 4 和图 3 所示。

表 4　2021 年 36 个重点城市创新载体水平排名与分值

单位：分

排名	城市	分值	排名	城市	分值
1	上海	63.14	19	南昌	23.57
2	北京	48.79	20	拉萨	21.99
3	深圳	48.78	21	太原	21.88
4	宁波	39.72	22	郑州	21.83
5	广州	37.90	23	福州	20.81
6	南京	36.97	24	昆明	20.81
7	天津	35.54	25	大连	19.54
8	长沙	34.33	26	重庆	19.07
9	武汉	32.23	27	成都	18.31
10	杭州	30.74	28	沈阳	17.95
11	呼和浩特	29.45	29	石家庄	14.10
12	青岛	28.29	30	贵阳	13.97
13	长春	28.10	31	西宁	13.25
14	济南	27.69	32	南宁	13.13
15	厦门	25.80	33	乌鲁木齐	11.62
16	兰州	25.35	34	银川	10.63
17	合肥	25.34	35	哈尔滨	8.15
18	西安	25.02	36	海口	6.49

2021 年在 36 个重点城市创新载体水平分项指标上，平均得分为 25.56 分。位于前 10 名的城市分别为上海、北京、深圳、宁波、广州、南京、天津、长沙、武汉和杭州。在创新载体方面，各城市纷纷出台助企纾困、优化

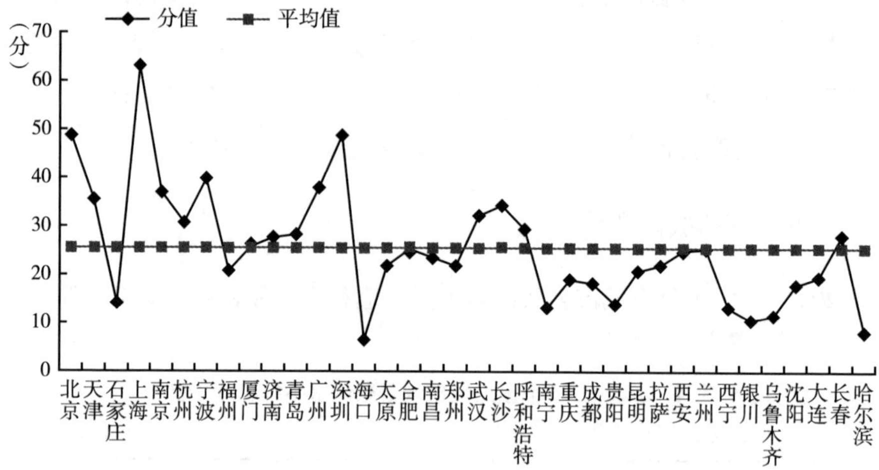

图 3　2021 年 36 个重点城市创新载体水平分值和平均值

营商环境等若干措施。上海在稳外资外贸、促消费投资等方面强化支撑保障，通过首次订购和产业链供需对接，帮助中小科技企业开拓市场。宁波采用“以赛代招”的方式支持各类企业开展研发工作；出台企业研发后补助政策，完善科技型企业培育评价指标体系，探索多主体协同创新的科技型企业创新治理模式。

（五）创新效率评价

2021 年 36 个重点城市创新效率水平分值和排名如表 5 和图 4 所示。

表 5　2021 年 36 个重点城市创新效率水平排名与分值

单位：分

排名	城市	分值	排名	城市	分值
1	青岛	90.24	6	济南	69.62
2	长沙	86.97	7	广州	64.34
3	宁波	85.17	8	重庆	62.15
4	南京	78.03	9	大连	60.93
5	武汉	74.99	10	上海	52.28

续表

排名	城市	分值	排名	城市	分值
11	深圳	51.01	24	西安	34.99
12	呼和浩特	48.37	25	乌鲁木齐	34.08
13	杭州	48.09	26	太原	33.72
14	沈阳	47.65	27	南昌	31.71
15	天津	46.30	28	哈尔滨	29.71
16	合肥	45.62	29	郑州	29.27
17	长春	44.25	30	银川	28.31
18	昆明	43.91	31	兰州	23.96
19	厦门	43.73	32	贵阳	20.45
20	福州	43.25	33	海口	20.17
21	北京	42.17	34	南宁	18.87
22	西宁	36.82	35	成都	14.04
23	石家庄	35.90	36	拉萨	10.98

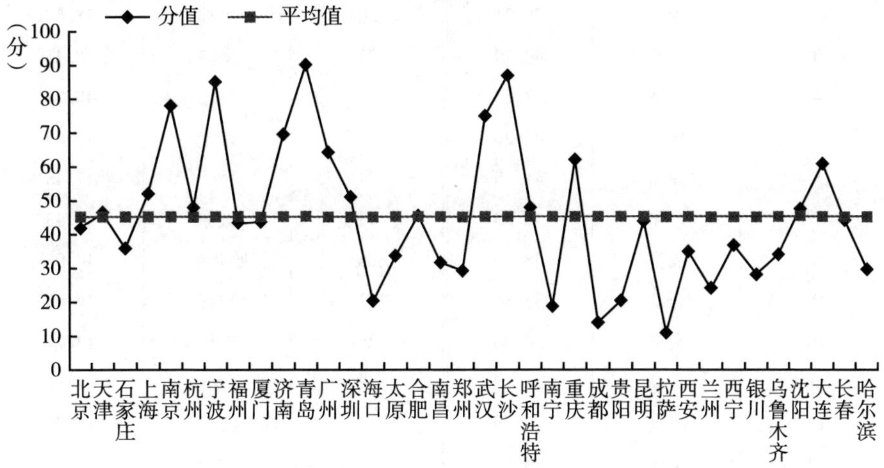

图4　2021年36个重点城市创新效率水平分值和平均值

2021年在36个重点城市创新效率水平分项指标上，平均得分为45.33分。位于前10名的城市分别为青岛、长沙、宁波、南京、武汉、济南、广州、重庆、大连和上海。在提升创新效率方面，各城市为进一步促进企业加快转型升级和科技创新，降低企业经营成本，出台一系列扶持政策。如长沙出台支持企业加大技术改造力度的扶持政策、新一代半导体和集成电路产业发展的专项支持政策。青岛聚焦“高精尖”“硬科技”，为优化创新创业环境，强化企业创新主体地位，促进各类创新要素集聚，打造“育成中心+众创空间+孵化器+加速器”的全链条孵化体系。先后出台有关研发费用奖励、企业带头人奖励、发明专利授权奖励、科技服务机构奖励的科技创新政策。

（六）创新产出评价

2021 年 36 个重点城市创新产出水平分值和排名如表 6 和图 5 所示。

表 6　2021 年 36 个重点城市创新产出水平排名与分值

单位：分

排名	城市	分值	排名	城市	分值
1	北京	69.99	19	济南	22.29
2	深圳	70.21	20	大连	18.57
3	宁波	44.79	21	南昌	18.45
4	上海	42.63	22	贵阳	18.24
5	杭州	42.20	23	南宁	17.89
6	郑州	41.38	24	昆明	17.48
7	广州	40.23	25	太原	15.93
8	成都	38.59	26	哈尔滨	14.95
9	合肥	35.86	27	长春	14.93
10	南京	34.94	28	银川	13.71
11	青岛	28.72	29	石家庄	12.17
12	武汉	28.48	30	海口	11.90
13	重庆	26.66	31	沈阳	11.83
14	西安	26.33	32	兰州	11.33
15	天津	25.34	33	呼和浩特	7.72
16	厦门	25.36	34	西宁	6.45
17	长沙	24.33	35	乌鲁木齐	4.45
18	福州	22.27	36	拉萨	0.94

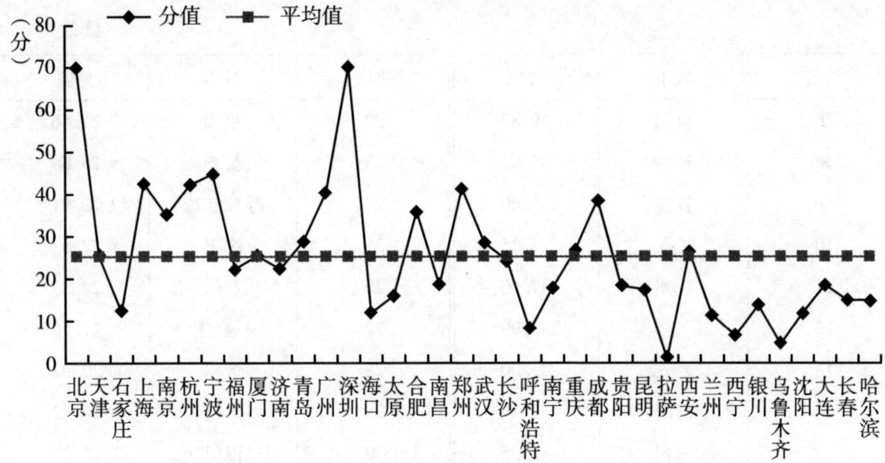

图 5　2021 年 36 个重点城市创新产出水平分值和平均值

2021 年在 36 个重点城市创新产出水平分项指标上，平均得分为 25.21 分。位于前 10 名的城市分别为北京、深圳、宁波、上海、杭州、郑州、广州、成都、合肥和南京。在提升创新产出方面，各城市打通知识产权创造、运用、保护、管理和服务全链条集成服务。杭州设立了长三角首家国家级产业知识产权运营中心和知识产权综合服务中心，构建一站式服务链条，实现办理知识产权事务“最多跑一次”，开展知识产权资本价值挖掘，首创“数据知识产权存证及质押融资”新模式。南京持续优化知识产权保护环境，知识产权创造、保护、运用、服务、人才多位一体的工作格局逐步形成，相关工作走在全国前列。

（七）总体指标评价

2021 年 36 个重点城市科技创新管理水平评分值和排名如表 7 和图 6 所示。

表 7　2021 年 36 个重点城市科技创新管理水平排名与分值

单位：分

排名	城市	分值	排名	城市	分值
1	北京	60.70	4	宁波	44.67
2	深圳	57.89	5	南京	44.08
3	上海	53.19	6	广州	42.03

续表

排名	城市	分值	排名	城市	分值
7	合肥	40.87	22	福州	27.46
8	长沙	39.99	23	长春	25.84
9	青岛	38.60	24	呼和浩特	22.91
10	武汉	38.15	25	沈阳	22.87
11	杭州	37.00	26	兰州	22.33
12	天津	33.99	27	石家庄	21.16
13	西安	33.00	28	贵阳	20.92
14	济南	32.49	29	太原	20.52
15	郑州	31.05	30	银川	18.18
16	成都	30.14	31	哈尔滨	18.11
17	厦门	29.37	32	南宁	16.93
18	大连	28.37	33	西宁	16.86
19	重庆	28.24	34	乌鲁木齐	13.16
20	南昌	27.63	35	拉萨	12.90
21	昆明	27.53	36	海口	12.90

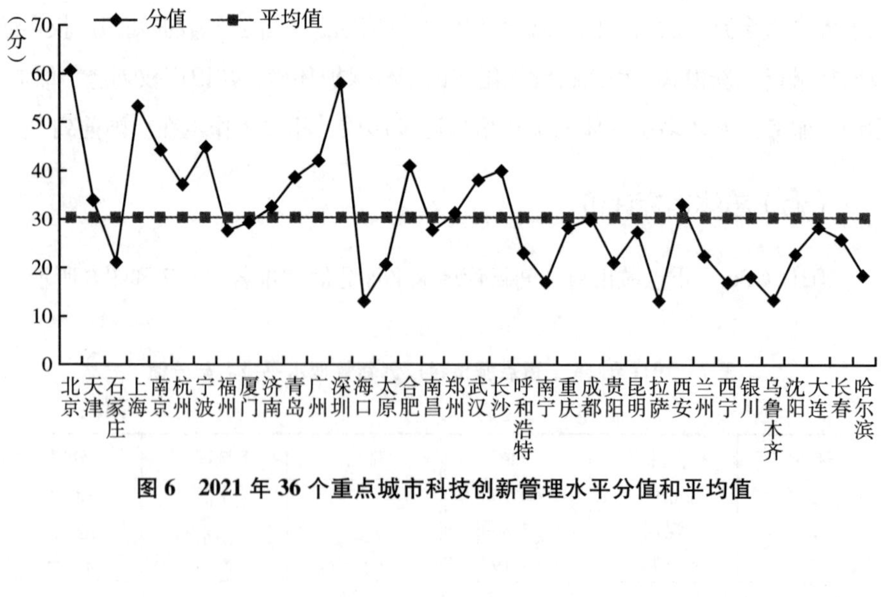

图 6　2021 年 36 个重点城市科技创新管理水平分值和平均值

2021 年在 36 个重点城市综合指标上，平均得分为 30. 33 分。前 10 名的城市分别有北京、深圳、上海、宁波、南京、广州、合肥、长沙、青岛和武汉，位于后 10 名的城市有石家庄、贵阳、太原、银川、哈尔滨、南宁、西宁、乌鲁木齐、拉萨和海口。整体来看，各城市已将创新真正作为引领高质量发展第一动力，把创新驱动发展作为城市主导战略。2021 年，武汉召开科技创新大会，公布了《武汉科技创新“十大行动”工作方案》，强化科技创新政策支撑，争创国家科技创新中心，这使武汉成为科技创新创业的活力之城。

二　城市科技创新管理的总体与变化

（一）总体情况

从城市总体来看，受外部影响，2016~2019 年城市科技创新管理总体水平稳步增长的趋势得到抑制。从科技创新管理总体水平的平均分来看，36 个重点城市从 2019 年的 32. 71 分下降到 2020 年的 30. 12 分和 2021 年的 30. 33 分，呈现明显下降的状态（见图 7）。我们也可以看到，2020 年和 2021 年，各城市坚持把科技创新作为经济高质量发展的重点工作，有助于为企业纾困解难；充分发挥科技创新排头兵作用，保障经济平稳运行。

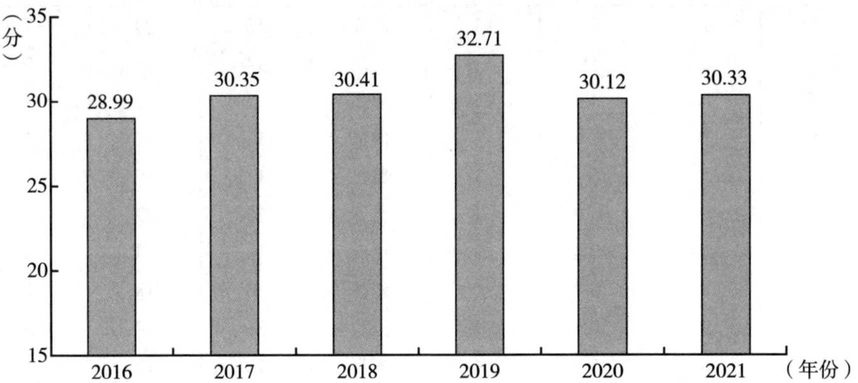

图 7　2016~2021 年 36 个重点城市科技创新管理水平的比较

从城市个体来看，2020~2021 年武汉城市科技创新管理综合评价水平得分有所波动，2021 年继续下滑。重庆、长春、乌鲁木齐和拉萨等城市 2021 年城市科技创新管理综合评价水平数据与 2020 年比较，也出现较大波动，其余城市则逆势向上，表现出较强的城市韧性，有着较强的成长性，如西安、石家庄和银川。

从创新较强的城市个体来看，国务院印发《关于全面加强基础科学研究的若干意见》，将北京、上海定位于具有全球影响力的科技创新中心，将粤港澳大湾区定位于国际科技创新中心，并加以大力支持和推动。北京、上海、深圳等承载着瞄准全球的国际规划布局和战略的任务，其综合评价水平得分基本保持在前三的水平（见表 8）。

从进步较快的城市个体来看，武汉、合肥、长沙、郑州、西安、成都等城市的综合评价水平得分快速崛起，有的已经稳定保持在前十的水平，日益成为区域科技创新中心。这些城市发挥区域中心的优势，统筹教育、科技、人才资源，形成产业链、供应链的协同性创新应用，进一步提升区域的自主创新能力。

表 8　2020~2021 年 36 个重点城市科技创新管理综合评价水平的变动比较

城市	2021 年排名	2020 年排名	排名变化	城市	2021 年排名	2020 年排名	排名变化
北京	1	2	+1	西安	13	20	+7
深圳	2	1	-1	济南	14	14	0
上海	3	4	+1	郑州	15	12	-3
宁波	4	7	+3	成都	16	17	+1
南京	5	3	-2	厦门	17	19	+2
广州	6	5	-1	大连	18	22	+4
合肥	7	9	+2	重庆	19	13	-6
长沙	8	8	0	南昌	20	18	-2
青岛	9	10	+1	昆明	21	24	+3
武汉	10	6	-4	福州	22	21	-1
杭州	11	11	0	长春	23	16	-7
天津	12	15	+3	呼和浩特	24	26	+2

续表

城市	2021 年排名	2020 年排名	排名变化	城市	2021 年排名	2020 年排名	排名变化
沈阳	25	28	+3	哈尔滨	31	31	0
兰州	26	29	+3	南宁	32	33	+1
石家庄	27	32	+5	西宁	33	34	+1
贵阳	28	30	+2	乌鲁木齐	34	26	−8
太原	29	23	−6	拉萨	35	25	−10
银川	30	35	+5	海口	36	36	0

（二）分项情况

从分项得分的时间序列来看，城市创新管理各分项水平呈现不同特点，其中，一个明显的特征是，2020 年除分项“创新潜力”之外，其余指标均有所下降（见图 8）。

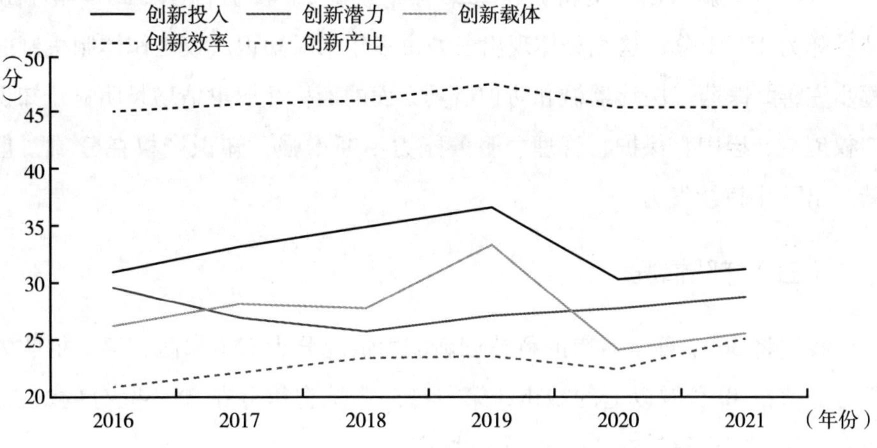

图 8　2016~2021 年创新管理分项分值变化比较

分项“创新投入”的得分在 2020 年终止了连续 4 年增长的趋势。但是，当前，高效统筹经济社会发展成为各城市的主要工作部署，全面实施创新驱动发展战略，大力推进研发投入攻坚行动，研究与试验发展（R&D）经费投入及财政科技支出保持较快增长，扭转了“创新投入”分值下跌的状态。

分项“创新潜力”的得分是唯一逆势上涨的指标，2020 年和 2021 年继续保持增长态势，分别达到 27.73 分和 28.73 分。全国各地学校按照既定方案与部署，以“教师线上教学、学生居家学习”的形式全面如期开课，做到了“停课不停教，停课不停学，教学不断线”，教育经费投入继续保持一定的增长。

分项“创新载体”的得分在 2020 年和 2021 年呈现先降后升的波动，分别为 24.14 分和 25.56 分，波动性明显强于分项“创新投入”。2021 年各地成立“保生产、稳发展”工作专班，帮助市场主体纾困解难，破解企业运行的难点和堵点，工业产值得以快速恢复。

分项“创新效率”的得分呈现下跌状态，且 2020 年和 2021 年的分值基本保持一致，均处于 45.33 分这一水平。

分项“创新产出”的得分在 2020 年下跌至 22.42 分，在 2021 年得到快速反弹为 25.21 分，这充分体现出各城市多年来对知识产权工作体制机制的逐步完善，医药、医疗器械和防护器具方面的商标注册申请增长明显，知识产权创造、运用、保护、管理、服务能力不断增强，知识产权在分项“创新产出”中持续发力。

（三）梯队情况

我们将 36 个重点城市的科技创新能力情况分为三个梯队，第一梯队为综合分值在 40 分及以上的城市，第二梯队为综合得分在 25~40 分的城市，第三梯队为综合得分在 25 分以下的城市。

第一梯队有北京、深圳、上海、宁波、南京、广州、合肥 7 个城市，比 2019 年减少 4 个城市。根据近 5 年的数据，第一梯队内绝对稳定的城市，如北京、上海、深圳等一直稳居第一梯队，且处于较前位置。

第二梯队包括长沙、青岛、武汉、杭州、天津、西安、济南、郑州、成都、厦门、大连、重庆、南昌、昆明、福州、长春16个城市，比2019年增加3个城市。一方面，在创新战略指引下，城市的创新能力有了稳定的提升，有城市从第三梯队进入该梯队；另一方面，原有第一梯队的城市，处于不进则退的境地，有很大的危机感和竞争压力，稍有松懈就会滑落到第二梯队。

第三梯队有呼和浩特、沈阳、兰州、石家庄、贵阳、太原、银川、哈尔滨、南宁、西宁、乌鲁木齐、拉萨、海口13个城市，比2019年增加1个城市。由于地缘因素和经济实力较弱，有几个城市始终徘徊在这一梯队，尽管得分有所提升，但与同类城市比较起来，不容乐观。这些城市需要既要评估自身的城市创新政策的有效性，同时也要加强与先进城市的创新合作，承接成果转化，有效地提升城市的创新能力（见图9）。

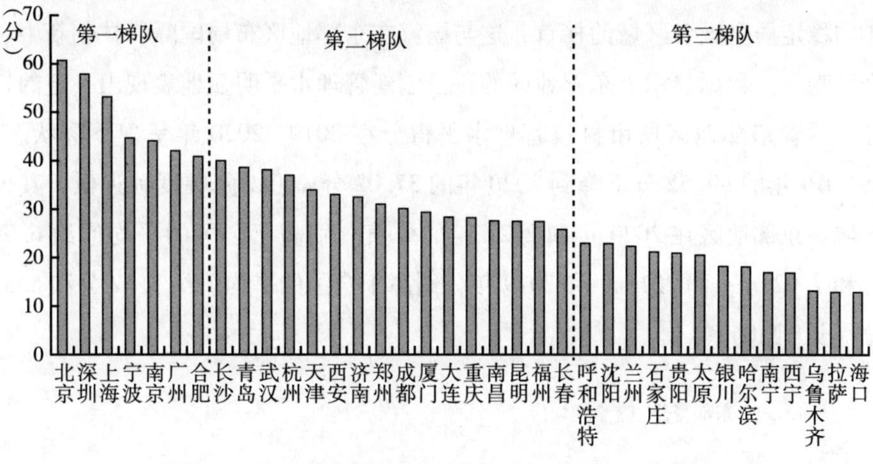

图9　2021年36个重点城市在科技创新管理水平三个梯队的归类

三　城市科技创新管理水平的区域情况

国家统计局将中国的经济区域划分为东部、中部、西部和东北四大地区。本部分对东北地区、东部地区、中部地区和西部地区不同区域的城市科技创新管理水平进行比较分析，从而反映区域视角下的城市科技创新管理水平和差异性。

表 9　中国经济区域的划分

区域	地区
东部	北京市、天津市、河北省、上海市、江苏省、浙江省、福建省、山东省、广东省、海南省、台湾地区、香港特别行政区、澳门特别行政区
中部	山西省、安徽省、江西省、河南省、湖北省、湖南省
西部	内蒙古自治区、广西壮族自治区、重庆市、四川省、贵州省、云南省、西藏自治区、陕西省、甘肃省、青海省、宁夏回族自治区、新疆维吾尔自治区
东北	辽宁省、吉林省、黑龙江省

（一）东部地区

比较全国各区域的数据，东部地区城市科技创新管理水平在 2018～2021 年均稳定居全国各区域的榜首，这与国家在东部地区布局国际科技创新中心高度吻合。数据显示，东部地区的科技创新管理水平明显地表现出一定的韧性。尽管东部地区城市科技管理水平得分在 2019～2020 年呈现下降状态，从 2019 年的 39. 52 分下降到 2020 年的 37. 02 分，但下降幅度远远低于其他区域。东部地区在 2020 年和 2021 年的分值分别高于全国的平均值约 6. 90 分和 7. 92 分，而 2018 年和 2019 年分别高于全国的平均值约 7. 12 分和 6. 81 分（见图 10）。

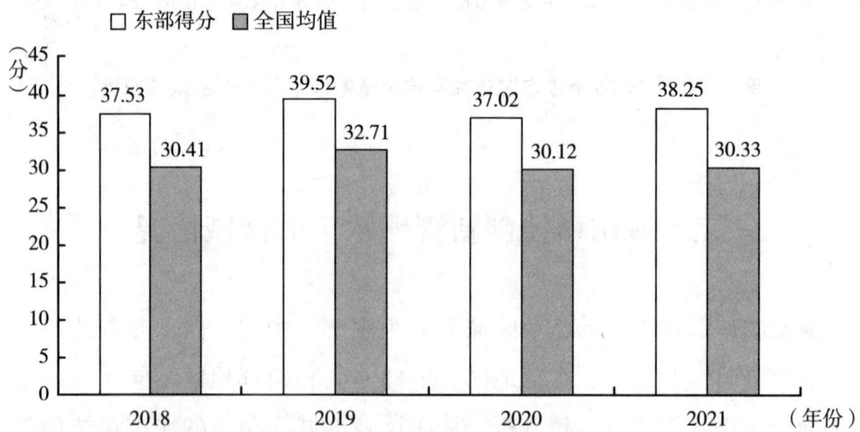

图 10　2018～2021 年东部地区城市科技创新管理水平情况

（二）中部地区

中部地区城市科技创新管理水平始终处于全国各区域的第二。与东部地区数据一样，中部地区城市科技创新管理水平得分处于下降趋势，下降幅度大于东部地区，但分值高于同期全国的平均值，显示出一定的抗风险的特性。该区域的良好表现得益于武汉、郑州、长沙、合肥等城市辐射带动周边城市群作用日益突出，在区域的创新中心地位得以进一步巩固。但中部地区韧性总体弱于东部地区，体现在 2020 年和 2021 年的得分分别为 32. 84 分和 33. 03 分，反弹力度较弱（见图 11）。

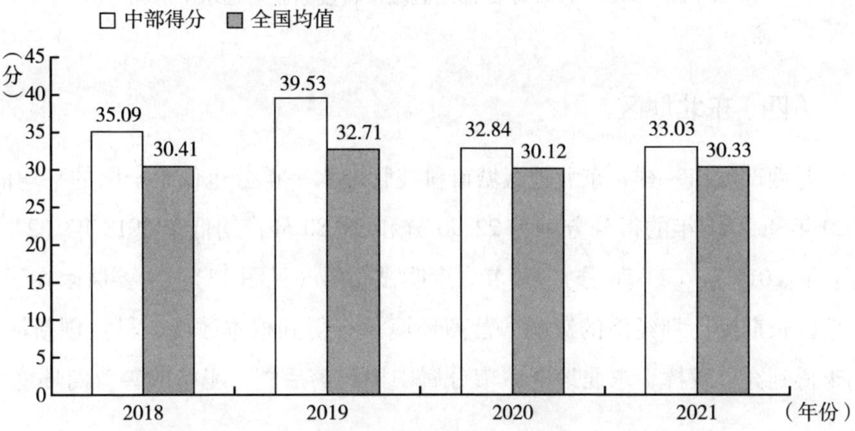

图 11　2018~2021 年中部地区城市科技创新管理水平情况

（三）西部地区

比较全国各区域的数据，西部地区城市科技管理水平得分的平均值低于全国的平均值。主要原因是区域内不同城市科技创新管理水平两极分化明显。西安、成都、重庆等城市的科技创新管理水平已处于第二梯队，科技成果转化呈加速发展态势，而西宁、乌鲁木齐、南宁等城市科技创新投入低，技术创新能力弱，处于相对落后的位置。通过对比 2018~2021 年西部地区城市科技创新管理水平得分数据发现，2021 年西部地区为 21. 93 分，高于 2018 年的 21. 72 分，说明该区域科技创新管理水平进入了快速恢复的阶段（见图 12）。

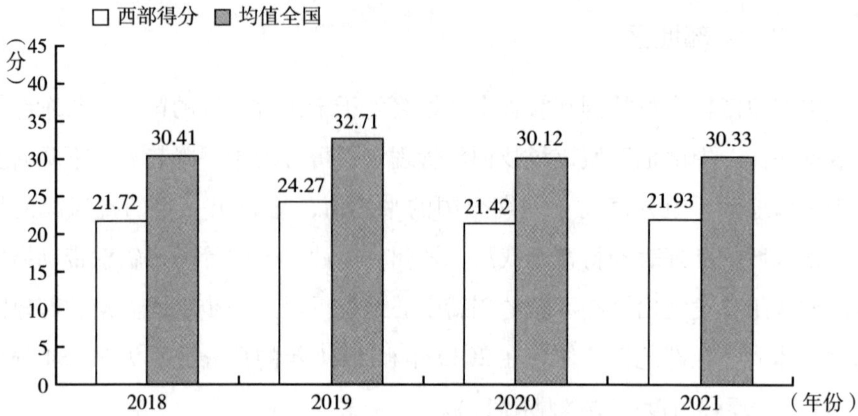

图 12　2018~2021 年西部地区城市科技创新管理水平情况

（四）东北地区

与西部城市一样，东北地区城市科技管理水平得分也低于全国的平均值。2020 年和 2021 年的得分分别为 22.96 分和 23.80 分，均低于 2018 年（24.56 分）和 2019 年（23.96 分），复苏力度明显偏弱（见图 13）。主要原因在于东北地区长期受计划经济的影响，营商环境没有得到根本改变，科技创新活力仍未得到充分发挥，东北地区城市分属中档和落后档，亟待改善营商环境。

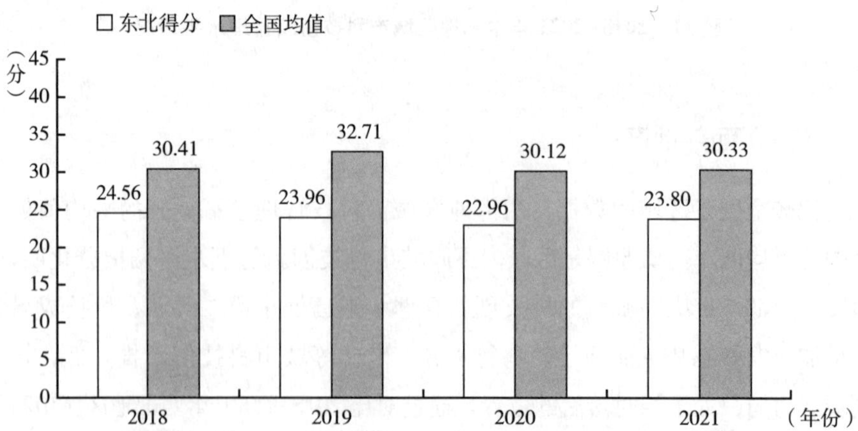

图 13　2018~2021 年东北地区城市的科技创新管理水平情况

（五）变化特征

从 2016~2021 年连续 6 年的 36 个重点城市科技创新管理水平综合得分来看（见图 14），排名方面，区域科技创新管理水平的排序基本变化不大，科技创新与经济发展水平息息相关，经济发展水平越高的地方，其创新管理的能力越强。东部地区城市科技创新管理水平最高，基本上已摆脱投资依赖，走上了科技创新驱动高质量发展之路。中部地区城市与东部地区城市一样，总体高于全国的平均值。中部地区城市充分发挥自身的区域优势和特色，不断提升自身的综合实力和竞争力。西部地区城市和东北地区城市的科技创新管理水平明显低于东部地区城市和中部地区城市，基本上反映出与经济发展水平相一致的城市管理水平的弱势状态。

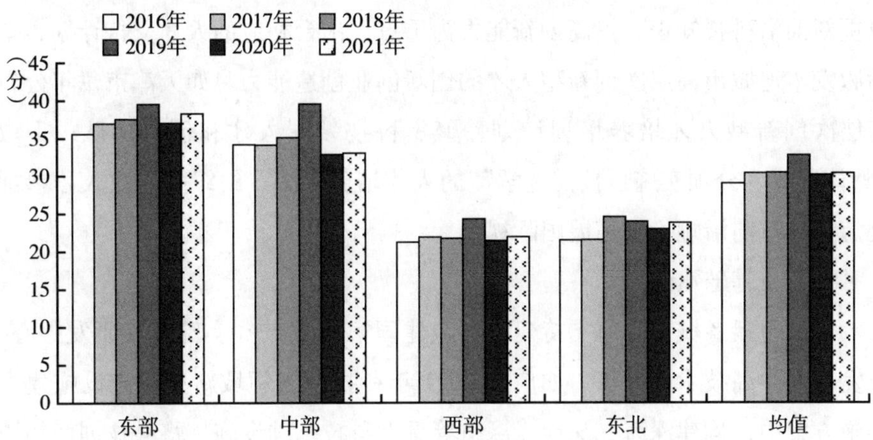

图 14　2016~2021 年不同区域科技创新管理水平分值的比较

四　城市创新政策工具选择建议

借鉴 Rothwell 和 Zegvelad 对政策工具的分类，将城市科技创新管理的政策分为供给型政策工具、需求型政策工具和环境型政策工具三类。

（一）供给型政策工具

供给型创新政策工具强调供给，政府通过提供资金支持、人才培训、科技基础建设、公共服务等措施帮助企业的创新活动。

1. 资金支持

研发资金投入的支持是目前非常普遍的供给型创新政策工具。如西安出台支持企业研发投入补助奖励管理办法，有效促进了研发投入管理能力的提升。研发投入总量 50 万元和强度达到上年度西安规模以上工业企业研发投入强度值的企业，按照 5 万元定额资金加上 R&D 投入的 1‰，最高不超过 200 万元进行补助，引导规模以上企业持续加大研发投入支出。

2. 人才培训

高精尖创新型人才是创新型城市建设和发展的不竭动力源泉。各个城市以更新前沿科技知识、提高创新能力为重点，出台相应的人才支持计划，全面激发本地城市高层次创新型人才的创新创业创造能力。如天津市每年公布高层次创新型人才培养培训计划，聚焦科技领军人才和创新团队，采取“整体安排、分项实施、按需选学”的人才培养模式，组织高层次人才参加交流，学习前沿理论、拓展国际视野。

3. 科技基础建设

主要包括各城市政府支持建设与组建国家（重点）实验室、研发中心、研发基地、高技术园区等。如广州 2021 年科技创新领域新型基础设施建设实施方案中，构建深海、深地、深空等重大科技基础设施，将科技创新领域新基建重大项目纳入广州“十四五”科技创新规划中，并按规定给予一定支持。

4. 公共服务

政府为企业科技创新提供的各项服务和支持。如南京的“宁企通”政策网上办理，推进全市政策事项标准化，实现惠企政策“应上尽上”“集成直达”“即申即办”“免申即享”。开通税费服务直通车，为科技型中小企业提供“点对点”精细服务。

（二）需求型政策工具

需求型创新政策工具强调拉动科技创新，通过政府采购、贸易管制、服务外包、国际合作等措施作用于市场，促进新技术的市场应用。

1. 政府采购

政府采购是非常重要的需求面创新政策，在世界各国的科技创新政策体系中占有重要地位。2022 年修订的《中华人民共和国科学技术进步法》明确将政府采购作为支持科技创新的重要手段。科技部明确提出了支持探索科技型中小企业创新产品政府采购制度。武汉出台了创新产品政府首购订购工作实施意见。

2. 贸易管制

贸易管制措施从政策端到企业端均极力支持推动高精尖技术发展。《中华人民共和国对外贸易法》规定国家对技术进出口实行统一的管理制度。国家鼓励先进、适用的技术进口，对限制进出口货物实施许可证管理，是合理配置资源、维护国家经济利益和安全的重要手段。如财政部、海关总署、税务总局出台的“十四五”期间支持科技创新进口税收政策。

3. 服务外包

主要是城市政府将研发计划委托给企业或科研机构。如武汉以“揭榜挂帅”的方式支持由科技企业和高校、科研院所组成的创新联合体“挂帅”出征，开展关键核心技术攻关。科技重大专项单个项目最高支持 3000 万元。如上海市科委与企业联合首设“探索者计划”，研发重点围绕医疗设备、医疗人工智能等相关领域，从源头推动我国高端医疗设备行业发展。

4. 国际合作

面对新一轮科技革命和产业变革加速演进的态势，支持科技创新更加主动融入全球创新网络。如科技部的国家重点研发计划“政府间国际科技创新合作”重点专项，深化政府间交流合作，搭建国际交流平台。再如，北京搭建多层次、高水平的科技创新合作活动平台，充分利用创新政策开创科技创新合作，不断强化国际科技交流合作。

（三）环境型政策工具

环境型政策工具主要发挥市场作用，强调营造良好的创新环境，包括目标规划、金融支持、税收优惠、法规管制等，为创新发展提供间接影响力。

1. 目标规划

政府出台促进高新技术产业的发展、高新技术企业或科研单位的科技创新布局和指导。如江苏提出力争到2025年，基本建成具有全球影响力的产业科技创新中心。浙江科技创新发展“十四五”规划明确提出积极争取综合类的国家技术创新中心在浙江布点，布局建设综合性或专业化的省技术创新中心。湖北提出，到2025年基本建成科技强省，成为引领中部地区崛起的科技创新支点。

2. 金融支持

各种金融及衍生机构通过提供的贷款、担保、风险投资等支持企业创新发展。如深圳关于金融支持科技创新的实施意见，提出构建完善的科技金融服务体系、推动科技金融高质量创新发展、完善创投支持科技创新的体制机制、强化多层次资本市场枢纽功能等。重庆出台的《支持科技创新若干财政金融政策》，建立风险补偿“资金池”，支持金融机构开展知识价值信用贷款。推出“再贷款+”和“科票通”再贴现政策，优化风险代偿补偿机制和担保费奖补政策，鼓励担保机构降低担保费率。

3. 税收优惠

主要手段是减免企业的科技创新行为各项相关税费，如税率优惠、加速折旧、加计扣除等。系列政策如高新技术企业所得税优惠政策，鼓励软件产业和集成电路产业发展企业所得税政策，非营利性科研机构税收政策，研究开发费用税前加计扣除政策，科技企业孵化器、大学科技园和众创空间税收政策，企业投入基础研究税收优惠政策，技术先进型服务企业所得税政策等。

4. 法规管制

政府出台成果转化主体行为、产业监管制度、知识产权保护、良好竞争环境等规范措施。如北京支持外资研发中心发展的规定，从人才服务、科研激励、知识产权、营商环境、属地保障五大方面制定相应政策内容。打造信息技术应用创新产业高地的若干政策措施明确支持信创企业上市，提高企业在北交所等交易市场上市挂牌效率，在北交所等交易市场上市的企业可获得市区两级补贴等政策。

（四）政策选择与建议

1. 第一梯队城市的政策选择的建议

对于处于第一梯队的城市，这些城市在创新政策方面，一是首先更多强调由市场解决，政府提供有效的制度供给，总体上以环境型政策工具为主。二是在供给型政策工具方面，侧重于对基础研究的科技创新发展专项资金项目支持，对原创性、基础性、引领性科技攻关进行重点支持，对“卡脖子”关键核心技术进行研发布局，并减弱对应用型研发资金项目的支持。三是在需求型政策工具方面，对科技创新的国际合作有所倾斜，重点支持战略研发合作、在境外设立研发中心。四是在环境型政策工具方面，应持续强化知识产权全链条保护，不断完善国际贸易知识产权海外维权援助服务机制。

2. 第二梯队城市的政策选择的建议

对于处于第二梯队的城市，这些城市在创新政策方面，一是总体上以需求型政策工具为主，同时辅以环境型政策工具。二是在供给型政策工具方面，侧重于对产业关键技术研发专项资金项目的支持，以核心技术的突破推动城市的产业结构向中高端发展。三是在需求型政策工具方面，重点支持采用“揭榜挂帅”科研项目立项和实施方式，着力解决重点产业领域难题、关键共性技术问题。四是在环境型政策工具方面，应促进高校与城市深度融合，在产学研一体化、基础设施一体化、公共服务一体化和人才资源一体化等方面提供政策支持。

3. 第三梯队城市的政策选择的建议

对于处于第三梯队的城市，这些城市在创新政策方面，一是强化政府的有效制度供给，总体上以供给型政策工具为主。二是在供给型政策工具方面，侧重于提供产业技改专项资金项目的支持。三是在需求型政策工具方面，发挥政府采购导向作用，重视政府采购支持科技创新。四是在环境型政策工具方面，加大教育培训投入提高劳动者素质，提升人才的战略思维和综合能力。

B.6

中国重点城市基础设施管理水平评价报告*

摘　要：　城市基础设施是城市安全运行和可持续发展的重要保障，同时也是提升城市竞争力和吸引力的重要因素。本报告对中国36个重点城市的基础设施管理水平进行了评价和对比分析，从水电气设施管理水平、道路交通设施管理水平和邮电通信设施管理水平这三个维度进行了综合考量。分析结果显示，城市基础设施管理水平整体相对稳定，排名波动性不大。四大一线城市在基础设施管理水平方面处于领先地位，但相互之间仍存在一定的差异。此外，一些城市的基础设施管理水平得到了稳定提升。报告提出了一些建议，以助力城市基础设施管理水平的提升。首先，建议完善中国式现代化基础设施体系，大力推进新型基础设施建设，以满足日益增长的城市需求。其次，推进新型城市基础设施建设，实施智能化市政基础设施建设和管理，提升基础设施的智能化水平，以提高服务效率和质量。

关键词：　城市管理　基础设施管理　综合评价

现代城市早已不是简单的人类聚居地，而是一个复杂而庞大的系统，涵盖了人类生活的各个方面。城市基础设施是支持这一庞大系统运转的基本保障。城市基础设施管理旨在通过对城市基础设施进行全方位、结构化、可持续的规划、建设、运营和维护，确保城市各项基本服务得到优质保障，同时

---

* 本报告数据提供者和分析者为北京城市学院教授周秀玲博士以及北京城市学院工程师尚晋钢老师，感谢周秀玲博士和尚晋钢老师。

促进城市可持续发展。城市基础设施管理覆盖的范围包括城市供水、供电、供气、供热、排水、公共交通、道路桥梁、通信等公共基础设施。2022 年 7 月，住房和城乡建设部联合国家发展改革委发布实施《“十四五”全国城市基础设施建设规划》，该规划明确了“十四五”时期城市基础设施建设的主要目标、重点任务、重大行动和保障措施，对城市基础设施建设和管理进行全面的规划、指导和支持。在城市化进程中，城市基础设施管理的重要性越来越凸显。只有高效的城市基础设施管理，才能更好地满足城市发展的需要，提高城市居民的生活品质，为城市的可持续发展奠定坚实基础。

一　城市基础设施管理水平指标体系构建

（一）城市基础设施管理水平指标体系

城市基础设施管理水平的评价指标体系包括 3 个二级指标：水电气设施管理水平、道路交通设施管理水平和邮电通信设施管理水平，涵盖了水电气和交通、通信的多方面内容，具体包括人均水电气供应量、人均城市道路面积、万人拥有公共汽车和出租汽车总数、人均移动电话和互联网用户总数等 8 个三级指标。为了消除人口规模对评价结果的影响，本报告采用了人均供有量来反映各城市基础设施的管理水平。具体评价指标体系如表 1 所示。

表 1　城市基础设施管理水平指标体系

<table>
<tr><th>一级指标</th><th>二级指标</th><th>三级指标</th></tr>
<tr><td rowspan="8">基础设施
管理水平
（S）</td><td rowspan="3">水电气设施管理水平（S1）</td><td>人均供水总量（S11）</td></tr>
<tr><td>人均供气总量（S12）</td></tr>
<tr><td>人均用电总量（S13）</td></tr>
<tr><td rowspan="3">道路交通设施管理水平（S2）</td><td>人均城市道路面积（S21）</td></tr>
<tr><td>万人拥有公共汽车数（S22）</td></tr>
<tr><td>万人拥有出租汽车数（S23）</td></tr>
<tr><td rowspan="2">邮电通信设施管理水平（S3）</td><td>人均移动电话用户数（S31）</td></tr>
<tr><td>人均互联网用户数（S32）</td></tr>
</table>

（二）数据来源

原始数据主要参考《中国城市统计年鉴》。对于《中国城市统计年鉴》中缺失的数据，参考《中国统计年鉴》和《中国城市建设统计年鉴》等，详细数据来源资料信息如表 2 所示。本研究主要采用各城市的 2020～2021 年的指标数据。对于极个别的缺失数据采用相邻年份数据进行估计。

表 2　数据来源资料信息

分类	数据来源参考
国家	《中国城市统计年鉴》(2021～2022 年) 《中国统计年鉴》(2021～2022 年) 《中国城市建设统计年鉴》(2020～2021 年)
市	各城市统计年鉴(2021～2022) 各城市 2020～2021 年国民经济和社会发展统计公报

（三）城市选择

本研究选择了 36 个重点城市，对它们的城市基础设施管理水平进行评价和分析。这 36 个城市分别来自 4 个直辖市、5 个计划单列市和 27 个省会（首府）城市。按照中国经济区域的划分方法，这些城市分别分布在东部、中部、西部和东北地区。其中，东部地区有 14 个城市，中部地区有 6 个城市，西部地区有 12 个城市，东北地区有 4 个城市，详见表 3。

表 3　36 个重点城市

单位：个

区域	直辖市	计划单列市	省会(首府)	数量
东部地区	北京、上海、天津	深圳、宁波、青岛、厦门	石家庄、济南、南京、杭州、福州、广州、海口	14
中部地区			武汉、合肥、南昌、长沙、郑州、太原	6

续表

区域	直辖市	计划单列市	省会(首府)	数量
西部地区	重庆		呼和浩特、西安、南宁、贵阳、昆明、成都、银川、兰州、西宁、乌鲁木齐、拉萨	12
东北地区		大连	哈尔滨、长春、沈阳	4
数量	4	5	27	36

二　重点城市基础设施管理水平比较分析

（一）基础设施管理水平整体和分项比较分析

1. 基础设施管理水平整体比较分析

2021 年，中国 36 个重点城市基础设施管理水平得分和排名如表 4 和图 1 所示。

表 4　2021 年中国 36 个重点城市基础设施管理水平得分和排名

单位：分

城　市	得分	排名	城　市	得分	排名
深　圳	78.30	1	南　京	34.61	13
乌鲁木齐	66.62	2	合　肥	33.48	14
广　州	45.70	3	长　沙	31.46	15
宁　波	44.95	4	呼和浩特	31.44	16
拉　萨	44.16	5	贵　阳	29.39	17
银　川	43.82	6	太　原	28.60	18
北　京	42.99	7	昆　明	26.27	19
厦　门	42.63	8	成　都	24.43	20
兰　州	40.19	9	长　春	23.65	21
上　海	39.19	10	武　汉	23.33	22
西　宁	35.28	11	天　津	22.79	23
杭　州	35.25	12	青　岛	21.99	24

续表

城　市	得分	排名	城　市	得分	排名
福　州	21.74	25	济　南	16.49	32
西　安	20.96	26	南　宁	13.16	33
海　口	20.84	27	石家庄	10.99	34
南　昌	19.59	28	哈尔滨	9.35	35
大　连	19.22	29	重　庆	6.00	36
郑　州	17.99	30	平均分		30.10
沈　阳	16.63	31			

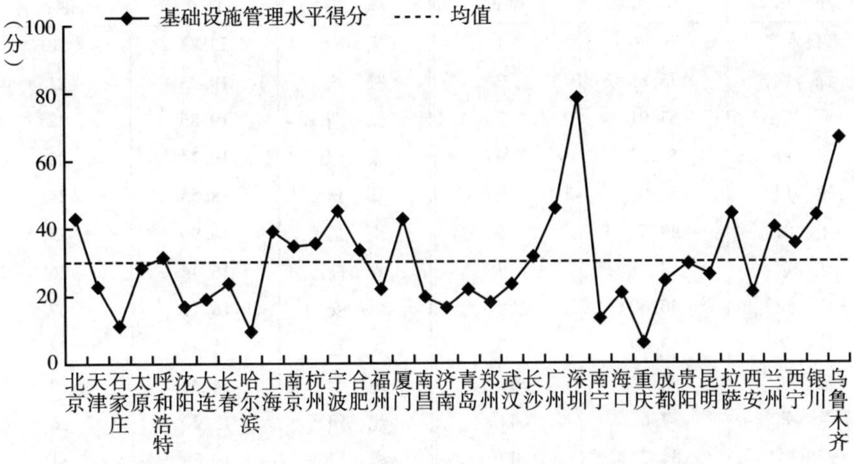

图 1　2021 年中国 36 个重点城市基础设施管理水平得分和平均值

2021 年，中国 36 个重点城市的基础设施管理水平平均得分为 30.10 分，标准差为 15.12，其中有 16 个城市的基础设施管理水平得分高于平均得分，20 个城市得分低于平均得分。排名前十的城市分别为深圳（78.30 分）、乌鲁木齐（66.62 分）、广州（45.70 分）、宁波（44.95 分）、拉萨（44.16 分）、银川（43.82 分）、北京（42.99 分）、厦门（42.63 分）、兰州（40.19 分）和上海（39.19 分）。

城市基础设施管理水平综合得分情况显示，在 36 个重点城市中，除了深圳和乌鲁木齐得分较高，其余城市得分均在 46 分以下。深圳排名第一，其基础设施管理水平居于领先地位；乌鲁木齐位列第 2，其基础设施管理水平明显高于其他 34 个城市。排名第 16 位的呼和浩特（31.44 分）和排名第 17 位的贵阳（29.39 分）得分接近平均值，表明其基础设施管理水平处于中等水平。

2. 水电气设施管理水平比较分析

2021 年，中国 36 个重点城市水电气设施管理水平得分如表 5 和图 2 所示。

表 5　2021 年中国 36 个重点城市水电气设施管理水平得分和排名

单位：分

城市	得分	排名	城市	得分	排名
乌鲁木齐	76.79	1	贵阳	23.23	20
深圳	73.85	2	福州	19.93	21
西宁	57.91	3	昆明	19.85	22
宁波	56.55	4	太原	19.74	23
银川	54.03	5	郑州	18.55	24
上海	49.52	6	南昌	16.90	25
北京	48.71	7	青岛	16.44	26
广州	46.60	8	西安	16.11	27
拉萨	43.69	9	大连	15.46	28
杭州	38.93	10	南宁	14.31	29
兰州	37.66	11	沈阳	13.20	30
呼和浩特	34.72	12	海口	10.89	31
南京	34.29	13	济南	9.89	32
厦门	33.80	14	长春	7.84	33
合肥	33.60	15	石家庄	7.52	34
长沙	27.10	16	重庆	6.46	35
武汉	26.39	17	哈尔滨	3.79	36
成都	26.25	18	平均分		29.63
天津	26.23	19			

2021 年，中国 36 个重点城市的水电气设施管理水平平均得分是 29.63 分，标准差是 18.82，其中有 15 个城市的水电气设施管理水平得分高于平均得分，21 个城市得分低于平均得分。排名前十的城市分别为乌鲁木齐

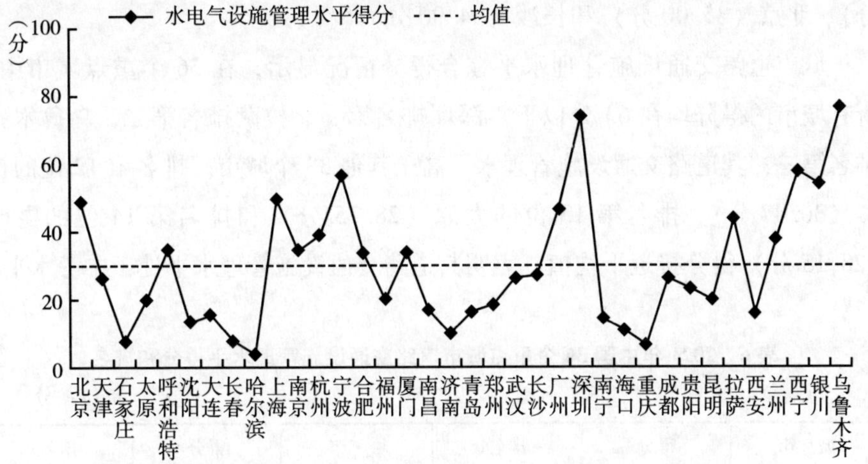

图 2　2021 年中国 36 个重点城市水电气设施管理水平得分和平均值

（76. 79 分）、深圳（73. 85 分）、西宁（57. 91 分）、宁波（56. 55 分）、银川（54. 03 分）、上海（49. 52 分）、北京（48. 71 分）、广州（46. 60 分）、拉萨（43. 69 分）和杭州（38. 93 分）。

城市水电气设施管理水平综合得分情况显示，在 36 个重点城市中，除乌鲁木齐和深圳得分较高外，其余城市得分均在 60 分以下。乌鲁木齐排名第一，其水电气设施管理水平居于领先地位；深圳位列第二，其水电气设施管理水平高于其他 34 个城市。排名第 15 位的合肥（33. 60 分）、排名第 16 位的长沙（27. 10 分）和排名第 17 位的武汉（26. 39 分）得分接近平均值，表明其水电气设施管理水平处于中等水平。

3. 道路交通设施管理水平比较分析

2021 年，中国 36 个重点城市道路交通设施管理水平得分如表 6 和图 3 所示。

2021 年，中国 36 个重点城市的道路交通设施管理水平平均得分是 28. 85 分，标准差是 13. 17，其中有 12 个城市的道路交通设施管理水平得分高于平均得分，24 个城市得分低于平均得分。排名前十的城市分别为深圳（62. 52 分）、拉萨（57. 52 分）、乌鲁木齐（54. 61 分）、兰州（46. 34 分）、合肥（46. 16 分）、贵阳（46. 16 分）、呼和浩特（40. 64 分）、银川（39. 73

分）、北京（35.00分）和长沙（34.96分）。

城市道路交通设施管理水平综合得分情况显示，在36个重点城市中，所有城市的得分均在63分以下。深圳排名第一，拉萨排名第二，乌鲁木齐排名第三，其道路交通设施管理水平高于其他33个城市。排名第12位的长春（30.47分）、排名第13位的太原（28.75分）和排名第14位的昆明（28.15分）得分接近平均值，表明其道路交通设施管理水平处于中等水平。

表6　2021年中国36个重点城市道路交通设施管理水平得分和排名

单位：分

城　市	得分	排名	城　市	得分	排名
深　圳	62.52	1	福　州	25.18	20
拉　萨	57.52	2	南　京	24.25	21
乌鲁木齐	54.61	3	西　宁	23.89	22
兰　州	46.34	4	哈尔滨	23.70	23
合　肥	46.16	5	成　都	22.59	24
贵　阳	46.16	5	郑　州	22.58	25
呼和浩特	40.64	7	杭　州	22.00	26
银　川	39.73	8	天　津	21.83	27
北　京	35.00	9	南　昌	19.34	28
长　沙	34.96	10	济　南	18.44	29
厦　门	33.40	11	南　宁	18.31	30
长　春	30.47	12	海　口	17.74	31
太　原	28.75	13	西　安	17.26	32
昆　明	28.15	14	武　汉	16.40	33
广　州	27.69	15	石家庄	14.77	34
大　连	27.39	16	上　海	11.85	35
青　岛	25.78	17	重　庆	2.70	36
沈　阳	25.40	18	平均分		28.85
宁　波	25.24	19			

4. 邮电通信设施管理水平比较分析

2021年，中国36个重点城市邮电通信设施管理水平得分如表7和图4所示。

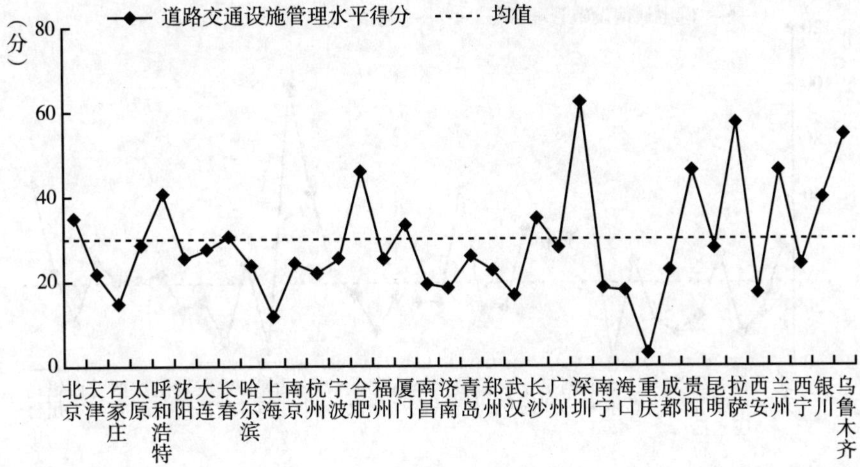

图 3　2021 年中国 36 个重点城市道路交通设施管理水平得分和平均值

表 7　2021 年中国 36 个重点城市邮电通信设施管理水平得分和排名

单位：分

城　市	得分	排名	城　市	得分	排名
深　圳	100.00	1	青　岛	25.61	20
乌鲁木齐	65.10	2	成　都	23.85	21
厦　门	63.64	3	南　昌	23.43	22
广　州	62.51	4	济　南	23.35	23
上　海	52.76	5	贵　阳	20.82	24
宁　波	49.20	6	福　州	20.70	25
南　京	45.40	7	合　肥	20.64	26
杭　州	43.58	8	天　津	19.16	27
北　京	43.37	9	呼和浩特	17.87	28
太　原	40.28	10	西　宁	16.51	29
长　春	37.91	11	大　连	16.05	30
兰　州	37.43	12	郑　州	12.64	31
海　口	37.19	13	沈　阳	12.44	32
银　川	34.30	14	石家庄	11.85	33
长　沙	33.76	15	重　庆	8.67	34
昆　明	32.95	16	南　宁	6.49	35
拉　萨	31.40	17	哈尔滨	2.40	36
西　安	31.15	18	平均分		31.96
武　汉	26.16	19			

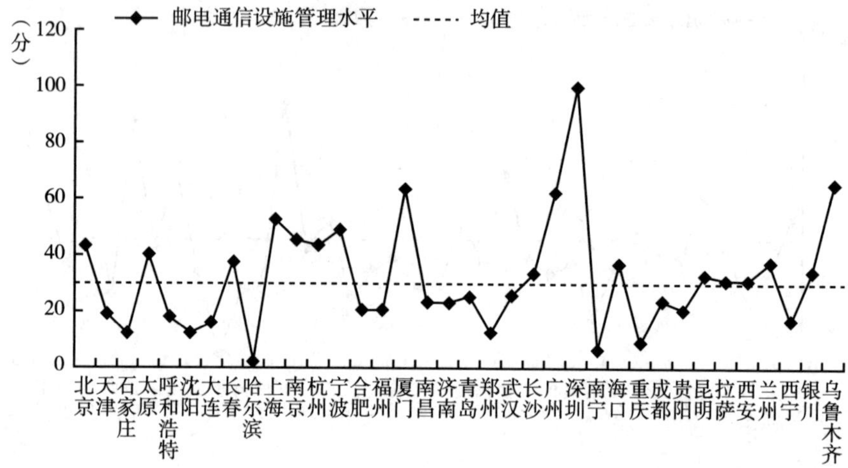

图 4　2021 年中国 36 个重点城市邮电通信设施管理水平得分和平均值

2021 年，中国 36 个重点城市的邮电通信设施管理水平平均得分是 31.96 分，标准差是 19.83，其中有 16 个城市的邮电通信设施管理水平得分高于平均得分，20 个城市得分低于平均得分。排名前十的城市分别为深圳（100.00 分）、乌鲁木齐（65.10 分）、厦门（63.64 分）、广州（62.51 分）、上海（52.76 分）、宁波（49.20 分）、南京（45.40 分）、杭州（43.58 分）、北京（43.37 分）、太原（40.28 分）。

城市邮电通信设施管理水平综合得分情况显示，在 36 个重点城市中，除深圳以外，其余城市的得分均在 66 分以下。深圳排名第一，其邮电通信设施管理水平远高于其余 35 个城市。排名第 16 位的昆明（32.95 分）、排名第 17 位的拉萨（31.40 分）和排名第 18 位的西安（31.15 分）得分接近平均值，表明其邮电通信设施管理水平处于中等水平。

（二）基础设施管理水平分区域比较分析

1. 基础设施管理水平分区域平均得分比较

中国 36 个重点城市基础设施管理水平及分项指标分区域平均得分如表 8 和图 5 所示。总体而言，在基础设施管理水平平均得分方面，东部地区排名第一，其平均得分为 34. 18 分，西部地区紧随其后，其平均得分为 31. 81 分，中部地区以及东北地区的平均得分则分别为 25. 74 分和 17. 21 分。对于 4 个经济区域而言，东部地区和西部地区的平均得分高于 36 个重点城市的平均得分，而中部地区和东北地区则低于 36 个重点城市的平均得分，特别是东北地区，其平均得分与 36 个重点城市的平均得分相差 12. 89 分，差距较为明显。据此可得，不同地区的基础设施管理水平存在显著的差异。

表 8　中国 36 个重点城市基础设施管理水平及分项指标分区域平均得分比较

单位：分

区　域	基础设施管理水平	水电气设施管理水平	道路交通设施管理水平	邮电通信设施管理水平
东部地区	34. 18	33. 80	26. 12	42. 74
中部地区	25. 74	23. 71	28. 03	26. 15
西部地区	31. 81	34. 25	33. 16	27. 21
东北地区	17. 21	10. 07	26. 74	17. 20
36 个重点城市	30. 10	29. 63	28. 85	31. 96

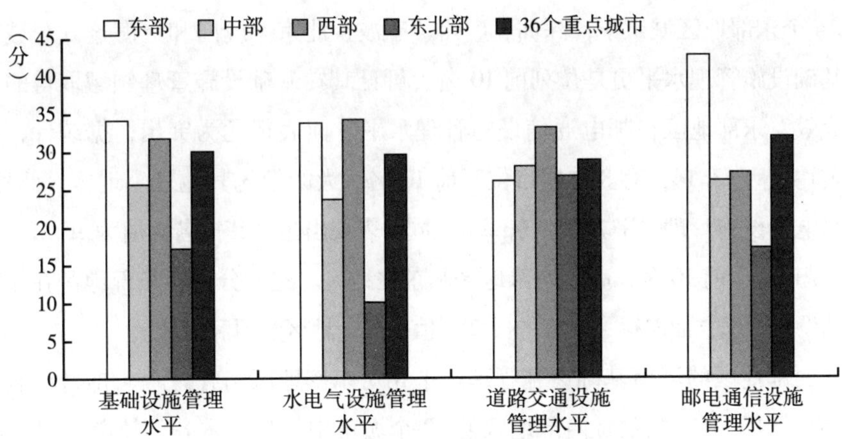

图 5　中国 36 个重点城市基础设施管理水平及分项指标分区域平均得分比较

2. 基础设施管理水平分区域排名分布

2021 年中国 36 个重点城市基础设施管理水平及分项指标分区域排名均值和前 10 名分布如表 9 所示。

表 9　2021 年中国 36 个重点城市基础设施管理水平及分项指标分区域排名均值和排名前十的城市数量

单位：个

区　域	基础设施管理水平		水电气设施管理水平		道路交通设施管理水平		邮电通信设施管理水平	
	排名均值	前 10 名	排名均值	前 10 名	排名均值	前 10 名	排名均值	前 10 名
东部地区	15.93	6	16.21	6	21.07	2	13.14	8
中部地区	21.17	0	20.00	0	19.00	2	20.50	1
西部地区	16.67	4	16.00	4	15.67	6	20.83	1
东北地区	29.00	0	31.75	0	17.25	0	27.25	0

通过对中国 36 个重点城市基础设施管理水平进行全面分析，发现东部地区的城市基础设施管理水平名列第一。东部地区城市基础设施管理水平的排名均值为 15.93，超越其他区域，成为全国城市基础设施管理水平冠军地区。在 14 个东部地区城市中，深圳、广州、宁波、北京、厦门和上海这 6 个城市的基础设施管理水平更是位列前 10 名，可见其在基础设施管理领域取得的显著成效。东部地区在邮电通信设施管理水平方面表现尤为突出，据统计，其排名均值为 13.14，有 8 个城市位于前 10 名，大幅领先其他三个地区。此外，在水电气设施管理水平方面，东部地区同样表现出色，其排名均值为 16.21，有 6 个城市位于前 10 名，高于中部地区和东北地区。这充分说明东部地区在城市基础设施管理方面取得了良好的成就，值得其他地区学习和借鉴。

西部地区的城市基础设施管理水平相对东部地区稍有差距，排名均值为 16.67，居于第二位置。西部地区的 12 个城市中，乌鲁木齐、拉萨、银川和兰州这 4 个城市基础设施管理水平名列前十，排名也比较出色，分别位居第二、第五、第六和第九名。在道路交通设施管理水平方面，西部地区的城市表现十分突出，有 6 个城市排在前 10 名，其排名均值为 15.67。水电气设施管理水平方面，西部地区的城市表现同样良好，其排名均值为16.00，有4个城市排在前10名，高于其他3个地区。这说明西部地区在城市基础设施管理方面也取得了可圈可点的进步，值得肯定和鼓励。虽然整体排名略逊于东部地区，但在某些方面仍然领先于其他地区，并且西部地区仍有很大的发展空间和潜力。

中部地区的城市基础设施管理水平位于中等偏下。在该区域的6个城市中，有4个城市位于中间名次，而2个城市排在后10名。中部地区的城市基础设施管理水平排名均值为21.17，居于第3位。相比之下，东北地区的基础设施管理水平相对较为落后。该地区的基础设施管理水平的排名均值为29.00，其中的4个城市中有3个城市位于基础设施管理水平后10名之内。在水电气设施管理水平、道路交通设施管理水平和邮电通信设施管理水平这三个方面，东北地区排名均值分别为31.75、17.25和27.25。除道路交通设施管理水平较好外，水电气设施管理水平和邮电通信设施管理水平都需要大力提升。

（三）四大一线城市基础设施管理水平比较分析

本部分对中国四大一线城市——北京、上海、广州和深圳的基础设施管理水平进行比较分析。中国四大一线城市的基础设施管理水平及分项指标得分比较如表10所示。

表10　中国四大一线城市基础设施管理水平及分项指标得分比较

单位：分

城市	基础设施管理水平	水电气设施管理水平	道路交通设施管理水平	邮电通信设施管理水平
深圳	78.30	73.85	62.52	100.00
广州	45.70	46.60	27.69	62.51
北京	42.99	48.71	35.00	43.37
上海	39.19	49.52	11.85	52.76
四大一线城市平均得分	51.55	54.67	34.27	64.66
36个重点城市平均得分	30.10	29.63	28.85	31.96

从表 10 可以看出，四大一线城市的基础设施管理水平远高于 36 个重点城市的平均水平。四大一线城市基础设施管理水平的平均得分为 51.55 分，远高于 36 个重点城市的平均得分（30.10 分）。从分项指标上看，无论是水电气设施管理水平，还是道路交通设施管理水平和邮电通信设施管理水平，四大一线城市的平均得分要高于 36 个重点城市的平均得分。尤其是邮电通信设施管理水平，四大一线城市的平均得分为 64.66 分，36 个重点城市的平均得分是 31.96 分，差值为 32.70 分。

四大一线城市基础设施管理水平存在差异。深圳的基础设施管理水平得分高于四大一线城市平均得分，领先于四大一线城市的平均水平和 36 个重点城市的平均水平。广州、北京和上海的基础设施管理水平得分介于 36 个重点城市的平均得分和四大一线城市平均得分之间，其基础设施管理水平高于 36 个重点城市的平均水平，但低于四大一线城市的平均水平。

三　重点城市基础设施管理水平年度比较分析

（一）基础设施管理水平平均得分比较分析

2020~2021 年，中国 36 个重点城市基础设施管理水平和各分项指标的平均得分如表 11 和图 6 所示。

表 11　2020~2021 年中国 36 个重点城市基础设施管理水平和各分项指标的平均得分

单位：分

年份	基础设施管理水平	水电气设施管理水平	道路交通设施管理水平	邮电通信设施管理水平
2020	31.12	29.04	31.83	33.17
2021	30.10	29.63	28.85	31.96

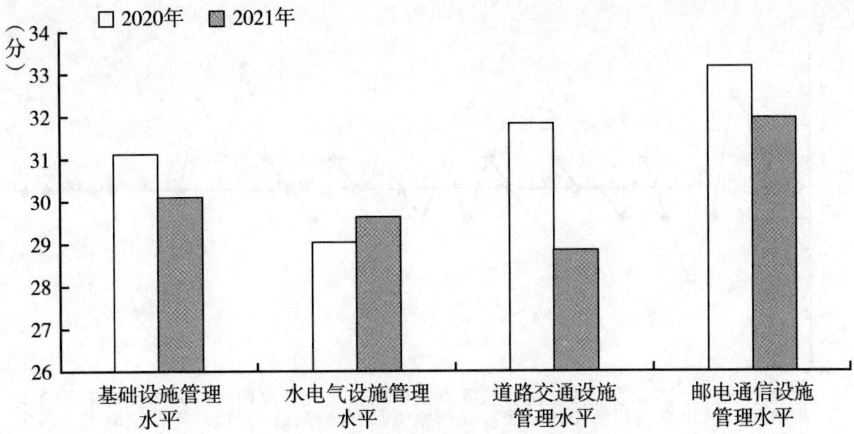

图 6　2020～2021 年中国 36 个重点城市基础设施管理水平和各分项指标平均得分

自 2020 年至 2021 年，36 个重点城市的基础设施管理水平整体相对稳定。相较于 2020 年，2021 年的平均得分略有下降，差距为 1.02 分。但在水电气设施管理水平方面，2021 年的平均得分相比 2020 年上涨了 0.59 分，保持小幅度的增长。在道路交通设施管理水平和邮电通信设施管理水平方面，2021 年的平均得分与 2020 年相比有所下降。

（二）基础设施管理水平排名比较分析

2020～2021 年中国 36 个重点城市基础设施管理水平排名变化情况如图 7 所示。排名变化用符号 V 表示，其计算公式为 2020 年的城市基础设施管理水平排名减去 2021 年的对应排名。

经计算，变量 V 的标准差为 1.7。这意味着在基础设施管理水平排名变化方面，2020～2021 年的波动性并不大，相对来说呈现了较高的稳定性。36 个重点城市中，排名没有变化的城市（V=0）共有 15 个，排名上升 1～2 位的城市（1≤V≤2）有 8 个，排名上升至少 3 位的城市（V≥3）有 3 个，排名下降 1～2 位的城市（-2≤V≤-1）有 7 个，排名下降至少 3 位的城市（V≤-3）有 3 个。

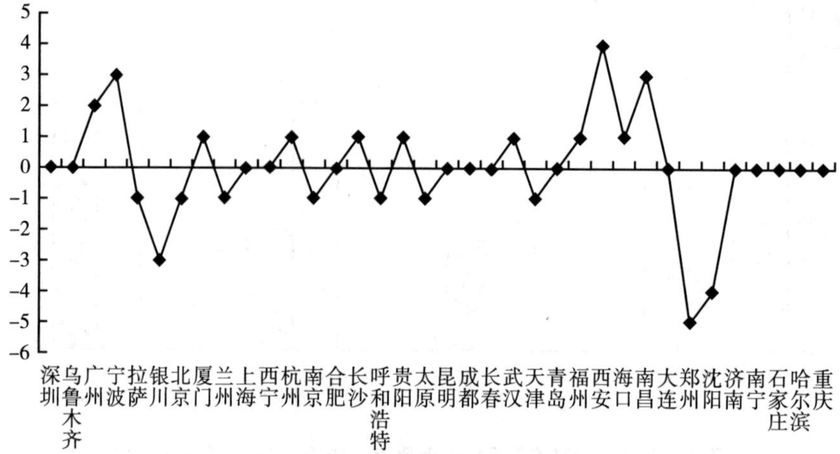

图 7 2020~2021 年中国 36 个重点城市基础设施管理水平排名变化情况

在 2020~2021 年基础设施管理水平排名变化中，排名没有发生变化的城市分别为深圳、乌鲁木齐、上海、西宁、合肥、昆明、成都、长春、青岛、大连、济南、南宁、石家庄、哈尔滨和重庆。需要特别提出的是，深圳、乌鲁木齐、上海和西宁连续两年排名稳居前列，分别稳居第 1 名、第 2 名、第 10 名和第 11 名。

在 2020~2021 年基础设施管理水平排名变化中，排名升了 1~2 位的城市分别是厦门、杭州、长沙、贵阳、武汉、福州、海口和广州。厦门、杭州、长沙、贵阳、武汉、福州和海口这 7 个城市的排名上升了 1 个名次，展现了这些城市在基础设施管理上的不断改进和提高。值得一提的是，厦门连续两年一直处于前 10 名，2021 年上升到第 8 名。而广州在 2020~2021 年中排名上升了 2 名，从第 5 名升至第 3 名，这表明广州在基础设施管理方面取得了较为重要的进展。

在 2020~2021 年基础设施管理水平排名变化中，排名上升至少 3 个名次的城市分别是宁波、西安和南昌。宁波连续两年稳定在前 10 名，并从 2020 年的第 7 名上升到 2021 年的第 4 名，提升了 3 个名次，进入前 5 名的行列。西安从 2020 年的第 30 名上升到 2021 年的第 26 名，提升了 4 个名次，脱离了后

10 名的队列，这充分体现出西安在城市基础设施管理方面的较大进步。南昌从 2020 年的第 31 名上升到 2021 年的第 28 名，提升了 3 个名次。

在 2020~2021 年基础设施管理水平排名变化中，排名下降 1 位的城市分别是拉萨、北京、兰州、南京、呼和浩特、太原和天津。尽管拉萨、北京和兰州的排名均下降了 1 位，但它们仍连续两年位列前十，排名较为稳定。

在 2020~2021 年基础设施管理水平排名变化中，排名下降至少 3 个名次的城市分别是银川、沈阳和郑州。其中，银川从 2020 年的第 3 名下降到 2021 年的第 6 名，下降了 3 个名次，但仍保持在前 10 名内。沈阳从 2020 年的第 27 名下降到 2021 年的第 31 名，下降了 4 个名次。郑州从 2020 年的第 25 名下降到 2021 年的第 30 名，下降了 5 个名次，进入后 10 名的队列。

（三）基础设施管理水平前10名比较分析

2020~2021 年，中国 36 个重点城市基础设施管理水平排在前 10 名的城市参见表 12。

表 12　2020~2021 年中国 36 个重点城市基础设施管理水平排在前 10 位的城市

年份	1	2	3	4	5	6	7	8	9	10
2020	深圳	乌鲁木齐	银川	拉萨	广州	北京	宁波	兰州	厦门	上海
2021	深圳	乌鲁木齐	广州	宁波	拉萨	银川	北京	厦门	兰州	上海

表 12 数据显示，2020~2021 年，36 个重点城市基础设施管理水平位于前 10 名的城市没有变化，只是排名有所变动。2020~2021 年连续两年位列前 10 名的城市是深圳、乌鲁木齐、广州、宁波、拉萨、银川、北京、厦门、兰州和上海。深圳、乌鲁木齐和上海的排名两年来均未变，分别稳居第 1 名、第 2 名和第 10 名。厦门、广州和宁波排名则逐渐呈上升的趋势，分别上升了 1 个名次、2 个名次和 3 个名次。拉萨、北京、兰州和银川则出现了下降趋势。其中，拉萨、北京和兰州均下降了 1 个名次，银川的下降较为明显，下降了 3 个名次。

四　结论与建议

（一）结论

1. 城市基础设施管理水平整体相对稳定，排名波动性不大

2020~2021 年，36 个重点城市的基础设施管理水平整体相对稳定。相较于 2020 年，2021 年的基础设施管理水平平均得分略有下降。在分项指标上，在水电气设施管理水平方面，2021 年的平均得分比 2020 年保持了小幅度的增长；在道路交通设施管理水平和邮电通信设施管理水平方面，2021 年的平均得分比 2020 年有所下降。

2020 年全社会固定资产投资 527270 亿元，比 2019 年增长 2.7%①。其中基础设施投资增长 0.9%。2020 年固定资产投资（不含农户）分行业看，电力、热力、燃气及水生产和供应业比 2019 年增长 17.6%，交通运输、仓储和邮政业比 2019 年增长 1.4%，信息传输、软件和信息技术服务业比 2019 年增长 18.7%，卫生和社会工作比 2019 年增长 26.8%。2021 年全社会固定资产投资 552884 亿元，比 2020 年增长 4.9%②。其中基础设施投资增长 0.4%。2021 年固定资产投资（不含农户）分行业看，电力、热力、燃气及水生产和供应业比 2020 年增长 1.1%，交通运输、仓储和邮政业比 2020 年增长 1.6%，信息传输、软件和信息技术服务业比 2020 年减少 12.1%，卫生和社会工作比 2020 年增长 19.5%。2021 年基础设施投资总额相对稳定，比 2020 年有小幅提升。2020 年和 2021 年固定资产投资在卫生和社会工作行业增长率较大。固定资产投资稳定增长是城市基础设施管理水平保持相对稳定的经济基础。2020~2021 年城市基础设施管理水平排名变化的标准差近

---

① 《2020 国民经济和社会发展统计公报》，国家统计局网站，2021 年 2 月 28 日，http：//www.stats.gov.cn/sj/zxfb/202302/t20230203_ 1901004.html。

② 《2021 国民经济和社会发展统计公报》，国家统计局网站，2021 年 2 月 28 日，http：//www.stats.gov.cn/sj/zxfb/202302/t20230203_ 1901004.html。

似为1.7，排名波动性不大。

2. 四大一线城市基础设施管理水平引领全国

北京是全国的政治中心，上海是国际经济和金融中心，广州和深圳作为粤港澳大湾区的“双引擎”，一个是国际商贸中心，一个是国际科技创新中心。这四大一线城市引领全国基础设施管理水平。北京、上海、广州和深圳四大一线城市基础设施管理水平的平均得分为51.55分，远高于36个重点城市的平均得分，且其排名分别是第7、第10、第3和第1，都在前10名之内。在水电气设施管理水平、道路交通设施管理水平和邮电通信设施管理水平这些分项指标上四大一线城市的平均得分都高于36个重点城市的平均得分。

3. 部分城市基础设施管理水平稳定提升

宁波2020年和2021年的基础设施管理水平排名分别是第7和第4，上升了3个名次。在各分项指标上，水电气设施管理水平方面，2020年和2021年的排名分别是第5和第4，上升了1个名次。道路交通设施管理水平方面，2020年和2021年的排名分别是第21和第19，上升了2个名次。邮电通信设施管理水平方面，2020年和2021年的排名都是第6，没有变化。2020年，宁波市全年固定资产投资比2019年增长5.5%，其中基础设施投资比2019年增长8.4%。[①] 2021年，宁波市全年固定资产投资比2020年增长11.0%，其中基础设施投资比2020年减少9.9%[②]。2020年和2021年宁波市固定资产投资均有所增长。

厦门2020年和2021年的基础设施管理水平排名分别是第9和第8，上升了1个名次。在各分项指标上，水电气设施管理水平方面，2020年和2021年的排名分别是第15和第14，上升了1个名次。道路交通设施管理水平方面，2020年和2021年的排名分别是第14和第11，上升了3个名次。邮电通信设施管理水平方面，2020年和2021年都是第3名，没有变化。

---

① 《2020年宁波市国民经济和社会发展统计公报》，宁波市统计局网站，2021年2月24日，http://tjj.ningbo.gov.cn/art/2021/2/24/art_1229042825_58913487.html。

② 《2021年宁波市国民经济和社会发展统计公报》，宁波市统计局网站，2022年2月23日，http://tjj.ningbo.gov.cn/art/2022/2/23/art_1229042825_58913883.html。

2020 年，厦门市全年固定资产投资比 2019 年增长 8.8%，其中基础设施投资比 2019 年下降 5.2%。[①] 2021 年，厦门市全年固定资产投资比 2020 年增长 11.3%，其中基础设施投资比 2020 年增长 24.0%。[②] 2020 年和 2021 年厦门市固定资产投资都在增长。

上海 2020 年和 2021 年的基础设施管理水平排名都是第 10。在各分项指标上，水电气设施管理水平方面，2020 年和 2021 年的排名分别是第 7 和第 6，上升了 1 个名次。道路交通设施管理水平方面，2020 年和 2021 年的排名分别是第 33 和第 35，下降了 2 个名次。邮电通信设施管理水平方面，2020 年和 2021 年的排名都是第 5，没有变化。2020 年，上海市全年固定资产投资比 2019 年增长 10.3%。[③] 2021 年，上海市全年固定资产投资比 2020 年增长 8.1%。[④] 2020 年和 2021 年上海市固定资产投资均有所增长。

（二）建议

城市基础设施管理水平的高低对城市居民的生活水平有非常重要的影响。因此，提升城市基础设施管理水平，不断增强人民群众的获得感、幸福感和安全感，需要从以下两个方面入手。

1. 完善中国式现代化基础设施体系，大力推进新型基础设施建设

基础设施是经济社会发展的重要支撑，现代化基础设施体系建设是实现中国式现代化的基石。在中央财经委员会第十一次会议上，习近平总书记强调，要统筹发展和安全，优化基础设施布局、结构、功能和发展模式，构建现代化基础设施体系，为全面建设社会主义现代化国家打下坚实

① 《2020 年厦门市国民经济和社会发展统计公报》，厦门市统计局网站，2021 年 3 月 16 日，http://tjj.xm.gov.cn/tjzl/ndgb/202103/t20210319_2625973.htm。

② 《2021 年厦门市国民经济和社会发展统计公报》，厦门市统计局网站，2022 年 3 月 22 日，http://tjj.xm.gov.cn/zfxxgk/zfxxgkml/tjsjzl/ndgb/202203/t20220322_2636525.htm。

③ 《2020 年上海市国民经济和社会发展统计公报》，上海市统计局网站，2021 年 3 月 17 日，https://tjj.sh.gov.cn/tjgb/20210317/234a1637a3974c3db0cc47a37a3c324f.html。

④ 《2021 年上海市国民经济和社会发展统计公报》，上海市统计局网站，2022 年 3 月 14 日，https://tjj.sh.gov.cn/tjgb/20220314/e0dcefec098c47a8b345c996081b5c94.html。

基础。

现代化基础设施体系包含传统基础设施和新型基础设施两个方面。传统基础设施以交通、能源、水利和电力为代表，而新型基础设施则以 5G、大数据和人工智能为代表。新型基础设施是现代化基础设施体系的重要组成部分。在建设新型基础设施方面，已经取得了一定的成效。截至 2022 年 9 月，光纤网络的覆盖长度增长了约 2.7 倍，移动通信已经从“4G 并跑”进入了“5G 引领”时代，网络规模和应用水平全球领先。此外，数据中心的规模已经达到了 590 万标准机架，同时启动了 8 个国家级算力枢纽节点的建设。①

面对中国式现代化的新阶段和新征程，需要不断完善现代化基础设施体系，大力推进新型基础设施建设，以提升基础设施管理的现代化水平。在这一过程中，我们应当在升级信息基础设施、布局融合基础设施和优化创新基础设施这三个方面进一步加快部署，促进传统基础设施与新型基础设施的深度融合，进一步推动数字技术与实体经济的深度融合。

2. 推进新型城市基础设施建设，实施智能化市政基础设施建设和管理

新型城市基础设施建设，通常简称为“新城建”。为了加快推进新型城市基础设施建设，2020 年 8 月，住房和城乡建设部等 7 个部门发布了《关于加快推进新型城市基础设施建设的指导意见》。这是首次提出新城建的概念，并明确了新城建所包含的建设内容。具体而言，新城建主要包括以下 7 个方面的内容：全面推进城市信息模型（CIM）平台建设、推动智能化市政基础设施的建设和更新改造、协同发展智慧城市和智能网联汽车、建设智能化城市安全监管平台、加快推进智慧社区的建设、推动智能建造和建筑工业化的协同发展，以及推进城市综合管理服务平台的建设。

2020 年，住房和城乡建设部在重庆、福州、济南等 16 个城市开展了新城建的首批试点项目。目前，许多城市在智能化市政基础设施的更新、建设

① 张慕琛：《新基建显成效　过去十年我国移动通信从“4G 并跑”到“5G 引领”》，2022 年 9 月 26 日，https：//m.gmw.cn/baijia/2022-09/26/36048866.html。

和管理方面进行了大量的探索，并在智能化供水、燃气和供热等多个领域取得了良好的经验。例如，深圳的盐田直饮水示范工程解决了直饮水全流程供水安全保障的难点，建立了智慧盐田直饮水供水监管系统，实现了全流程、跨时空的供水系统安全监管。安徽合肥的城市生命线安全运行监测系统平台实时监测了高风险和人口密集区域的给排水、燃气、热力、桥梁等城市生命线，创新实现了城市生命线工程安全运行与管控的精细化治理。黑龙江提出了实施智慧供暖示范项目，推进城市分布式采暖，提高供暖服务质量，确保居民居住在温暖的家。

作为新一代城市基础设施体系，新城建与新基建相互对接，致力于推动智能化市政基础设施的建设和更新改造，提升城市基础设施的智能化管理水平。在进一步推进智能化供水、燃气和供热等市政基础设施领域的更新、建设和管理过程中，我们应当充分总结试点城市的成功经验和最佳实践，并形成可复制和可推广的模式。在选择实践领域时，我们应优先考虑那些已有一定基础的领域，在已有的信息基础设施和数据资源的基础上进行进一步整合和利用，以避免重复建设。

北京专题

Beijing Topics

B.7

基于首都“双枢纽”优势助力高质量发展的研究*

摘　要： 本报告研究了北京首都国际空港和大兴国际空港（以下简称“双枢纽”）的发展现状。北京依托“双枢纽”的建设推动了临空经济区的发展，形成了以首都国际空港临空经济示范区和北京大兴国际空港临空经济区为核心。以航空、“专精特新”技术、航空物流、生物医药、会议会展等为代表的临空产业集群，加快了港产城融合发展。同时，本报告研究对比了东京双枢纽发展的经验，并从各自的资源禀赋分析了北京与东京的具体情况。据此，本报告针对北京“双枢纽+双区”优势地位，提出了提升“双枢纽”国际化与地方化结合广度和深度，持续优化营商环境、塑造国际空港城市品牌，打造全球供应链枢纽、完善数据应用能力、提升贸易便利化水平，培育新兴产业、辐射带动区域发展，加大轨道交通建设力度、促进区港城深度融合的对策建议。

* 本报告北京城市学院助理工程师李龚良老师和北京城市学院助教褚旭老师亦有贡献，感谢李龚良老师和褚旭老师。

关键词： 双枢纽 北京首都国际空港 大兴国际空港

引 言

习近平总书记在党的二十大报告中指出，促进区域协调发展，深入实施区域协调发展战略。这为“双枢纽”服务首都高质量发展提供了根本遵循和行动指南。随着首都经济的快速发展，民航客流量不断增长，国际贸易往来不断升级，北京这个国际性城市，作为中国航空运输的“门户”，其航空运输产业在国家航空战略和全球竞争中占有重要地位。北京首都国际空港建于1958年，是中国民航的重要航空枢纽，但随着时间的推移，其处理能力已经有些“力不从心”，同时，城市布局问题的限制，也带来了许多不便和问题。在这样的背景下，2014年12月26日，北京大兴国际空港项目开工建设，2019年9月25日，北京大兴国际空港正式投入使用。从此，北京步入了“一市两港”的“双枢纽”城市行列。

一 双枢纽的基本概况

首都“双枢纽”指首都国际空港和大兴国际空港。2019年9月25日，大兴国际空港正式通航，北京步入“一市两港”航空“双枢纽”时代。首都国际空港是中国最大的国际空港之一，也是中国最重要的航空枢纽之一；而大兴国际空港则是世界级超大型空港，有着现代化、智能化、低碳环保等多重特点。首都空港拥有1个综合交通枢纽、3座现代化航站楼和3条跑道，其中，1条4F级跑道、2条4E级跑道，空港跑道长3750米，位于北京市的顺义区，是中国最繁忙的空港之一。大兴国际空港拥有面积为78万平方米的4F级航站楼一座；目前有4条运行跑道，未来全面竣工合计7条跑道：1条长3400米的跑道、3条长3800米的跑道；空港规划总面积达到了7000万平方米，是迄今为止中国唯一一座标准国际空港。大兴国际空港的配套设施包括1个超大型综合交通枢纽、1个独立的货运区和1个燃料基地。“双枢纽”的运营模式有利于减轻首都空港的航班压力，优化北京的航空运输布局和服务质量。目前，首都国际空港和大兴国际空港的航班路径、航班时刻以及资源共享实现了互补。在未来，“双枢纽”将致力于提高服务水平，打造一流的旅客和货邮综合运输服务，加速推动北京成为全球航空枢纽城市。

2022年首都国际空港主营业务收入22.3亿元，同比下降33.3%。收入来源一是航空性业务收入，二是非航空性收入。飞机起降架次15.76万架次，同比减少47.1%。旅客吞吐量为1270万人次，同比下滑61.1%；其中国际旅客25万人次，同比增长35%。货邮吞吐量988674.57吨，同比下降29.4%；其中国际货邮吞吐量478.482吨，同比减少29.1%，在全国空港中排名第11位。2022年北京大兴国际空港完成货邮吞吐量127497.19吨，同比下降31.4%；飞机起降10.59万架次，同比下降49.9%；旅客吞吐量1027万人次，同比下降59%。首都国际空港的货邮和旅客吞吐量相比大兴国际空港较高，大兴国际空港在建设初期取得了骄人的业绩。

二 “双枢纽”对区域经济的影响分析

（一）加快城市经济增长，推动产业结构升级

北京“双枢纽”的外延是双临空经济区，即“双枢纽+双区”（见表1），首都国际空港临空经济区的建设对于北京市的经济发展起到了重要作用。临空经济区拥有一系列高科技产业，如智能装备、航空制造、新材料等，这些产业的发展带来了先进的技术设备和人才，提升了区域经济的活力，促进了生产力要素的流动，提高了区域产业水平和市场竞争力。2017~2022年引入1.2万余家中外企业，其中，500余家外资企业，130余家央企、国企，200余家高新企业，实现利税近千亿元。随着临空经济区经济的不断发展壮大，它对顺义区整体经济增长的贡献也越来越大，为周边地区提

供了大量的就业机会和产业链补充，促进了顺义区的发展和产业结构升级。临空经济区的发展也带动了周边地区的商业和服务业发展。例如，空港附近的酒店、餐饮业、航空物流行业等，这些服务链和产业链的发展，不仅为区内的企业提供了稳定的服务，也为京津冀协同发展做出了重要贡献。随着双枢纽的形成，“四化”① 空港城市理念得到进一步提升，场地、设施建设等方面进行了大幅改进和完善，其产业和功能的多样性与完备性不断提高。这些措施不仅对天竺综保区自身的经济和产业发展具有积极的影响，而且为周边地区的经济发展创造了条件。

与首都国际空港相比，大兴国际空港的功能定位是“国际通达”和“国际航空枢纽”，旨在承担更多的国际航线和货物运输。相比首都国际空港，大兴国际空港虽然年旅客吞吐量未能达到首都国际空港的规模，但随着空港规划建设的不断深化，大兴国际空港也正呈现良好的发展态势。作为为国际游客和外商拓展市场“出海”的主要门户之一，大兴国际空港的建设将极大地促进北京及周边城市的经济、贸易及战略地位方面的提升。

表 1　“双枢纽”的具体情况

名称	批复时间	面积	批复单位
首都国际空港临空经济区	2019 年 2 月	115.7 平方公里	国家发改委和国家民航局
北京大兴国际空港临空经济区	2016 年 8 月	150.0 平方公里	国家发改委

（二）区际生产要素流动，优化城市资源配置

“双枢纽+双区”促进了区域产业聚集和带动效应，尤其是在科技创新、高端装备制造、现代服务等领域，吸引了众多高水平人才和高科技产业集聚，使区域经济更加多元化。其发展带来了大量的基础设施投资，为区域经

① 四化是指国际化、人文化、生态化、智能化。

济发展提供了保障。截至2020年底，首都国际临空经济示范区的移动互联网用户规模已经超过800万，数字经济总产值达到2800亿元；大兴国际机场临空经济区的互联网业务收入呈快速增长的态势，超过300亿元。临空经济区的建设依托于高质量的基础设施，使区域内的交通、物流、通信等方面得到了极大的改善，同时，催生了大量的就业机会，推动了区域的人才、资金和技术等各种要素的流动。

（三）改善区域投资环境，促进区域结构优化

天竺综保区地处首都临空经济区核心范围内，其以良好的地理区位和政策条件成为众多跨国公司首选投资区域。例如，德国奔驰汽车、德国西门子、美国苹果公司等知名跨国公司纷纷落户天竺综保区。北京天竺综保区自成立之日至2020年累计招商项目企业769家，累计项目总投资5848153万元，累计注册资本2731473万元；累计三资企业注册资本813309万元，累计合同外资金额166447万美元，累计外商实际投资160861万美元。随着“双枢纽+双区”联动发展，天竺综保区积极推进“智慧园区”“数字保税”“跨境电商”等创新举措，不断提高保税区经济的智能化和服务水平。这一系列创新举措也极大地推动了天竺综保区的产业结构优化和经济发展，增加了外资和国际交流活动（见表2）。

表2　天竺综保区重点产业定位情况

集聚区	重点产业定位
临空型综合集聚服务区	以发展临空型现代服务业为主导，即重点发展航空枢纽服务、保税服务、航空物流、国际商贸、文化创意、特色金融、高端商务七大产业；同时优化提升电子信息、生物医药、航空科技等高新技术产业
临空型现代制造业集聚区	电子信息、航空航天、汽车制造、装备制造等高新技术产业和现代制造业集聚区
临空出纳业发展新区	承接临空型综合服务集聚区、临空型现代制造业集聚区产业转移，发展都市型农业、现代制造业和都市型旅游休闲产业等

三 “双枢纽”发展的问题分析

（一）交通体系建设相对滞后

首都国际空港只有一条轨道交通，与大兴国际空港以及北京的主要交通枢纽没有相互连接的轨道交通，辐射空港周边区域的轨道交通也没有规划。特别是缺乏多种交通融合模式，轨道交通规划与发展需求存在极不匹配和相对滞后的问题。规划设计未与空港预期规划对应，车厢挂载节数少，运输能力低下。据统计，首都国际空港旅客高峰期旅客吞吐量超过 8000 万人次，而其中每年选择轨道交通去往首都国际空港的旅客占比约为 9%，与东京港 65%以上的比例相差甚远。国际上一般轨道交通利用率均为 30%以上，中国香港轨道交通利用率也达到了 65%。目前仅有的一条轨道交通与顺义城区不兼容，港区与顺义城区形成了物理空间的相对隔离，严重制约了临空经济高质量发展。大兴国际空港的交通条件比首都国际空港的交通条件好一些，但其轨道交通与地面交通兼容水平比东京双枢纽交通兼容水平低，与东京双枢纽的交通通畅率依然相差甚远。

（二）空港与城市空间的协调性弱

从国际经验看，航空枢纽建设需要与城市空间发展相协调：空港周边商业、休闲娱乐和文化等配套设施齐全；空港区域范围功能定位清晰；空港周边地区用地规划以及公共基础设施建设具有前瞻性；轨道交通发达，与其他交通工具兼容性强；空港与城市发展相互促进，而不是独立的个体。然而，北京“双枢纽”与城市建设发展在协调方面还存在很多不足，问题比较突出。

（二）临空经济区产业结构不合理，产业同质化问题严重

随着“双枢纽+双区”的蓬勃发展，其产业结构不合理，产业同质化问

题也逐渐浮出水面。一是大兴国际空港临空经济区的产业基本上复制了首都国际空港临空经济示范区的产业模式。例如生物医药、航材、航空运输代理、新能源等企业在两区逐步形成了同质化竞争的局面，集聚的企业结构相似度较高，导致产业链缺乏完整性。二是相比产业而言，航空高端服务业欠缺，例如，航空技术咨询服务、航空交易服务、航空中介服务等。三是行政主体多元化，制约了空港与临空经济区产业关联性，导致政策衔接不畅，产业集聚效应被弱化。

四 东京“双枢纽”空港的现状及启示

（一）东京双枢纽空港发展现状

成田国际空港是日本最大的空港，位于日本千叶县的成田市，是日本首都圈的重要组成部分。其于1973年开始投入运营，但由于空港位置远离城市中心，空港在初期发展面临着与城市的空间错位问题。经过40多年的发展，成田国际空港已成为日本最大的空港之一。目前，成田国际空港已经形成了以航空物流为核心、以商务会展为特色、以高科技产业为支撑的“一核三区”的产业布局，拥有四个主要功能区，分别是航空物流区、商务会展区、高科技产业区和高端生活服务区。每年旅客吞吐量超过5000万人次。在功能上，成田国际空港是集航空物流、商务会展、高科技产业于一体的大型综合空港，主要职能是为东京及周边地区提供空运服务和航空货运服务。在设施上，成田国际空港拥有日本最先进的配套设施，以及世界最强的货运处理能力和亚洲最大的客运处理能力，其货运处理能力在亚洲仅次于东京羽田国际空港。在空间布局上，成田国际空港功能分区明确，交通便捷。航站楼分为主楼、前厅和货运站，其中主楼为到达层、国内层和国际层；前厅为出发层，设有旅客登机口、国内和国际行李提取处；货运站设有国内和国际货运处理区域。通过合理的空间布局和设施配套，成田国际空港能够保障旅客便捷、快速地到达航站楼及市区各个区域，为旅客提供高效快捷的服务。

成田国际空港能够实现快速发展，明确定位是空港发展的前提，注重规划引领是空港发展的关键，完善配套是空港发展的保障，政府引导是空港发展的动力。成田国际空港具有便捷的交通条件，市内通过地铁、巴士、轻轨等多种交通方式换乘都可以快速到达空港，为空港发展提供了良好的交通基础。此外，成田国际空港周边产业发达，与空港相关的商业服务设施和休闲娱乐设施齐全，这为其发展提供了支撑。

羽田国际空港位于东京都大田区，是日本的第二大空港，于1931年投入使用。1964年东京奥运会期间进行了扩建，目前已成为日本最繁忙的空港之一，年旅客吞吐量为8000万人次。其主要服务于东京及其邻近地区的国内和国际航班。目前，羽田国际空港正在进行再开发工程，以扩展其旅客终端和空港设施。羽田国际空港最为知名的交通工具就是单轨吊车。在羽田国际空港内，单轨吊车会沿着一条高架轨道运行，连接各个终端和航站楼，方便旅客到达他们需要的地方，这种交通方式快速、高效。单轨吊车是羽田国际空港内非常重要的交通工具，为旅客提供便捷舒适的出行体验。除了单轨吊车，羽田国际空港还有其他公共交通工具，如高速巴士、地铁、电车等，可以方便旅客出行，为旅客提供更加便捷的服务。成田国际空港和羽田国际空港遥相呼应，为东京的经济发展、航空物流、商贸往来提供便利，为不同方向出行的旅客提供便捷服务。

（二）东京“双枢纽”发展的启示

1. 明确定位是空港发展的前提

空港发展初期面临着与城市的空间错位问题，这是空港在发展过程中遇到的最大挑战。为了解决这个问题，成田国际空港首先对自身进行了准确定位，即“服务东京及周边地区”和“服务亚洲”。在这一定位的指引下，成田国际空港不断优化空港功能、完善设施配套、提升服务水平、强化品牌优势。通过一系列有效的规划和建设工作，成田国际空港有效解决了空间错位问题。

2. 注重规划和政策引领是空港发展的关键

在空港发展过程中，东京都政府重视规划引领作用。成田国际空港的成就离不开一系列重要政策的支持，其中最关键的就是规划引领。从建设初期，成田国际空港就注重规划引领，明确了未来市场需求，考虑了与周边地区的协调性、运行成本等各种因素，制定了详细的总体规划方案。同时，着重推动技术创新和效率提升，不断升级用于航空地面运作的装备设施，力求为旅客创造高效便捷的旅行体验。此外，成田国际空港还迅速适应了不断变化的市场需求与形势，采取了多项灵活的措施推进发展。例如，成田国际空港积极利用先进的信息技术，加强人员管理与运行协调，不断提升时间和能源的利用效率；成田国际空港还发布了鼓励运营商开通航班、降低起降费用等一系列激励政策，吸引更多的航空公司进驻空港。

3. 完善配套是空港发展的基础

空港周边配套设施的完善对于空港发展至关重要。成田国际空港通过完善交通网络、加快公共设施建设、增加商业和休闲娱乐设施等手段来完善配套设施，提升空港服务质量。

4. “双枢纽”协调互通是空港发展的保障

航班信息透明度高，转机服务高效便利。成田和羽田两个空港在出发地、目的地、航班时刻等方面保持高度协调，对于航班延误、计划变更等情况，两个空港也建立了高效的信息共享和服务机制，以确保旅客的出行质量；成田和羽田两个空港之间还建立了高铁、地铁等交通线路，方便旅客从一个空港换乘至另一个空港。从航空经济角度来看，成田和羽田双枢纽不仅对本地经济的发展产生了影响，还为全球航司提供了一个可信赖的国际航空枢纽。

五　助力高质量发展的对策建议

近年来，北京市高度重视国际交往中心建设和“双枢纽”战略。在国家战略层面，北京市将“双枢纽”战略定位为“国际交往中心功能承载区和全球城市核心功能区”。在北京市政府工作报告中提出，要构建“两轴、四区、多点”的首都发展新格局，加强与国际大都市交流合作，加快推进国家服务业扩大开放综合示范区建设和中国（北京）自由贸易试验区建设，完善国际交往功能，打造世界级城市；要进一步发挥北京的“双枢纽”功能优势，为高质量发展提供重要支撑。

（一）提升“双枢纽”国际化与地方化结合广度和深度

北京“双枢纽”应提升与地方支航线网络的广度和深度，突破目前“中小空港无枢纽功能支撑”的瓶颈。中小空港可借助北京“双枢纽”强大干线航空网络，提升空港中转保障能力，改善通达性，促进中小空港所在地区的社会经济发展。同时，中小空港的发展也能够提升北京世界级航空枢纽辐射带动作用。通过北京“双枢纽”发展国际通程航班，打通国内、国际便捷中转通道，有助于巩固北京“双枢纽”的国际枢纽地位。优化国际航空资源配置。依托北京地理优势，拓展“双枢纽”国际航线、航权，优化国际主航线资源，增强客流、物流承载能力。扩大航权开放，用好第五航权。

（二）持续优化营商环境，塑造国际空港城市品牌

发挥北京“双枢纽”示范作用，加快完善与国际高标准投资和贸易规则相适应的原则规范，持续深化“放管服”改革，推进数字化政府建设，优化“双枢纽”平台软环境。聚焦临空经济发展的关键环节，挖掘潜力特色资源，丰富首都临空经济区国际品牌内涵。在现有的产业集群产业发展的基础上，依托首都丰富的文化底蕴以及中关村高科技技术支持，发展文化创意产业等新兴产业，创立全新的文化创意产业高端聚集地，为首都国际临空经济示范区国际品牌注入新内涵。

（三）打造全球供应链枢纽，完善数据应用能力，提升贸易便利化水平

依托临空经济区“数字科技创新+跨境贸易+保税+金融”赋能，探索数

据“监管沙盒”①机制，建立以数据流通交易、安全监管数据跨境流通、数据保护识别能力认证等为核心的数字贸易创新发展规则体系，完善数据应用开发与管理能力，拓展“供应链+金融”的深度与广度，打造具有国际竞争力的集数字化、供应链、金融服务于一体的平台，实现低成本、规模化信息交互。优化双循环资源配置、拓展国内外市场，深度融入全球供应链、产业链和价值链。持续优化创新跨境电商通关监管模式，简化通关流程。在RCEP框架下提升贸易便利化水平。

（四）培育新兴产业，辐射带动区域发展

依托“双枢纽+双区+京津冀一体化”的科研资源优势和高新技术产业基础，充分发挥首都国际空港临空经济示范区、大兴国际空港临空经济区、（河北）自由贸易示范区等高端要素集聚平台作用，打造一批产业链条完善、辐射带动力强、具有国际竞争力的战略性新兴产业集群，增强经济发展新动能。推动新一代数字科技、生物技术、新材料等发展壮大为新支柱产业，在AI、数字信息、5G、移动互联网、生物医药、基因检测等领域培育一批新兴产业，形成以低碳环保技术研发和总部经济为核心的产业集聚带，促进京津冀及华北区域要素流动和产业疏解承接。在产业发展方面应做好功能定位，深化区域合作内容，避免产业同质化建设，形成梯度发展、分工合理、优势互补的产业链体系。

（五）加大轨道交通建设力度，促进区港城深度融合

借鉴东京“双枢纽”发展的经验，构建分合有序的轨道交通设施与地面交通无缝衔接，用轨道交通将区—港—城贯通成网状的交通网络。通过快捷的轨道交通网络，强化区—港—城空间形态的黏着度，形成集生活、生态、产业、商贸、物流于一体的综合式发展空间，形成鲜明的区域特色和产

---

① 监管沙盒（Regulatory Sandbox）是舶来词，从字面上看，指在可控环境内实施监管，让新产品/模式在真实市场环境中迭代验证，去伪存真；让用户在受保护的前提下接触新产品，享受新模式的效率而不被风险所伤（事前约定风险补偿机制）。

业特征。北京要以“双枢纽+双区”为区域合作的重大发展平台，打通环渤海湾区的通道，坚持战略引领，创新赋能产业，推动优势资源要素集聚，强化区域发展的“软联通”和“硬联通”，形成高质量的区域协调发展格局，为北京的高质量发展赋能。

B.8

强化企业科技创新主体地位 加快实施创新驱动发展的研究*

摘　要： 企业科技创新是国家战略科技力量的重要组成部分。本报告研究总结了北京市实施创新驱动的现状，北京市深入贯彻新发展理念，牢牢把握新科技革命和国际产业变革的大趋势，聚焦“高精尖”产业，创新驱动北京市产业高质量发展。本报告针对北京市强化企业科技创新主体地位，加快实施创新驱动发展提出了政策建议，即加大对企业科技研发经费投入和支持力度，优化营商环境、赋能企业科技创新主体地位，加强以企业为主体科技研发的产学研资四位一体的融合等。

关键词： 科技创新联盟　企业生命周期　北京市

引　言

党的二十大报告指出强化企业科技创新主体地位，提高科技成果转化和产业化水平。习近平总书记在二十届中央财经委员会第一次会议时再次强调，要加快建设以实体经济为支撑的现代化产业体系，大力建设世界一流企业。企业是科技创新和产业发展的微观主体和重要载体，在产业科技创新中处于主导地位。完成高质量发展这个首要任务，必须加强企业主导的产学研深度融合，引导企业加大研发投入力度，吸引高端科技人才，推动创新链、

* 该部分北京新东方留学服务有限公司刘剑桥先生与北京城市学院教授赵亮博士亦有贡献，感谢刘剑桥先生与赵亮博士。

产业链、人才链深度融合，促进科技创新向企业和产业经济“主战场”聚集。北京市委、市政府高度重视企业在创新中发挥的作用，在“十四五”规划科技创新中心篇中，设立“强化企业创新主体地位”专项，主要从加强政策引导、体制改革、机制创新等方面入手，加速各类创新要素向企业集聚，全面优化创新环境，深度激发创新动力，不断提高企业创新能力和核心竞争力。①

一　北京市企业创新发展的总体情况

2020~2022年北京市工业投资年均增速为41%，高技术制造业投资增速远高于全国增速，软信业近三年保持两位数年均增速，“高精尖”产业增加值占GDP比重突破三成。高端领域占比逐年提高，集成电路、医药、汽车等高端产业对工业投资的增长贡献超过八成，2022年北京市规模以上高技术制造业产值占规模以上工业比重达到32.3%，引领首都经济加速向高端化迈进。

截至2021年11月，北京市新设企业18.5万家，同比增长4.5%，工商注册在业企业188.7万家，在营企业181.5万家。其中，海淀区高新技术企业总数达9764家，占全市高新技术企业总数的35%；规模以上高新技术企业3358家，年收入总计达3.8万亿元；数字经济核心产业增加值占海淀区GDP的比重达55%，占全市40%；上市企业总数268家，居全国地级市（区）之首。在科技创新的强力加持下，海淀区GDP达到10206.9亿元，成为北京市第一个、全国第二个GDP破万亿元的市辖区。2022年，北京市专利授权量202722件，其中发明授权量88127件。截至2022年底，全市有效发明专利量47.78万件，每万人发明专利拥有量达到218.3件。② 北京市统

① 《北京市“十四五”时期国际科技创新中心建设规划》，北京市人民政府网站，2021年11月24日。

② 数据引用2022年北京知识产权保护状况新闻发布会上，市知识产权局党组成员、副局长、新闻发言人潘新胜通报。

计局统计数据显示，2021 年北京市企业 R&D 经费总投入为 2629.3 亿元，同比增长 13%；其中，经济技术开发区、海淀区和昌平区企业 R&D 经费合计 226.5 亿元；海淀区和朝阳区规模以上信息服务业企业 R&D 经费合计 571.2 亿元。

本报告重点研究北京工业、软件和信息服务业规模以上企业、中小企业的现状及主要特征。

（一）工业领域规模以上企业

近年来，全市加大"高精尖"产业发展力度，重申"守住制造业底线"，在"十四五"规划中明确提出提高制造业占 GDP 比重的目标，出台"小升规"奖励政策，2021 年规模以上工业企业数量达到 3073 家；截至 2023 年 3 月，规模以上工业企业达到 3089 家，连续 4 年稳定在 3000 家左右的水平。

（二）软件和信息服务业规上企业

近年来，北京市软件和信息服务业发展迅速，规模以上企业数量和营业收入规模呈逐年较快增长态势，且营业收入增速快于企业数量增速。2019~2022 年，软件和信息服务业企业数量年均增速为 5.2%，营业收入年均增速达 17.3%。作为近年来北京经济增长的主要支撑行业之一，2022 年软件和信息技术服务业增加值占全市 GDP 比重为 17.9%，占全国软件和信息服务业增加值比重为 15.6%。

（三）中小微企业情况

截至 2022 年 9 月，全市中小微企业 180.3 万家，比 2021 年同期多 15.3 万家。累计培育市级专精特新中小企业 5360 家，市级专精特新"小巨人"企业 1141 家，国家级专精特新"小巨人"企业 588 家，"隐形冠军"企业 32 家。①

① 资料来源：2022 年 11 月 24 日，北京市第十五届人大常委会第四十五次会议，市经信局会议书面报告。

国内外上市企业 447 家，中小企业渐进培育、梯次发展的格局逐渐形成。2023 年第一季度，北京市工业、软件和信息服务业增加值占 GDP 比重为 33.6%，拉动 GDP 增长 1.3 个百分点；贡献地方财政收入 401 亿元，同比增长 11.6%，高于全市均值 8.9 个百分点。

二　调查样本基本情况

本次实地调研北京市企业情况，并向企业下发问卷，收回有效问卷 153 份，样本企业基本情况如下。

（一）企业性质和控股类型

1. 企业性质

有限责任公司企业样本数 106 份，占比 69.3%；股份有限公司企业样本数 43 份，占比 28.1%，两者占总有效样本 97.4%；个人独资企业样本数 2 份，占比 1.3%；合伙企业样本数 2 份，占比 1.3%。

2. 企业的控股类型

民营企业样本 88 家，国企样本数 29 家，国有独资企业 14 家，外商企业样本数 14 家，集体企业样本数 5 家，三资企业样本数 3 家。前三类企业样本占调查总数的 85.6%，后三类企业样本占调查总数的 14.4%。

（二）样本企业所属行业

在 153 家样本企业中，电子信息类企业最多，占比 35.8%，然后依次是高技术服务业行业、生物医药行业、新能源及节能行业、新材料技术行业、航空航天技术行业、资源与环境行业。

（三）样本企业资产规模和员工人数

1. 企业的资产规模

近一年营业收入在 1 亿～10 亿元的企业最多，占比 38.9%；其次为

1000 万~5000 万元的企业，占比 24.8%；5000 万~1 亿元的企业排第三，占比 13.5%；1000 万元以下的企业和 10 亿元以上的企业占比最低，均为 11.4%。

2. 企业的员工人数

企业员工人数在 100 人以下的样本数最多，占比 53.7%；员工人数在 101~500 人的企业占比 26.2%；员工人数在 501~1000 人的企业占比 8.1%；员工人数在 1001~2000 人的企业占比 6.7%；员工人数在 2001 人及以上的企业占比 5.3%。

（四）样本企业是否属于高新技术企业及主要的研发形式

在 153 家样本企业中，高新技术企业样本数 130 份，占比 84.97%，其中，属于国家级高新技术企业样本数 87 份，占比 56.86%；市级高新技术企业样本数 43 份，占比 28.10%。非高新技术企业样本数 23 份，占比 15.03%（见图 1）。

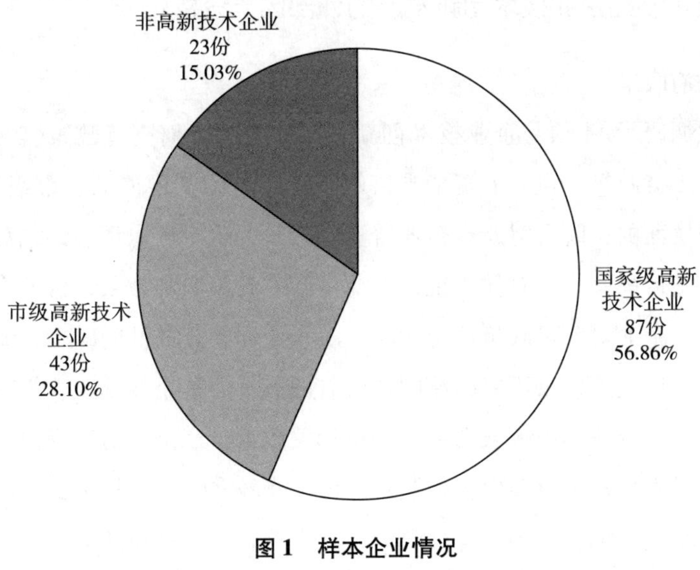

图 1　样本企业情况

对调研的 153 家样本企业研发的模式的统计分析，结果如表 1 所示。

表 1　样本企业研发模式

单位：家，%

研发模式	样本数	占比
单位独立研发	115	75.2
以本单位研发为主的产学研协作	5	3.3
以协作单位研发为主的产学研协作	17	11.1
国外技术引进	4	2.6
购买或委托外单位研发	12	7.8
合计	153	100

在 153 家样本企业中，研发模式为单位独立研发的样本企业有 115 家，占比 75.2%。产学研协作的样本企业数合计 22 家，占比 14.4%；其中，以本单位研发为主的产学研协作样本企业 5 家，占比 3.3%；以协作单位研发为主的产学研协作样本企业 17 家，占比 11.1%。国外技术引进样本企业 4 家，占比 2.6%。购买或委托外单位研发的样本企业数 12 家，占比 7.8%。

（五）制约企业技术创新发展的外部因素分析

1. 政府政策

本次调研了 11 项与企业技术创新紧密相关的政府支持政策（见表 2）。既有资金支持政策，也有非资金支持政策；既有国家层面的、市级层面的，也有区级层面的；既有对所有企业普惠的政策，也有依申请、评估后对个别企业给予支持的政策。总体来说，企业对政府政策实施效果评价不高。但相比较而言，企业对普惠政策评价较高。从企业回答开放性问题中，调研组了解到政府支持政策效果不好的原因主要有四点，一是企业获取政策渠道不畅通，导致部分企业不了解或根本不知道相关政策。二是申请流程繁杂，耗时较长，获得支持资金不多但配合监管所做工作较多。三是相关支持政策条件苛刻，中小企业无法达到或有关政策条款不符合企业创新活动实际。四是没有明确申报标准和申报资料的规范格式。另外，也希望能简化申请流程，提高申请的透明度。

表 2　政府政策因素对企业技术创新的影响

单位：%，分

政府政策因素	不同评价的企业数量比例					各指标平均分
	不知道有该项政策	流于形式	支持很小	有一定支持	有很大支持	
新产品免税政策	13.7	4.6	21.6	28.1	9.8	3.20
研发支出的减免税政策	5.9	5.2	24.2	28.8	13.7	3.50
政府建立的创新风险投资基金	15.0	8.5	33.3	15.7	5.23	2.84
研发项目贷款给予财政贴息、低息	15.0	7.2	32.0	19.6	3.92	2.87
对企业技术研发中心给予的资助	15.0	5.9	33.3	17.7	5.9	2.92
政府建立技术交易平台免费或只收管理费提供服务	19.0	7.2	32.0	14.4	5.2	2.74
政府建立咨询服务平台免费或只收管理费提供服务	19.0	7.8	31.4	13.7	5.9	2.74
知识产权转让优惠	11.8	9.8	37.2	13.7	5.2	2.88
政府制订技术创新项目计划	15.7	3.3	33.9	17.6	7.8	2.97
对企业研发人员的激励政策	13.1	9.8	31.2	18.3	5.2	2.91
给予高新技术企业注册资本优惠	16.9	3.9	32.0	19.6	5.2	2.90

2. 高校或科研机构

北京科研机构、高校密集，有得天独厚的“产学研”三位一体的科研创新环境。本次调研了 12 类常见的企业与高校和科研机构的协作方式（见表 3）。结果表明，近 50%的企业从未与高校和科研机构合作，说明企业对区域内高校和科研机构资源利用不充分。企业很少参与科研院所和高校承担的国家科研任务，很少有企业与高校、科研院所联合建立实验室，导致知识、技术信息、科研仪器和设备很难在企业、高校和科研院所之间共享。

表 3　与高校或科研机构的合作方式对企业技术创新的影响

单位：%，分

与高校或科研机构的协作方式	不同评价的企业数量比例					各指标平均分
	没有过该合作方式	流于形式	支持很小	有一定支持	有很大支持	
参加研讨会议或研讨社	45.7	2.6	9.1	18.3	1.9	1.55
高校或科研机构对企业的培训	45.7	1.3	9.8	18.3	1.9	1.51
聘用高校或科研机构的专家顾问	48.4	1.9	18.3	7.8	1.3	1.60
企业与高校或科研机构研发人员之间的非正式交流	47.1	2.6	10.5	15.0	2.6	1.55
通过购买科学出版物（期刊、著作、科研报告）获得科研人员的联系方式	46.4	0.7	12.4	17.7	0.7	1.34
通过专业组织（协会、学会）与高校或科研机构联系	45.7	0.7	9.8	18.9	2.6	1.49
聘用在校实习生	44.4	1.3	15.7	12.4	3.9	1.57
委托开发项目	45.1	1.9	5.9	21.6	3.8	1.65
联合研发项目	43.8	3.3	8.5	17.7	4.6	1.65
高校或科研机构的专利许可	47.1	4.6	16.3	8.5	1.3	1.34
共建实验室、研发机构	47.1	3.9	11.1	11.1	4.6	1.47
合办企业	53.6	5.2	13.7	4.6	0.7	1.10

3. 中介机构

科技中介是企业与创新资源对接的桥梁。本次调研了 11 种中介服务方式对企业技术创新的影响（见表 4）。结果表明，除代理专利申请服务以外，其他中介服务对企业技术创新支撑作用不明显。

表 4　中介机构不同服务方式对企业技术创新的影响

单位：%，分

中介机构提供的服务方式	不同评价的企业数量比例					各指标平均分
	没接受过该服务方式	流于形式	支持很小	有一定支持	有很大支持	
技术咨询服务	59.5	0.7	5.9	9.8	1.9	1.33
技术培训服务	60.8	0.7	6.5	9.2	0.7	1.31
技术交易服务	60.1	0.7	8.5	7.2	1.3	1.28
技术评估服务	60.1	0.7	7.8	8.5	0.7	1.26
代理专利申请服务	1.9	0	8.5	11.8	60.9	3.66
研发人员招聘服务	59.5	0.7	11.1	5.2	1.3	1.20
科技创新创业服务（如孵化器）	59.5	1.9	8.5	6.5	1.3	1.24
银行提供的科技项目融资服务	60.8	1.9	7.8	6.5	0.7	1.25
股权融资平台提供的科技项目融资服务	60.8	1.9	8.5	5.9	0.7	1.23
科技风险及投资担保机构提供的担保服务	61.4	1.9	9.2	4.6	0.7	1.22
保险机构对企业技术研发提供的保险服务	62.7	1.3	7.8	5.2	0.7	1.40

三　企业科技创新存在的问题

企业是将科技创新研发转化为经济价值和社会生产力的关键载体，企业科技创新研发是企业基业长青的“源泉”。阻碍企业科技创新积极性的原因主要归纳为以下 5 个方面。

（一）科技创新研发经费不足，政府支持力度不够

科技创新研发经费是影响企业科技创新成败的基础。按照国际研发经费标准，研发经费比例占销售收入 1%的企业基本难以生存，占比 2%以上的

企业得以维持，占比5%以上的企业有一定的竞争力。据不完全统计，在中国，大中型工业企业科技创新研发经费占销售收入的比重为0.76%；其中，有科技创新研发举措的企业占比38.7%，有科技创新研发部门的企业占比23.7%。形成轻研发创新局面的主要原因一是科技创新研发成本高、投资有不确定性风险、回报周期长。二是政府对企业自主创新关注不够，虽然出台了扶持企业自主创新的相关政策，但是申报程序烦琐且耗时较长。三是民营企业正常的融资渠道不畅间接导致企业自主创新经费投入缺位。四是鼓励企业自主创新研发的财税金融政策未能落实到位。

（二）企业科技创新意识不强，用人激励制度有待优化

一是企业领导层对企业自主创新意识不强。大部分企业没有专门的研发部门，即便设置了科技部门，基本上也形同虚设。相关数据显示，中国企业的自主创新研发人员占比约为9%。日本如SONY、丰田、Kioxia、NEC、FDK等企业的自主创新研发人员占比均超过30%甚至超过50%。从上述数据看，国外研发人员半数以上集中在企业，中国的研发人员基本上集中在政府主导下的科研院所和高校。二是企业对科技创新人才的激励机制滞后，特别是缺乏以知识产权或专利激励机制。企业自主创新成功与否的关键在人才，不重视人才，企业科技创新就是无源之水。

（三）企业科技创新与科研机构和高校脱节

一是企业本身合作意愿不强，主要是对合作的成本投入和未来市场产生的价值预期有顾虑，且存在巨大风险，如果失败，一方面科研工作者或企业管理者要承担失败的责任，另一方面会给企业带来巨大的经济损失，有的甚至会导致企业破产。对于企业管理者而言，与其如此还不如技术引进或者维持现状。二是企业与科研机构和高校的科技创新出发点不同，企业以产品或产业链上下游的技术创新开拓为目的。科研机构和高校科研创新成果是以论文、专利为导向，目标是引领科技前沿和服务与满足国家战略需求。三是企业科技创新研发投入力度不足，存在因利润需求的短视行为而忽视战略性科技创新。

（四）缺乏企业科技创新的制度设计和社会环境

一是不同类型、不同规模的企业，获取科技创新政策信息和政策实施过程的差异较大。二是企业习惯了科技技术引进，且形成了科技部门与生产关系的脱节，认为生产是企业的孤立行为，科技创新是科研机构的工作，没有形成良好的需求互动。例如，中国的科技专利转化率仅为10%~30%，发达国家是60%~70%。其原因是科技成果与生产需求方对接不畅，科研成果未能产生应有的经济效益和社会价值，严重阻碍了科技创新的积极性。三是对国企来讲，缺乏宽容失败、风险共担、成果共享以及鼓励科技创新的氛围和制度。四是法治环境制约企业科技创新。在法律层面，知识产权保护力度相对薄弱，例如，知识产权案件纠纷复杂且时间周期长，再加上保护不力，降低了企业科技创新的积极性。

（五）企业生命周期短，科技创新能力薄弱

一是中国重要领域核心技术自给率低，对外依存度较大，例如工业软件设计领域的对外技术依存度高达90%，而美国仅为5%。2022年中国科技创新能力居世界第12位。二是政府对企业的干预大，造成创新机制不灵活。产学研资政相结合的顶层制度设计有待完善。三是企业没有真正领会企业科技创新主体地位的内涵与外延的重要性，依然重技术模仿、轻技术研发创新。

四　强化企业科技创新主体地位，加快实施创新驱动发展的对策建议

（一）加大对企业科技研发经费投入和支持力度

一是政府需进一步优化科研经费相关政策，加大企业R&D经费投入力度，从科技战略层面对企业自主科技创新给予政策支持和引导，用好政策工

具，激发企业科技创新活力。二是完善财政、税收优惠政策，适度将财政科研经费向有实力的企业倾斜，特别是要提高“卡脖子”技术或市场应用前景广阔的科研项目的投入比重；在税收上，将税率和税额优惠政策逐步调整为税基优惠政策，为企业自主创新减负。三是由工信部门牵头，在恰当的时间节点建立企业自主科技创新的专项基金，以鼓励和引导企业加大 R&D 投入力度。四是建立企业科技创新联盟，大力推动行业共性技术、应用基础性技术的研发，鼓励原始创新、中试转化、产业化应用，辐射带动各类企业联动发展，提升产业链、供应链现代化水平。五是政府要健全企业自主创新的知识产权保护体系，形成以知识产权主管部门与各相关机构联动共管的局面，强化企业自主科技创新核心自主知识产权的保护，缩短因侵权而发生的法律诉讼周期。

（二）优化营商环境，赋能企业科技创新主体地位

一是持续优化北京营商环境，政府要聚焦企业自主科技创新的痛点难点问题，出台动态精准措施，夯实企业自主科技创新根基，激发企业科技创新活力，优化用人制度。二是应提高金融领域对科技创新企业的关注度，引入风险基金，构建市场化的风险共担、利益共享、合作共赢机制，为企业自主科技创新拓宽融资渠道。三是充分发挥市场的资源优化配置作用，推动金融工具创新，探索企业和个人知识产权或专利技术等无形资产的量化评估，以股权或以量化评估等金融方式进行转化，完善中介服务体系，提高金融工具创新效益。四是优化企业人才发展体制机制改革方案，营造企业人才发展生态，强化企业人才创新意识，培育自主创新的企业文化氛围。紧密衔接人才链与科技创新链，开放联动引才育才，以“引育用留”为重点，提升双链共振效应，实现企业科技创新人才质量、体量、密度“三维提升”。五是在国企领域，要尽快制定科技创新发明人的奖励制度，将自主创新能力的相关指标纳入国企领导人的评价考核体系。

（三）加强以企业为主体科技研发的“产学研资”四位一体的融合

一是加快企业科技创新管理制度的改革。由政府引导“产学研资”等

资源社会共享，把科技创新的政策和项目资源向企业创新载体倾斜，形成政府引导、企业牵引、科研院所和高校支撑、多主体参与的创新体系，促进科技创新要素自由流动。二是明确企业是创新的主体，在基础研究—应用研究—产品开发—批量生产的环节中，把科研院所、高校及企业 R&D 机构联合起来，相互补齐短板，发挥各自优势，形成高效的科技创新团队，提高科技资源的利用率和科技成果的转化率，降低资源重复投入。三是推动形成“企业出题、科研院所及高校答题、政府阅卷”模式，以问题需求和解决问题为导向，打通难点，形成可复制、可推广且具有竞争力的以企业为主体的科技创新发展模式。

（四）尽快完善企业科技创新的制度设计，构建有效的创新评价体系

一是缩小不同规模、不同类型企业的差距，实施普惠性政策，激发企业创新内生动力。根据竞争中性原则，在准入许可、经营运行、政府采购和招投标、要素获取等方面营造公正公平公开的竞争环境。二是优化“产学研资”四位一体的科技创新体系，科技创新与产业协同组建科技创新项目，激励前沿原始创新和产业技术突破。推行“项目节点”考核。以成果质量和实际贡献为导向设立项目“节点”，根据“节点”任务开展评估考核，重点考核解决产业技术问题的情况，并建立项目动态管理与退出机制，根据考核结果给予相应经费支持。三是要以市场为导向，积极营造企业宽松的创新环境，允许企业试错与探索，特别是鼓励有实力的国有企业大力开展自主科技创新活动，建立能够实现国有资产保值增值和鼓励创新承担风险相兼容的机制。四是政府主管机构应构建专门针对企业科技创新的评估体系，充分了解企业科技创新的基本情况，推动形成科技创新环境，提高企业科技创新的竞争力和能力，确保企业在投资和技术创新方面的安全性。五是创新评审组织方式和评价机制。强化多元化专家论证，充分发挥金融机构、投资公司在评审评价中的作用，综合论证科技创新项目，全面评定项目的必要性、可行性与合理性，引导企业家、投资人、创投机构等各类市场主体参与企业科技创新和评价工作。

（五）构建企业生命周期数据统计系统，科学制定科技创新政策

一是北京应尽快构建企业生命周期数据统计系统，开展年度数据统计和动态监测，分析企业在不同发展阶段的创新政策需求，全面了解企业生命周期发展的具体情况，为政府科学制定企业科技创新政策提供依据。二是北京应为前沿技术研发和关键技术领域的基础研发提供全方位的政策支持。加大对行业共性关键技术和竞争前技术的财税优惠力度，引导企业加大对前端基础研究和高精尖技术的投入力度，率先突破一批“卡脖子”技术。

B.9

中国式现代化视域下的北京实践*

摘　要： 中国式现代化是守正创新的最佳诠释，是实事求是理论的具体实践，是地方建设实践的指导纲领。中国的现代化发展历程可以大致划分为新民主主义革命时期"现代化"概念的萌芽探索、社会主义革命和社会主义建设时期的工业化和四个现代化发展拓展、改革开放时期的中国特色社会主义发展，以及新时代中国式现代化发展四个阶段。北京是中国的首都，是中国式现代化建设的前沿阵地和门面担当。对应中国式现代化的五个特征，中国式现代化的北京特色体现在以下5方面。第一，北京市人口规模巨大、城镇化水平高、人口受教育程度水平高、高质量人力资源丰富，且人口规模趋于稳定、人口分布较为均衡。第二，北京市城市财富分配均衡问题面临挑战，城乡居民收入差距仍然较大、京津冀首都都市圈区域发展不平衡不充分问题突出。第三，北京市物质文明建设效果显著，精神文明建设丰富多彩。第四，北京市生态文明建设成效显著、城市绿色发展走在全国前列、环境治理成绩打出北京名片，但生态保护工作仍面临诸多挑战。第五，北京市通过构建高品质对外交往平台、加快重大基础设施项目建设，营造一流营商环境，实现和平发展道路的现代化。

关键词： 中国式现代化　发展阶段　北京实践

---

* 该部分中国科学院现代化研究中心助理研究员张钦和中国科学院地理科学与资源研究所硕士研究生张浩楠亦有贡献，感谢张钦和张浩楠。

一　引言

2022 年 10 月，在中国共产党第二十次全国代表大会开幕式上，习近平总书记在大会报告中强调："从现在起，中国共产党的中心任务就是团结带领全国各族人民全面建成社会主义现代化强国、实现第二个百年奋斗目标，以中国式现代化全面推进中华民族伟大复兴。"[①] 中国式现代化作为新时代新征程下探索出的新道路，是在守正创新、实事求是理念下的重大新论断、新概括和新命题。

中国式现代化是中国共产党领导的社会主义现代化，既有各国现代化的共同特征，又有基于国情的中国特色。[②] 中国式现代有 5 个特征。即是人口规模巨大的现代化，是全体人民共同富裕的现代化，是物质文明和精神文明相协调的现代化，是人与自然和谐共生的现代化，是走和平发展道路的现代化。

二　中国式现代化的意义

（一）中国式现代化是守正创新的实际体现

中国式现代化理论的发展传承演变历程，是继承与发展的辩证统一，是螺旋式上升的哲学实践，是守正创新理念的最佳注脚。

习近平总书记曾多次提出守正创新，党的二十大报告中更是把"必须坚持守正创新"作为"六个必须坚持"中的一项重要内容，这是习近平新时代中国特色社会主义思想的世界观和方法论的重要体现，诠释着中国式现代化理论的来龙去脉。

① 习近平：《高举中国特色社会主义伟大旗帜　为全面建设社会主义现代化国家而团结奋斗》，《人民日报》2022 年 10 月 17 日。

② 陶文昭：《中国式现代化的伟大创造》，《中国高校社会科学》2022 年第 5 期。

中国式现代化是马克思主义中国化和时代化的有机组成部分①，是中国特色社会主义理论体系的传承与发展，是继往开来探索奋斗的实践成果。中国共产党成立100多年来，中国坚定不移地走社会主义道路，坚持社会主义原则，创造性地走出一条适应中国国情和实际情况的、符合中国历史文化传统的、满足经济社会时代需求的中国式现代化发展道路。中国式现代化的发展，见证了社会主义现代化建设的巨大成就。见证了最大发展中国家全面脱贫攻坚的决定性胜利，更将会见证中华民族的伟大复兴。

（二）中国式现代化是实事求是理论的具体实践

党的十六大报告曾指出“坚持党的思想路线，解放思想、实事求是、与时俱进，是我们党坚持先进性和增强创造力的决定性因素”。中国式现代化的传承与发展历程，正是“解放思想、实事求是、与时俱进”的有力注脚和具体实践。

中国是中国共产党领导的社会主义国家，是世界上最大的发展中国家，中国式现代化建设发展具有自己的独特性，不能走西方发达国家现代化的发展路径，更不能以现在西方发达国家的现代化标准对照评价。中国式现代化打破了“现代化就是西方化”的刻板印象，描绘了现代化的更多图景，拓展了其他发展中国家迈向现代化的方式。

与西方发达国家几百年的历程相比，中国仅用几十年的时间就推进了工业化、城镇化、信息化、现代化进程，取得了一些成就，但也仍然面临众多挑战。在当下与未来的中国式现代化建设发展中，中国不仅应直面自身的基本国情，传承中华优秀传统文化，实事求是解决各类现实问题，更要积极面对西方发达国家的挑战以及复杂多变的国内外形势，全方位地从思想、政治、经济、社会、文化、生态方面走出中国自己的现代化新道路。

---

① 徐亚清、于水：《中国式现代化的历史成就、中国特色与未来议题》，《西北师大学报》（社会科学版）2023年第1期。

（三）中国式现代化是地方建设实践的指导纲领

作为中华民族伟大复兴的必然选择与必由之路，中国式现代化开启了从第一个百年奋斗目标迈向第二个百年奋斗目标的新征程，为全面实现社会主义现代化强国建设指明了方向，为地方实践工作提供了指导纲领和制度保障。

中国地大物博，不同的地区和民族有着不同的社会特色、文化基因和历史语境，这为中国式现代化在中国大地扎根提供了广阔的土壤和更多的可能性。在中国式现代化理论的指导下，各地应充分认清自己的定位、自身的特色和发展的环境形势，把中国式现代化理念真正贯彻落实到地方经济社会建设发展实践之中。在中国式现代化理念的指引下，在中国共产党的领导下，地方上的现代化实践必将会像星星之火，汇聚燎原之势，展现巨大的生机与活力，共同撑起中国式现代化的中华民族伟大复兴。

习近平总书记提炼出的中国式现代化五大特征是理论上的伟大突破，意味着我国超越了西方以资本为核心的现代化，超越了西方两极分化的现代化，超越了西方以牺牲自然为代价的现代化，开辟了一条崭新的社会主义现代化新道路。作为地方建设实践的指导纲领，中国经济社会发展的战略部署、政策方针中都要落实和强化这 5 个特征。

三　现代化概念的起源与发展

（一）现代化概念的起源

当前全世界范围内关于现代化的起源有一些不同的说法，有学者认为现代精神的起源是以文艺复兴为先导，从 16 世纪科学革命开始的；有学者认为 17 世纪英、法、美的资产阶级政治革命催生了资本主义现代化；更为普遍的观点是从 18 世纪工业革命大规模开启了世界范围的现代化风潮。[①] 从词源发展的角度来说，“现代化”的英文释义是“modernization”，这个单词产生于18世纪的欧洲，是“modern”的衍生词；而根据韦氏辞典，英语单词“modern”产生于16世纪。[②]

因此，普遍意义的现代意识萌发于16世纪，现代化概念起源于18世纪工业革命。

（二）现代化概念的发展

马克思、恩格斯认为，世界现代化的开启与资本主义的产生与发展有着密不可分的关系。[③] 工业革命以来，工业资产阶级崛起，人类社会在经济、政治、文明等各方面转为更加发达的状态。这种向现代转变的过程就是现代化。

现代化是具有普遍性的世界发展过程，代表着发达、富裕、进步、高级、文明和与时俱进。[④] 同时，现代化也是一个持续发展的过程，随着经济社会的发展、价值观念的转变和世界形势的变化，现代化的概念得以持续拓展，愈加丰富。

现代化源自工业革命，工业化是早期现代化的主要形式。随着生产力的发展、科技的进步和产业结构的调整，西方发达国家的发展从工业化向市场化、城市化、科技化、全球化等更丰富的内容拓展。随后，西方学者在现代化理论发展方面提到的一些相关概念，都是针对工业革命现代化的经典理论提出的创新，例如后现代化理论、第二次现代化理论等。

如今，经济社会发生了巨大的变革与发展，现代化概念也经历了全面深刻的历史变迁，其内涵和外延随着时代的进步得以拓展和丰富，成为一个越来越庞大而系统的工程。[⑤] 当前的现代化概念包含了社会经济发展的高等级

---

① 何盛明：《财经大辞典》，中国财政经济出版社，1990。

② 何传启：《什么是现代化》，2002年8月21日，https://www.cas.cn/zt/jzt/kyzt/zgdxdhyj/200208/t20020821_2664730.shtml。

③ 张占斌、付霞：《现代化的普遍性与中国式现代化的鲜明特色》，《理论视野》2023年第3期。

④ 王立胜：《中国式现代化：共同特征与中国特色》，《近代史研究》2023年第2期。

⑤ 韩文龙：《中国式现代化的理论内涵》，《中国社会科学报》2023年5月29日。

阶段和水平状态，涉及政治、经济、社会、文明、文化、国防、科技等诸多领域，是全世界国家和地区进步的必经之路和发展形态。

（三）中国的现代化道路选择

最早的现代化由西方资产阶级率先开启，他们掌握了经济发展的话语权，进而影响了政治、社会、文化等各个方面的发展进程以及世界格局，使现代化不可避免地带有“浓重的西方色彩”。在很长一段时间内，世界上普遍流行的思想是“西方化”等同于“现代化”。随着第二次世界大战结束，世界格局发生巨变，欧洲传统强国的衰落和美国的迅速发展，让人们提起现代化的时候又常常提出“美国化”的概念。可以说，近代的现代化场景描绘的是最发达的经济社会的状态，世界上主流的现代化理念思想、评判标准和发展方向也是由西方发达国家的现代化发展特性决定的。

但是，资本主义现代化只是现代化的一种模式，而不是实现现代化的唯一选择。西方资本主义现代化的实现，是靠殖民扩张和掠夺实现“第一桶金”积累的，是从无节制掠夺自然资源和排放污染物的粗放式工业开发开始的，是凭剥削、压榨原住民、劳动力和工人阶级发家的。在“西方中心主义”与“殖民主义”的双重逻辑之下，这样的现代化发展道路难以为继，受到现实情况和价值观等诸多方面的挑战。充满经济垄断、政治霸权和文化意识形态偏见的现代化，不可避免地导致了经济危机、生态危机、贫富悬殊、种族主义、精神堕落、道德沦丧等一系列资本主义国家问题。社会主义中国不可能走这条道路，也不会复制这种发展方式。

习近平总书记强调，我们推进的现代化，既不走封闭僵化的老路，也不走改旗易帜的邪路，坚持把国家和民族发展放在自己力量的基点上、把中国发展进步的命运牢牢掌握在自己手中。世界上既不存在定于一尊的现代化模式，也不存在放之四海而皆准的现代化标准。中国式现代化是全新的发展道路，集物质文明、政治文明、精神文明、社会文明、生态文明五位一体，是顺应本国国情、顺应时代发展潮流，得到人民拥护支持，带来经济发展、社会进步、民生改善、社会稳定的为人类进步事业做出贡献的现代化道路。

四　中国式现代化发展的时代演变

中国式现代化内涵丰富、意义广泛，是顺应历史发展并伴随历史进程和中国特色国情而逐渐形成和逐步系统化的。党的二十大对中国式现代化的全面深刻阐释，是中国共产党秉承唯物史观，回顾历史、总结当下、展望未来的体现。[①]

历史是最好的镜子，学史可以知兴替。回顾中国的现代化发展历程，梳理现代化发展的各阶段过程中的重点难点和经验教训，可以提升我们对当前中国式现代化发展建设的理解和认识，启示思考如何立足当下解决现代化发展过程中的关键难题。

2021 年 11 月，党的十九届六中全会通过了《中共中央关于党的百年奋斗重大成就和历史经验的决议》[②]，对中国共产党百年征程做出了历史性总结，并将其划分为“夺取新民主主义革命伟大胜利、完成社会主义革命和推进社会主义建设、进行改革开放和社会主义现代化建设、开创中国特色社会主义新时代”四个历史阶段和发展时期。相应地，中国的现代化发展历程可以大致划分为“现代化”概念的萌芽探索、从“国家工业化”到“四个现代化”的拓展、“中国特色社会主义”发展，以及“中国式现代化”发展四个阶段。

（一）“现代化”概念的萌芽和探索阶段

在新中国成立之前，中国民族遭受历史浩劫，无数仁人志士苦寻救国救民的真理，探索尝试如“洋务运动”“戊戌变法”“三民主义”等从器物、制度和文化等多方面、多层次的改革，但均以失败告终。

中国明确提出关于“现代化”的概念可追溯至 20 世纪初。在当时的历

① 刘文勇：《中国式现代化的遵循与创新》，《天津社会科学》2022 年第 6 期。

② 《中共中央关于党的百年奋斗重大成就和历史经验的决议》，新华社，2021 年 11 月 16 日，https：//www.gov.cn/xinwen/2021-11/16/content_ 5651269.htm。

史背景下，在封建主义的奴役、官僚买办的搜刮和西方列强的侵略下，中国共产党提出了以社会主义救中国的伟大主张。中国共产党带领中国人民进行武装斗争、开展土地革命、推翻“三座大山”，最终取得新民主主义革命的胜利，这才为中国正式开启现代化征程创造了首要条件。

（二）从“国家工业化”到“四个现代化”的拓展阶段

1949 年 10 月，新中国成立，中国人民自此站起来了。但是，经历了近百年的压迫与战争，当时的中国积弱贫困，“一穷二白、百废待兴”。在这样的历史背景下，稳定社会主义新政权和提高落后生产力是当时中国的迫切任务。

1952 年，国家土地改革基本完成，在毛泽东同志的建议下，党中央从国情出发提出了过渡时期总路线——“一化三改”，即“要在一个相当长的时期内，逐步实现国家的社会主义工业化，并逐步实现国家对农业、手工业和资本主义工商业的社会主义改造”。

在社会主义革命和国家建设初期，国家经济、社会、文化、科学各方面发展都在起步阶段，建立在对基本国情的深刻理解上，中国对现代化建设的认识主要集中体现在“标准放低一点”的“中国工业化道路”。作为刚从半殖民地半封建统治下走出来的传统农业大国，中国选择了“工业化”建设。

随着经济社会的发展，以及国际形势的复杂变化，1964 年，在第三届全国人民代表大会第一次会议上，周恩来同志在国务院政府工作报告中宣布了“四个现代化”的完整表述和蓝图设想。“把中国建设成为一个具有现代农业、现代工业、现代国防和现代科学技术的社会主义强国”成为全国各族人民不懈努力的强大动力和方向。

在这一阶段，现代化的内涵得以持续的丰富和拓展，从“国家工业化”升级到“四个现代化”，实现了全面发展的探索和起步。基于中国国情和社会主义发展要求，国家领导人多次强调，中国的工业化、现代化建设必须也只能是社会主义的，“共同富裕”是最基本和重要的要求。同时，基于中国人口众多、国内外形势复杂的现实，新中国的工业化、现代化建设应走独立自主的现代建设探索发展道路，这为后续的中国现代化建设提供了珍贵的发展经验和重要的发展基础。

（三）“中国特色社会主义”发展阶段

1978 年，党的十一届三中全会提出将党和国家的工作重心转移到经济建设上来。基于中国是世界上最大的发展中国家，处于并将长期处于社会主义初期阶段这一“独特的基本国情”，中国的经济社会取得了巨大的发展成就。

关于现代化发展，1979 年 3 月，邓小平同志在会见英中文化协会执行委会代表团的时候，第一次提到“中国式的四个现代化”的名词概念，此后，又多次提出“中国式的现代道路”等概念。其中的“中国式的”主要是基于领导人对国情尤其是中国人口众多客观情况的客观认识，不同于西方发达国家的现代化要求，“就是把标准放低一点”，人均国民生产总值等经济指标的要求降低，目标为达到“小康之家”，就是“小康社会的现代化”。

1982 年，邓小平同志在党的十二大报告中正式提出“建设中国特色的社会主义”，强调“中国式的现代化”不应照搬西方发展方向，系统地深化和明确了中国的现代化发展要走中国道路。这是马克思主义在中国发展的进一步深化，更是中国的现代化发展理论的新的升华。

在这一阶段，社会主义的现代化建设如火如荼地开展，国家现代化的内涵和外延得以进一步丰富和全面发展。在大力推动社会主义市场经济发展的基础上，国家将“社会主义文明观”“高度文明、高度民主”“富强民主文明和谐”等理念不断深化，并放在了新的战略高度和更重要的战略地位上。社会主义现代化建设任务全面开启了中国经济、政治、文化和社会的“四位一体”建设阶段。

（四）“中国式现代化”新阶段

2012 年，党的十八大顺利召开，形成了中国特色社会主义“五位一体”的总体布局，并多次将推进国家治理体系和治理能力现代化放在重要的战略地位。党的十九大宣布：“经过长期努力，中国特色社会主义进入了新时代。”

面对中国发展所取得的成就和不断面临的各方面挑战，党中央对国家现代化建设有了更全面、更整体的要求，中国式现代化建设的内涵进一步丰富，中国进入了“全面建设社会主义现代化强国的时代”。习近平总书记在庆祝中国共产党成立 100 周年大会上的讲话中提道：“我们坚持和发展中国特色社会主义，推动物质文明、政治文明、精神文明、社会文明、生态文明协调发展，创造了中国式现代化新道路，创造了人类文明新形态。”①

2021 年 2 月，在全国脱贫攻坚总结表彰大会上，习近平总书记发表重要讲话，庄严宣告中国脱贫攻坚战取得了全面胜利，现行标准下，农村贫困人口全部脱贫，贫困县全部摘帽，贫困村全部出列，完成了消除绝对贫困的艰巨任务，创造了又一个彪炳史册的人间奇迹。② 中国以 14 亿人口规模的巨大基数，全面解决了绝对贫困问题，实现了全面建成小康社会的伟大目标，为进一步推进中国式现代化建设奠定基础，为全国人民迈入中国式现代化目标提供了信心，更为全世界人类进步事业提供了全新探索，做出了巨大贡献。2021 年 11 月，党的十九届六中全会审议通过了《中共中央关于党的百年奋斗重大成就和历史经验的决议》指出，党领导人民成功走出中国式现代化道路，创造了人类文明新形态，拓展了发展中国家走向现代化的途径。全会决议明确提出，“以中国式现代化推进中华民族伟大复兴”。

2022 年 7 月，在省部级主要领导干部“学习习近平总书记重要讲话精神，迎接党的二十大”专题研讨班上，习近平总书记表示我们成功推进和拓展了中国式现代化，强调必须坚持以中国式现代化推进中华民族伟大复兴，既不走封闭僵化的老路，也不走改旗易帜的邪路，坚持把国家和民族发展放在自己力量的基点上、把中国发展进步的命运牢牢掌握在自己手中。习近平总书记还深刻指出我们推进的现代化，是中国共产党领导的社会主义现代化，强调必须坚持以中国式现代化推进中华民族伟大复兴。

2022 年 10 月，在中国共产党第二十次全国代表大会开幕式上，习近平

---

① 习近平：《在庆祝中国共产党成立 100 周年大会上的讲话》，《人民日报》2021 年 7 月 2 日。

② 《习近平庄严宣告：中国脱贫攻坚战取得了全面胜利》，新华社，2021 年 4 月 28 日，https：//www.gov.cn/xinwen/2021-02/25/content_ 5588768.htm。

代表第十九届中央委员会向大会做了题为《高举中国特色社会主义伟大旗帜　为全面建设社会主义现代化国家而团结奋斗》的报告。该报告指出："从现在起，中国共产党的中心任务就是团结带领全国各族人民全面建成社会主义现代化强国、实现第二个百年奋斗目标，以中国式现代化全面推进中华民族伟大复兴。"① 党的二十大报告正式提出当前形成的系统而完整的中国式现代化理论，与过去的中国式的现代化不同，完成了哲学中螺旋上升的质变和跨越。

五　中国式现代化的北京特色

北京作为中国首都，是中国式现代化实践的前沿阵地和门面担当。作为全国的政治中心、文化中心、国际交往中心、科技创新中心，更作为超大规模、影响力巨大的现代化国际都市，北京要把握好战略定位，着力提升首都核心功能，在中国式现代化新征程上走在前列。深刻把握中国式现代化在北京现代化建设实践中的内涵特征，自觉把北京发展融入中华民族伟大复兴战略全局，意义重大、时不我待。②

2020 年 11 月 28~29 日，北京市委十二届十五次全会审议通过了《中共北京市委关于制定北京市国民经济和社会发展第十四个五年规划和二〇三五年远景目标的建议》（以下简称北京市"十四五"规划），对北京市经济社会发展做出了全面谋划和部署，描绘了北京市未来 15 年的蓝图。北京市"十四五"规划提出了 2035 年的远景目标：到 2035 年，率先基本实现社会主义现代化，努力建设好伟大社会主义祖国的首都、迈向中华民族伟大复兴的大国首都、国际一流的和谐宜居之都。③

① 习近平：《高举中国特色社会主义伟大旗帜　为全面建设社会主义现代化国家而团结奋斗》，《人民日报》2022 年 10 月 17 日。

② 栗玉晨：《努力在中国式现代化新征程上走在前列》，《北京青年报》2023 年 2 月 28 日。

③ 祁梦竹、高枝：《就中共北京市委关于制定北京市国民经济和社会发展第十四个五年规划和二〇三五年远景目标的建议市委召开座谈会征求意见》，《北京日报》2020 年 11 月 30 日。

（一）人口规模巨大的现代化

1. 北京市人口现状

（1）城市人口规模排在世界前列

中国是世界上人口较多的国家之一，北京市作为国家首都、国际化大都市，以巨大的吸引力集聚了巨大的人口规模，《北京市2022年国民经济和社会发展统计公报》① 显示，截至2022年底，北京全市常住人口2184.3万人，是中国人口规模第二大城市；常住外来人口825.1万人，占常住人口的比重为37.8%，具有很强的人口吸引力和吸纳力。

（2）城镇化水平总体较高

2022年，北京全市常住人口中，城镇人口为1912.8万人，占87.6%，与2012年相比，城镇人口增加120.1万人，比重上升1.3个百分点，城镇化水平进一步提高；相比全国的城镇化率（65.2%）高出22.4个百分点。

（3）教育水平高，教育资源丰富

北京市总体教育水平较高，各项指标均位居全国前列。2021年，北京15岁及以上常住人口中，受教育程度为高等教育的人口约占54.6%，位居全国前列；全市拥有普通、职业高等学校92所，教育资源丰富。

2020年，北京市教育经费达1508.5亿元，比2014年提升37.9%，教育投入明显增加；普通高等学校生均一般公共预算教育事业费支出和公用经费支出分别为56861.4元和21588.6元，远超全国平均水平。

（4）适龄劳动力人口比例高，人力资源储备较强

2021年，从人口规模来看，北京市15~64岁适龄劳动人口规模为1612.3万人，占北京常住人口的73.8%，比全国劳动年龄人口比重高6.6个百分点；从人均劳动收入看，北京市城镇非私营单位就业人员年均工资约19.5万元，相较全国年均工资高8.8万元，位列全国之首，人才

---

① 北京市统计局、国家统计局北京调查总队：《北京市2022年国民经济和社会发展统计公报》，2023年3月21日，http://tjj.beijing.gov.cn/tjsj_31433/tjgb_31445/ndgb_31446/202303/t20230321_2940951.html。

吸引力巨大；从人力资源储备看，2021 年末北京市城镇登记失业率 3.2%，比 2012 年增加约 2 个百分点，说明仍有大量的适龄劳动力后备资源。

2. 北京人口演变趋势

（1）人口规模趋于稳定

统计资料显示，北京常住人口规模从 2012 年的 2077.5 万人快速增加到 2016 年的 2195.4 万人，随后小幅下降至 2022 年的 2184.3 万人。从户籍人口结构来看，北京市常住外来人口比例自 2012 年的 38.1%极速攀升至 2014 年的 39.5%，后持续下降至 2022 年的 37.8%（见图 1）。总体来讲，北京市人口规模近年来趋于稳定，呈平缓下降态势，这符合 2015 年 6 月中共中央、国务院印发实施的《京津冀协同发展规划纲要》明确的北京市常住人口规模将长期保持在 2300 万人以内的目标，也符合北京市“十四五”规划中继续推动非首都功能疏解，尤其是在中心城区推动减量发展的规划。因此，预计未来一段时间内北京市人口规模将继续保持平稳下降态势。

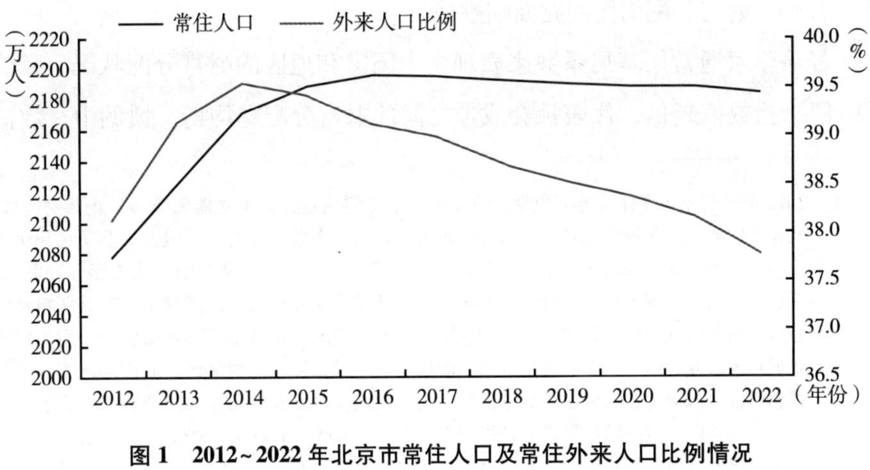

图 1　2012~2022 年北京市常住人口及常住外来人口比例情况

（2）人口分布较为均衡

北京市常住人口分布较为均衡，分布格局均衡化发展效果显著。粗略统计，截至 2021 年底，首都功能核心区和城市功能拓展区[①]常住人口约 1097.2 万人，占全市常住人口的 50.1%，比 2010 年下降 9.6 个百分点；城市发展新区常住人口约 874.7 万人，占全市常住人口的 40.0%，比 2010 年上升 9.2 个百分点；生态涵养发展区常住人口约 216.7 万人，占全市常住人口的 9.9%，比 2010 年上升 0.4 个百分点。

2023 年，北京交通发展研究院通过研究交通政策、规划和管理，对北京市人口空间分布的变迁进行了详细的分析。[②] 通过对 2020 年和 2010 年的全国第七次和第六次人口普查数据进行对比，得出“北京市人口的总体分布在十年内变化不大，人口集中于中心城区和周边部分卫星城”的结论。随着北京市疏解非首都功能等工作的推进，核心区的人口密度有所降低，中心城区边缘与周边卫星城的人口密度有所升高。

总体来讲，与国家和北京市各项方针政策相协调，北京市人口区域分布更趋均衡，城市发展新区经济发展活力提升，人口均衡发展呈现新常态。[③]

（二）全体人民共同富裕的现代化

1. 城市财富分配均衡问题面临挑战

经济学家通常用基尼系数来表现一个国家和地区的财富分配状况，赋值“0~1”，指数值越低，代表社会成员之间的财富分配越均衡。惯例中，数值

① 2012 年《北京市主体功能区规划》将全市国土空间划定为四类功能区域和禁止开发区域。北京市四类功能区域组成基本上与北京市区级行政区划范围相对应，但其中昌平区和房山区细分为平原地区和山区，平原部分划入城市发展新区，山区部分划入生态涵养发展区。考虑到当前统计年鉴数据划分以行政区为主，且部分年鉴四类功能区域也以行政区粗略划分以及昌平区和房山区近年来经济发展迅猛的现实情况，将昌平区和房山区统一划入城市发展新区研究，综上，本报告中首都功能核心区是指东城区、西城区，城市功能拓展区是指朝阳区、海淀区、丰台区、石景山区，城市发展新区是指房山区、通州区、顺义区、昌平区、大兴区，生态涵养发展区是指门头沟区、怀柔区、平谷区、密云区、延庆区。

② 北京交通发展研究院：《近十年（2010~2020）北京市域人口变迁》，2023 年 1 月 13 日，https://mp.weixin.qq.com/s/I7PlUIperNMFiYQrCe5SGg。

③ 《北京人口分布趋向“多点支撑”均衡发展呈新常态》，《北京商报》2022 年 12 月 16 日，http://yewu.ghzrzyw.beijing.gov.cn/gwxxfb/szkp/xwzx_detail.html?id=26c01ccaa9c3420a61f19f6048add3e5。

0.4即为分配不均的警戒线。

2008年10月，联合国人类住区规划署曾发布年度报告《2008/2009年度世界城市状况：和谐城市》，其中，北京市的基尼系数为0.22，在全球城市中最低，被誉为全球收入分配“最平等”的城市。基尼系数指标低于全球平等城市集中的欧洲发达地区，远低于亚洲发展中地区的0.39，以及非洲、拉丁美洲不平等程度最严重地区的0.5~0.7。值得指出的是，一般发达国家和地区，例如，美国包括首都华盛顿特区、纽约在内的等大城市的基尼系数也比较高，香港2008年基尼系统高达0.53，收入分配的公平程度与地区经济发达程度并不完全呈正相关。

但是，随着经济的高速发展，中国近年来基尼系统一直徘徊在0.47左右[①]，不平等程度仍然较高。相关研究表明，北京市基尼系数近年来也增加到0.28左右，不平等程度面临极大的压力和挑战。北京作为中国式现代化惠及全体人民的先行地点，要充分发挥优势和引领作用，成为中国式现代化共同富裕的名片与榜样。

2. 城乡居民收入差距仍然较大

实现全体人民共同富裕，最艰巨、最繁重的任务在农村。[②] 当前，北京市城乡居民收入比为2.45∶1，与全国的平均值2.51∶1相近，北京市城乡居民收入差距仍然较大，并没有体现出首都城乡协调发展的先进性和带动性。此外，近年来北京城乡居民收入差距虽然有所缩小，但进展非常缓慢，从2015年的2.57∶1到2021年的2.45∶1，6年间仅缩小0.12；而城乡居民收入差距的绝对值在持续扩大，从2015年的32290元扩大到2021年的48215元。

3. 建设现代化首都都市圈任重道远

区域均衡发展是全体人民共同富裕的有力支撑和重要体现。习近平总书记指出，全面建设社会主义现代化，一个地区、一个民族都不能落

---

① 资料来源：中经数据，https：//ceidata. cei. cn/jsps/Default。

② 史新明：《在深刻领会中国式现代化的中国特色中加快推进农业农村现代化》，《江苏农村经济》2022年第12期。

下，同时中国区域差异大、发展不平衡，现代化进程不可能齐步走，要鼓励有条件的地区率先实现现代化，支持带动其他地区实现现代化。北京市不仅是一个超大城市，是中国的首都，也是京津冀首都都市圈的核心引擎。

出于众多原因，北京一直以来都是一个资源聚拢型城市，对周边城市的资源吸引力大，京津冀首都都市圈区域发展不平衡不充分的问题由来已久。2021年，首都都市圈中北京市、天津市和河北省的人均GDP分别是18.4万元、11.4万元和5.4万元，差距巨大，远不如长三角地区和珠三角地区的均衡发展程度。

北京市“十四五”规划指出，要纵深推动京津冀协同发展，形成更加紧密的协同发展格局，加快建设现代化首都都市圈。完成好北京市的中国式现代化建设，只有重视京津冀地区、首都都市圈的整体发展，才能真正实现全体人民共同富裕的伟大宏愿。

（三）物质文明和精神文明相协调的现代化

1. 物质文明建设效果显著

（1）经济总量稳步扩大

北京市经济总量稳中求进，持续扩大。2022年北京市地区生产总值41610.9亿元（见图2），按当年价格计算，比2012年增长了118.7%，实现了倍增；11年来年均增长率约7.4%。按常住人口计算，北京市2022年人均GDP达到19万元，处于全国领先水平。

（2）产业结构持续优化

在经济稳步发展的同时，北京市产业结构持续完善，经济结构进一步优化。2022年，北京市三次产业结构为0.3∶15.9∶83.8，相比2012年的0.8∶20.3∶78.9来说，第一产业和第二产业比例均有所下降。北京市第三产业比例提升，充分发挥了其吸纳就业、服务生产、造福民生等综合作用，逐步成为推动经济增长的主引擎。

从行业细分上来看，优势行业的支撑带动作用也越来越强。2022年，北

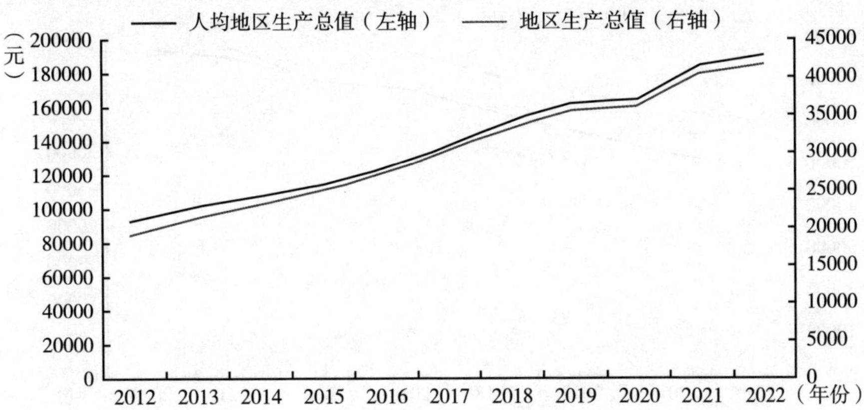

图 2　2012~2022 年北京市人均地区生产总值和地区生产总值

京市信息服务业、金融业、科技服务业等高新行业增加值占全市地区生产总值的比重为 45.9%，较上年提高 2.5 个百分点。有效投资稳步增加，全年建筑安装工程投资和设备购置投资占固定资产投资的比重达到 55.7%，为近 5 年最高水平；高技术产业投资占比为 15.7%，比上年提高 3.7 个百分点。①

（3）居民收入稳定增长，消费水平有待恢复

2022 年北京市人均可支配收入为 77415 元（见图 3），比上年增长 3.2%。其中，农村居民人均可支配收入增长 4.4%，高于城镇居民 1.3 个百分点；比 2015 年的 48458 元增加 59.8%。居民收入水平持续、大幅、稳定增长，消费能力显著增强。

北京市 2022 年人均消费支出 42683 元，比上年下降 2.2%。其中，城镇居民和农村居民人均消费支出分别为 45617 元和 23745 元，差距略有缩小。全市居民恩格尔系数为 21.6%，消费水平仍呈升级趋势。总体来看，北京市消费支出水平出现了较为明显的滑坡和反复；同时，消费结构仍有待优化，消费升级日益显现。

① 北京市统计局、国家统计局北京调查总队：《稳字当头促恢复　积厚成势谋发展——〈北京市 2022 年国民经济和社会发展统计公报〉解读》，2023 年 3 月 21 日，http://tjj.beijing.gov.cn/tjsj_31433/tjgb_31445/ndgb_31446/202303/t20230321_2940952.html。

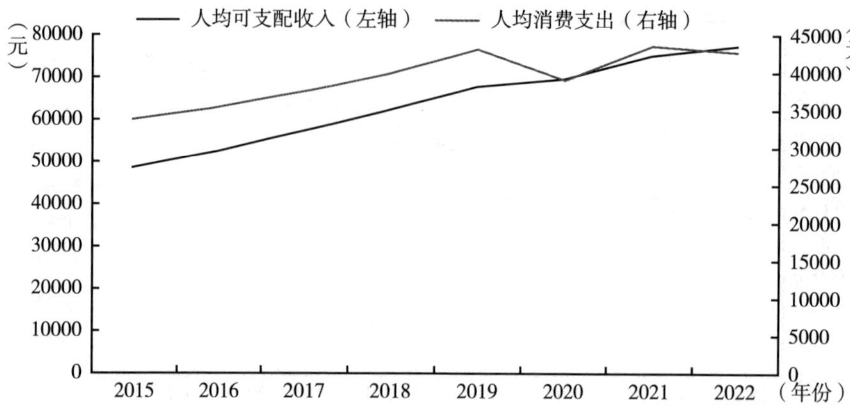

图 3　2015～2022 年北京市人均可支配收入和人均消费支出

2. 精神文明建设丰富多彩

（1）思想道德建设

思想道德建设是精神文明建设的重要方面。北京作为新时代社会主义现代化中国的首都，是全国的政治中心，政治气息浓厚，具有得天独厚的政治优势。北京市高度重视思想道德建设和宣传工作，人们常说，北京的出租车司机都是“政治家”，北京市居民也普遍关心社会发展并以超高的思想觉悟和政治积极高度投入各项建设。北京市全民参与、全民贡献所取得的一个个成绩都标榜着北京人爱国、创新、包容、厚德的北京精神，体现了社会主义核心价值体系的要求。

2020 年 11 月，北京市深入贯彻落实中共中央、国务院《新时代公民道德建设实施纲要》，印发了《北京市新时代公民道德建设实施方案》，以首善标准为要求，立足于首都实际，突出问题导向，明确了新时代公民道德建设的具体任务和要求，这对于进一步加强社会主义精神文明建设、推动全民道德素质和社会文明程度达到新高度都具有十分重要的意义。同时，北京市积极开展未成年人思想道德建设，各区纷纷通过宣传、比赛、展示等方式，在全市范围内如火如荼地推进各类相关活动。通过一系列努力，北京市思想道德建设取得了显著成效，精神文明面貌得以大幅提升。

（2）科学文化建设

科学文化建设是精神文明的另外一方面，科学文化内涵丰富，科技创新、文化产业发展、文化旅游和文明实践都是社会主义精神文明建设的内容。

党的十九届五中全会首次在中央规划层面明确支持北京等地区形成国际科技创新中心。当前，北京已经具备诸多先发优势：科学研究和科学发现的能力明显提高，以创新经济为标志的创新高地迅速崛起，全球营商环境排名稳步提升。截至 2022 年底，全市拥有国家高新技术企业 2.82 万家，实现逆势增长；全国科技型中小企业 1.55 万家，同比增长翻番。①

文化产业核心领域包括新闻信息服务、内容创作生产、创意设计服务、文化传播渠道、文化投资运营、文化娱乐休闲服务。其中，新闻信息服务和内容创作生产是投资的重要领域，其 2022 年规模以上文化产业法人单位资产占到了总资产的一半以上。

北京文化产业起步早、发展速度快，成果丰硕，一直是中国文化产业发展的领头羊。《北京文化产业发展白皮书（2022）》数据显示，2021 年，北京全市规模以上文化产业法人单位 5539 家，比上年增加 368 家；收入合计 17563.8 亿元，同比增长 17.5%，两年年均增长 8.9%；规模以上文化企业人均实现营业收入 299 万元，同比增加 32.8 万元。② 北京文化产业在政策供给、总体规模、企业综合实力、居民文化消费等多项指标上领先全国，根据中国人民大学文化科技园和中国人民大学文化产业研究院发布的“2020 中国文化产业系列指数”，北京在“2020 年中国省市文化产业发展综合指数”中名列第一，并连续 5 年保持第一。另外，2016 年以来启动的“北京文化创意大赛”活动辐射全国，在包括港澳台在内的全国各地设立多个赛区，不仅激励了首都本地的文化创意氛围，也推动了全国文创产业的发展。

从文化产业增加值来看，2020 年北京市文化产业增加值达到 3770.2 亿元，占地区生产总值的 10.5%（见图 4），是首都经济中占比较大的支柱产

① 《奋力谱写中国式现代化的北京篇章——写进政府工作报告的首都北京工作亮点》，《北京日报》2023 年 3 月 6 日，https://www.beijing.gov.cn/ywdt/yaowen/202303/t20230306_2929390.html。

② 资料来源：《北京文化产业发展白皮书（2022）》。

业，在全国具有标杆效应。此外，北京的文艺演出、艺术品交易、设计服务、广告会展等细分领域也均处于全国前列。

从发展角度来看，2012～2020年，北京市文化产业增加值稳步持续提升，发展势能强劲；但文化产业增加值占地区生产总值比重的提升速度相对缓慢，文化产业作为新兴产业在国民经济中的贡献程度还有较大发展空间。

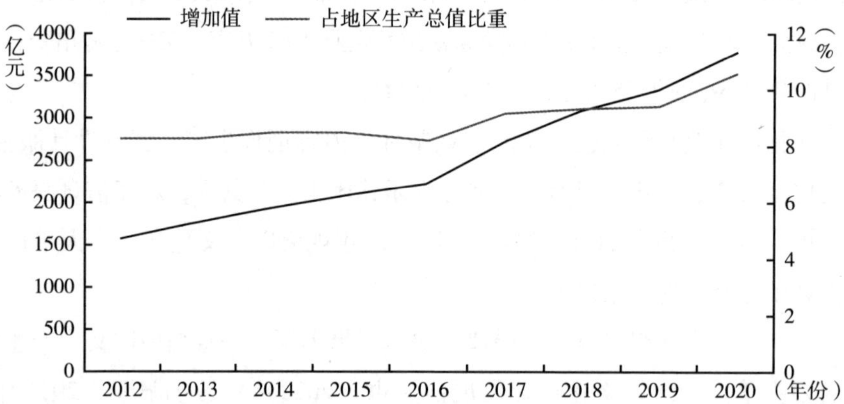

图4　2012～2020年北京市文化产业增加值情况

（3）实现新时代文明实践中心全域覆盖

北京已率先实现新时代文明实践中心全域覆盖，建成了17个文明实践中心、347个文明实践所及6962个文明实践站。北京市目前全市实名注册志愿者已突破440万人，志愿服务组织达7.69万个，志愿者服务已成为首都“金名片”。2020年北京市民公共行为文明指数达88.33分，实现15年持续攀升。此外，北京市年均举办首都市民系列文化活动2万场、市民惠民文化消费活动1万场，吸引超过20亿人次线上线下参与。[①]

（四）人与自然和谐共生的现代化

人与自然和谐共生是北京市可持续发展的必然选择，依据城市总体规

① 资料来源：《北京文化发展报告（2021～2022）》。

划，北京市 26. 1%的土地被划为生态保护红线范围内。改革开放以来，尤其是党的十八大以来，北京市生态文明建设取得显著成效，主要体现在生态效率不断提高、绿化率不断提高、水资源不断优化、资源垃圾化水平提高、生物多样性更加丰富、“美丽乡村”逐渐增多。

2019 年 1 月，为打造“人与自然和谐共生国际化大都市”，建设全国生态文明建设的窗口城市，北京市在全国范围内率先成立中共北京市委生态文明建设委员会，以专门的机构强化组织建设和协调统筹。该委员会从顶层设计出发，制定修订十余部资源环境类法规，陆续发布了《关于北京市生态环境分区管控（“三线一单”）的实施意见》（2020 年 12 月）、《北京市关于科学绿化的实施方案》（2022 年 3 月）等系列文件。2022 年全年，委员会积极推进完善生态文明制度建设，协同各区、市有关单位推进落实 50 项年度重点任务，形成政策成果 128 项，推动首都生态文明建设在绿色低碳循环发展、深入打好污染防治攻坚战、优化国土空间布局、生态环境建设和社会共治等重点领域取得新成效。①

北京市绿色低碳发展走在全国前列，能源利用效率为全国省级地区最优水平。2021 年，北京市万元地区生产总值能耗为 0. 182 吨标准煤，比 2012 年的 0. 377 吨标准煤下降 51. 7%。万元地区生产总值水耗指标为 10. 1 立方米，比 2012 年的 18. 9 立方米下降 46. 6%。2021 年末，北京市公园绿地面积 36397 公顷，人均公园绿地面积 16. 6 平方米，比 2012 年的 15. 5 平方米提高 7. 1%；城市绿化覆盖率 49. 3%，比 2012 年的 46. 2%提高 3. 1 个百分点；森林覆盖率 44. 6%，比 2012 年的 38. 6%提高 6. 0 个百分点，城市绿化效果显著（见图 5）。

环境污染曾经是北京“大城市病”的突出问题，党的十八大以来，北京市通过调整经济结构实现源头减量减排，全面打响蓝天保卫战，累计完成

---

① 孟竹、高星：《北京：生态文明示范创建覆盖五个生态涵养区》，《北京青年报》2021 年 9 月 22 日。

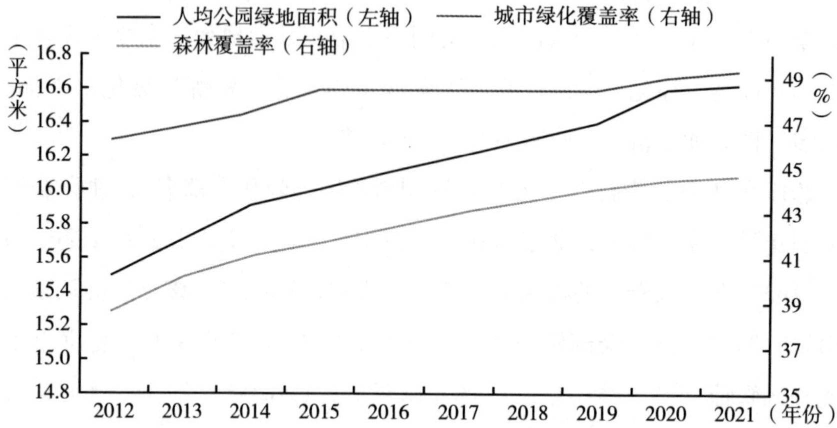

图 5　2012~2021 年北京市人均公园绿地面积、园林绿化及森林覆盖率

300 多项大气污染治理措施。① 根据 2023 年 5 月发布的《2022 年北京市生态环境状况公报》，北京市 2022 年细颗粒物（$PM_{2.5}$）年平均浓度值再创新低，年平均浓度值达 30 微克/立方米，比 2013 年下降 66.5%；空气质量优良天数为 286 天，优良天数占比为 78.4%，比 2013 年增加 110 天。北京市用十几年时间就实现了空气质量的逆袭，对比西方国家半个多世纪的空气污染治理历程，联合国环境规划署称誉这项成绩为“北京奇迹”，北京市的蓝天成为老百姓最有获得感的一件实事。

（五）走和平发展道路的现代化

北京市作为中国的首都和国际交往中心，其作用不仅体现在承载中国特色大国外交的能力建设以及服务和保障主场外交上，还体现在提高政治站位和善用自身资源优势积极主动配合国家对外战略的城市外交上。2021 年 9 月，《北京市“十四五”时期加强国际交往中心功能建设规划》明确提出，持续优化“一核、两轴、多板块”空间格局，到 2025 年，北京国际交

① 《努力建设人与自然和谐共生的现代化首都》，《北京青年报》2023 年 4 月 10 日，https://www.bjwmb.gov.cn/pinglun/10027044.html。

往中心功能体系和空间布局将基本形成。届时，北京服务总体外交能力、国际交往活跃度、国际要素集聚度、国际化服务水平、城市国际美誉度五方面将得到显著提升。

1. 服务国家总体外交，构建高品质对外交往平台

北京市构建多层次对外交往平台成效显著，出台实施了国际友好城市工作方案，市、区两级友好城市数量达 245 个。同时，统筹推进民间外交工作，北京国际学术交流季、首都中外家庭共度国际家庭日活动、北京友好城市国际青年交流营等品牌活动影响力不断提升。改革开放以来，北京的全球“朋友圈”不断扩容，积极推动城市间经贸、科技、教育、文化等多领域对外开放合作，有效支撑首都经济社会发展，在推动中国参与全球治理方面发挥日益重要的作用。[①] 同时，在积极主动的和平外交政策下，中国的国际地位越来越高，北京市作为世界外交的重要阵地，为加强国际社会团结提供了共同的价值纽带。

2. 引聚国际高端要素，营造一流营商环境

北京市出台实施全国首个针对国际组织的便利化服务包《支持国际组织落户的若干措施》，优化国际组织评估指标体系，针对重点国际组织实施清单化管理，提供定制化政策服务。精准定向宣介措施，争取中央单位支持指导，帮助市、区有关单位准确把握政策。持续跟进全球森林资金网络、国际农业发展基金、世界剧院联盟等重点国际组织落户工作。全球服务贸易联盟、世界机器人合作组织在北京登记成立，由此，在京落户的国际组织增至 111 家。指导配合市规划和自然资源委、市科委、中关村管委会申办具有行业代表性和影响力的国际会议。联合国家发展改革委、世界经济论坛合作举办“行走的达沃斯”北京城市副中心专场活动，吸引 60 余家跨国企业、逾百名企业家参与，推动通州区与跨国公司和国际机构签订 4 项合作协议。

① 骆国骏、季小波、罗鑫：《40 年，北京的友城“朋友圈”遍布全球》，《参考消息》2019 年 11 月 8 日。

为满足国际组织总部办公需求，亚洲金融大厦通过优质的一站式服务和中外文化交流活动，成功吸引了亚洲基础设施投资银行等国际组织和机构入驻。近期，全国首个国际科技组织总部集聚区落户北京市朝阳区东湖国际中心，这为北京国际交往中心、国际科技创新中心建设注入新动能。①

科技创新是国家和区域竞争优势的关键，而科技创新竞争实质在于人才竞争。② 人才的战略价值不断凸显，以人才驱动创新、以创新支撑高质量发展已成为全球共识。以国际人才需求为导向，北京市加快建设国际人才社区，高水平推进望京、中关村科学城、未来科学城等 8 个国际人才社区建设，推进高品质人才社区建设，打造望京小街、顺义罗马湖等国际化特色示范街区。③ 此外，北京市已经成功举办了两届“HICOOL 全球创业者峰会暨创业大赛”，打造了一条围绕创业项目发掘—落地—孵化—融资—转化的人才创业生态链条，吸引了全球超过 8000 名的海外人才来京创业。④

总而言之，推进中国式现代化，要落实到实际行动上。北京市作为首都，是中国式现代化实践的第一线，要继续发扬“五个特色”的优势，持续提升高质量发展水平，在中国式现代化新征程上走在前列。

---

① 北京外办、北京市科协：《全国首个国际科技组织总部集聚区落户北京》，2023 年 6 月 6 日，http://wb.beijing.gov.cn/home/gjjwzx/zgdt/202306/t20230605_3122531.html。

② 王子丹、袁永、邱丹逸等：《人才高地形成发展特点与国际经验研究》，《特区经济》2018 年第 12 期。

③ 《207 家跨国公司地区总部落户北京　北京开创国际交往中心功能建设新局面》，《劳动午报》2022 年 6 月 24 日，http://wb.beijing.gov.cn/home/gjjwzx/zgdt/202206/t20220624_2751119.html。

④ 北京新闻：《服务新时代中国特色大国外交，北京开创国际交往中心功能建设新局面》，2022 年 6 月 17 日。

B.10

北京市住房保障制度发展研究*

摘　要： 建立完善的住房保障制度是增进民生福祉、推进城市高质量发展、实现中国式现代化共同富裕战略目标的重要保障。中国的住房保障制度发展经历了三个阶段，一是计划经济向市场经济转型过程中的住房保障制度探索阶段；二是房价暴涨过程中保障性住房和商品房制度的并行发展创新阶段；三是新时代租购并举住房保障制度体系的确立完善阶段。在国家制度框架下，北京市结合本市特点，将重点发展保障性租赁住房作为实现"住有所居"的关键途径，将不断完善保障性住房认购体系作为实现安居乐业的必要手段，同时，以打造和谐宜居的高品质保障性住房为目标，积极完善保障房规划、建设、管理体系，为住房保障制度的发展和完善提供了宝贵的实践经验和制度借鉴。

关键词： 住房保障制度　北京市　保障性住房

一　引言

住房保障事关国计民生，是一个国家和地区经济社会文明的重要体现。完善住房保障体系，规范住房保障制度，是增进民生福祉、落实百姓安居乐业，实现"住有所居"的必要条件；是健全公共服务体系、促进城市更新和高质量发展的重要组成部分；是解决低收入家庭住房问题，实现真正共同

---

* 该部分中国建筑设计研究院有限公司副研究员李婕和中国科学院地理科学与资源研究所硕士研究生张浩楠亦有贡献，感谢李婕副研究员和张浩楠硕士。

富裕的中国式现代化的重要举措。

北京是中国的首都，是国内最具经济活力的城市之一。完善的城市功能、优质的公共资源以及充分的就业机会，使得北京市人口吸引力和集聚力持续增强，不仅城市人口规模位居前列，外来人口比例亦常年居高不下。同时，北京市经济发展水平高、住宅土地供应限制严格，供需矛盾突出，使得北京市住宅均价非常高，是全国房价较贵的城市之一。此外，居住环境、职住平衡、租售比低等各种住房问题相对突出，住房供应和住房保障现状距离人民群众对美好生活的需求仍有较大差距。

梳理国家住房保障制度的历史沿革，研究北京市住房保障制度的发展特色，可以系统总结经验教训，为进一步建立健全住房保障制度体系提供有益借鉴，进而为真正实现住有所居、和谐安居、生态宜居的安居梦提供保障。

二　国家住房保障制度的发展历程

（一）计划经济向市场经济转型过程中的住房保障制度探索

1. 计划经济时代的福利分房

新中国成立后，作为社会主义体制的新兴大国，中国城镇住房主要实行计划经济房屋分配政策，大多数城镇里的住房所有权归政府和集体所有，城镇居民仅拥有房屋的使用权，但也基本不需要为住房支付额外的花费。

福利分房制度主要采取政府统一规划、职工单位建设分配的方式，是一种保障性质的福利，并且往往有相对完整的教育、医疗、餐厅配套，为职工的工作和生活提供便利和保障，“职住平衡”在当时基本不构成社会问题。但受到经济水平的制约，当时的人均住房面积往往很小、房屋布局多不合理、居住环境不佳、居住条件有限，“筒子楼”正是那个年代的产物。并且，分配制度不可避免地伴随着不公平、不透明、不合理等现实问题，单纯依靠行政手段的分配方式会引发多种社会不公平现象和隐性矛盾。此外，随着城镇化发展的推进，受城乡二元结构和户籍制度的限制，越来越多进城务工和生活的新城镇人口和其他非单位职工，并不能享受福利分房。随着人多房少问题的激化，各类住房矛盾和现实问题日益突出，逐渐不能满足当时社会人民居住的需求。

2. 城镇住房的市场化改革

改革开放后，市场化改革春风吹遍大地，为应对城镇住房短缺等问题，国家开始了住房制度的改革探索。1980 年 6 月，《全国基本建设工作会议汇报提纲》正式宣布实行住宅商品化的政策。[①] 1986 年 1 月，国务院住房制度改革领导小组成立，并提出了提高工资和房租、转向货币分配进行补贴的房改思路。1986 年 3 月，原城乡建设环境保护部《关于城镇公房补贴出售试点问题的通知》明确规定，坚决制止随意贱价出售旧房，城镇公房原则上全价出售。此后，各地基本停止了补贴售房和贱价售房。中国住房制度改革工作全面起步。

1988 年 2 月，住房制度改革正式列入中央和地方的实践计划，《国务院关于印发在全国城镇分期分批推行住房制度改革实施方案的通知》和《国务院办公厅关于转发国务院住房制度改革领导小组鼓励职工购买公有旧住房意见的通知》提出要将住房制度改革在全国分期、分批实施，促进住房商品化的实现。为保障低收入和困难人群的住房，这些文件提出对新增加的租金实行一定时期内的减、免、补助等政策，制定资金支出额控制标准，从城市住房基金中统筹。

改革过程中，虽然实行了住房商品化政策，但通过一系列补贴政策，城镇居民购买政府或集体房屋并没有增加过多的负担，城镇单位职工以低于市场价格购买单位提供的福利住房是获得住房的主要形式。这一时期的住房保障工作以经济补贴为主。

1991 年，《国务院关于继续积极稳妥地进行城镇住房制度改革的通知》和《国务院办公厅转发国务院住房制度改革领导小组关于全面推进城镇住房制度改革意见的通知》重点提出，向货币工资分配方式转变；对新竣工

---

① 王缅、潘世萍：《北京市房地产市场发展进程》，《北京规划建设》2008 年第 1 期。

的公有住房实行新房新制度；允许个人参与集资建房和合作建房；大力发展经济实用的商品房。加大改革力度、加速改变原有的住房保障形式是这一时期的主要特点，且优先解决无房户和住房困难户的住房问题。自此，中国房地产业的急速膨胀，虽然为经济发展注入了强大的动力，但是土地供应总量失控、市场行为不规范、收益分配失衡等问题日益显现。

3. 住房保障的创新探索

1994 年，党的十四大确立了建设社会主义市场经济的目标，建立符合社会主义特色、适合市场经济体制的城镇住房制度迫在眉睫，国务院颁布《关于深化城镇住房制度改革的决定》，提出建立经济适用房供应和商品房供应两套体系，分别服务以中低收入为主体和以高收入为主体的不同人群，建立住房公积金制度。

为进一步落实保障性住房工作，1995 年，国务院以《国务院办公厅关于转发国务院住房制度改革领导小组国家安居工程实施方案的通知》宣布实施安居工程，由国家安排贷款和地方自筹解决资金问题，为中、低收入家庭提供保障性质的经济适用房。

可以说，这一时期广义范畴的国家住房保障制度探索，经历了“先破再立”的改革探索阶段，大致包括从完全保障的福利分房政策，到住房商品化改革背景下的货币补贴政策，再到探索建立最初的住房保障制度（包括优先住房困难户、提供经济适用房、建立公积金制度等）。总体来说，这一阶段的改革探索是适应经济社会发展规律的，是解放思想和实事求是思想路线的具体实践，创新提出保障性住房和商品房双体系、住房公积金等制度，更为中国后来的保障性住房制度进一步深化完善构建了坚实的框架和基础。

（二）房价暴涨过程中保障性住房和商品房制度的并行发展创新

1. 商品房价格暴涨和保障性住房需求激增

经过 20 年的探索和发展，中国改革开放不断深化，1998 年 7 月，国务院发布《关于进一步深化城镇住房制度改革加快住房建设的通知》，城镇住房改革实现了重大的历史进展。作为住房制度改革的纲领性文件，其正式公布中国全面停止福利分房的旧体制，明确了“建立和完善以经济适用房为主的多层次城镇住房供应体系”的房改基本方向，此外还提出了针对低、中、高三类不同收入水平的家庭实行不同的住房政策，其中低收入家庭以政府或单位提供的廉租住房为主，中等收入家庭以购买经济适用房为主，高收入家庭可以市场化方式购买或租赁商品房。在住房体制改革最初的几年，经济适用房、合作住房等保障性住房是当时中国住房保障的主要形式。

2003 年，《国务院关于促进房地产市场持续健康发展的通知》出台，重新调整住房供应结构，提出逐步实现以商品房为市场住房的主要供应方式、以经济适用房和廉租住房为辅助形式保障低收入群体住房需求。此后，住房制度改革出现了单一的市场化取向，中国房地产业正式开启了黄金发展时代。

随着市场化理念深入人心，商品住房需求增加，房价开始上涨，而政府政策重心偏移导致保障性住房建设供应明显减少，低收入人群住房问题日益突出。针对这种局面，中央陆续出台“国八条”等系列宏观调控政策，但收效甚微。居民一方面无法接受房价暴涨的现实，另一方面购买能力赶不上房价暴涨的速度，商品房和保障性住房的巨大价格差异导致申请住房保障的人群激增，住房保障工作面临巨大压力。

2007 年 8 月，《国务院关于解决城市低收入家庭住房困难的若干意见》发布，提出城镇廉租住房是解决城市低收入家庭住房困难的主要途径，应扩大廉租住房的保障范围，改进规范经济适用房的供应对象。同时，该意见第一次涉及城镇以外的其他住房困难群体，尤其是针对进城务工人员提出可以由企业无偿提供农民工集体宿舍。

2. 保障性住房大规模发展

2008 年 3 月，住房和城乡建设部组建成立；2009 年 7 月，保障性安居工程协调小组成立，中央层面十分重视保障性住房建设，保障性住房作为政府工作的重要方面重点开展。2008 年 12 月，《国务院办公厅关于促进房地产市场健康发展的若干意见》提出通过建设廉租住房进行棚户区改造和建设经济适用房，用 3 年时间解决 747 万户城市低收入住房困难家庭的基本住房问题。

安居工程建设的大规模开展对保障性住房管理工作提出了新的要求。2013 年 12 月，《住房城乡建设部 财政部 国家发展改革委关于公共租赁住房和廉租住房并轨运行的通知》提出对原有的经济适用房、廉租住房和公共租赁住房进行“三房合一”，统一进行管理，统一制定“三房”的保障政策。

2009 年中央宣布的“4 万亿”投资计划中，9000 亿元进入保障性住房领域。① 中国房地产业早已成为中国经济的支柱型产业，并再次迎来了爆发式发展。在全国大多数城市的商品房价格节节高升的背景下，到 2015 年底，除棚户区改造以外，大多安居工程建设任务得以超额完成，对解决城市低收入人群住房困难问题、平衡抑制房价起到了积极的作用。2008~2016 年，全国共基本建成保障性住房 4033. 6 万套。

伴随房地产供给的增加和限购政策的制约，中国商品房库存量在城镇中逐渐增加，中央提出包括“去库存”在内的供给侧结构性改革。2016 年起，中国暂停了新建公共租赁住房，之前已经开工的公共租赁住房继续建设。

这一阶段，在房地产业蓬勃发展和房价持续高涨的背景下，中国的住房保障以实物保障形式为主，并取得了可观的成绩和成效。但是由于房价上涨过快、价格过高，低收入家庭住房困难问题仍然非常突出，保障性住房供需矛盾依然严峻。

（三）新时代租购并举住房保障制度体系的确立完善

在供给侧结构性改革和“去库存”等系列政策的影响下，中国商品房价格又迎来一轮报复性的上涨。除了受各类金融、限购政策影响的住房“刚需”群体集中购买，房价快速上涨带来的“被动性”和“投机性”购房需求不断增加，进一步加剧了住房市场的供需矛盾，租购结构严重失衡，商品房市场显出失控之势。为应对这种形势，在总结几十年来中国房地产业

① 贺钧：《北京市保障性住房供给中的政府作用研究》，硕士学位论文，大连海事大学，2019。

发展的经验和教训的基础上，党中央、国务院高度重视房地产市场的结构性问题，从租和购两个方面加强房地产业的管理工作。

2015 年，作为联合国《改变我们的未来：2030 年可持续发展议程》的签署国和积极倡导者，中国在《中国落实 2030 年可持续发展议程国别方案》中也对应提出“推动公共租赁住房发展，到 2020 年基本完成现有城镇棚户区、城中村和危房改造任务”。自此之后，每年的政府工作报告都会出现对于保障性住房的相关要求[①]，逐步确立了坚持“房子是用来住的、不是用来炒”的定位，确立了加快建立多主体供给、多渠道保障、租购并举的住房制度，以及不断完善住房市场体系和住房保障体系的目标。[②]

2015 年底，中央经济工作会议第一次明确提出“要发展住房租赁市场，以建立购租并举的住房制度为主要方向”。2016 年 5 月，国务院办公厅印发《关于加快培育和发展住房租赁市场的若干意见》，提出“以建立购租并举的住房制度为主要方向，健全以市场配置为主、政府提供基本保障的住房租赁体系”。2016 年底的中央经济工作会议首次提出“房子是用来住的、不是用来炒的”，2017 年 7 月，住建部等 9 部门联合印发《关于在人口净流入的大中城市加快发展住房租赁市场的通知》，提出采取多种措施加快推进租赁住房建设，培育和发展住房租赁市场。通过一系列雷霆手段，及时控制住了商品房价，并将此指导思路贯彻落实到住房保障工作中。

党的十九大报告中明确指出，要加强中国社会保障体系的持续建设，确定“房住不炒”的总体定位，新时代中国多主体多渠道的租购并举的住房保障制度得以正式确立。2021 年 1 月，国家发展改革委等 21 个部门联合发布《“十四五”公共服务规划》，指出对人口净流入的大城市要大力发展保障性租赁住房，并对符合要求的“新市民”等人群的住房困难问题加大解决力度；以中小户型为主发展共有产权住房，面向户籍人口和常住人口进行

① 李婕、王贺：《不断完善住房保障体系是实现住有所居的基础》，《住宅产业》2022 年第 8 期。

② 中华人民共和国住房和城乡建设部：《住房和城乡建设事业发展成就显著（人民要论 · “十三五”辉煌成就 · 住房和城乡建设）》，2020 年 10 月 23 日，https：//www.mohurd.gov.cn/xinwen/jsyw/202010/20201023_ 247686.html。

供应；加大对老旧小区的改造力度，完善基础配套设施，提升社区服务水平等，推动建设安全、健康的居住小区。

2021 年 7 月，国务院印发《关于加快发展保障性租赁住房的意见》，创新住房保障体系的顶层设计，第一次从国家层面明确了以公租房、保障性租赁住房和共有产权住房为主体的住房保障体系，并制定了以土地、资金、金融、税收支持以及优化行政审批等为核心的政策支持体系。其中，公租房主要面向符合当地规定条件的城镇住房困难的家庭和个人，提供实物保障或租赁补贴，依申请应保尽保；保障性租赁住房主要面向符合当地规定条件的住房困难新市民、青年人；共有产权住房主要面向有一定经济承受能力但又买不起商品住房的城镇居民。中国特色城镇住房保障体系初步形成以公租房、保障性租赁住房和共有产权住房为主，"租、购、补"相结合的核心架构。

2022 年 10 月，党的二十大报告重申"坚持房子是用来住的、不是用来炒的定位，加快建立多主体供给、多渠道保障、租购并举的住房制度"。当前，中国已建成世界上最大的住房保障体系。近年来，棚户区居民住进楼房，住房困难、低保、低收入住房困难家庭基本实现应保尽保，中等偏下收入人群居住条件得到显著改善，更多的新市民有了安定的住所，通过租、售、改、补多种方式，住房保障的网越织越广、越织越密。

表 1　2015~2023 年北京市政府工作报告对住房保障制度的阐述

项目	内容
2023 年政府工作报告	支持刚性和改善性住房需求，扎实推进保交楼稳民生工作；建立实施房地产长效机制，扩大保障性住房供给，推进长租房市场建设，稳地价、稳房价、稳预期，因城施策促进房地产市场健康发展；加强住房保障体系建设，满足刚性和改善性住房需求，解决好新市民、青年人等住房问题，加快推进老旧小区和危旧房改造
2022 年政府工作报告	加快发展保障性租赁住房，继续保障好群众住房需求，坚持"房子是用来住的、不是用来炒的"定位，探索新的发展模式，坚持租购并举，加快发展长租房市场，推进保障性住房建设，支持商品房市场更好地满足购房者的合理住房需求，稳地价、稳房价、稳预期，因城施策促进房地产业良性循环和健康发展

续表

项目	内容
2021 年政府工作报告	实施城市更新行动,完善住房市场体系和住房保障体系,提升城镇化发展质量;保障群众住房需求;坚持"房子是用来住的、不是用来炒"的定位,稳地价、稳房价、稳预期;解决大城市住房突出问题,通过增加土地供应、安排专项资金、集中建设等办法,切实增加保障性租赁住房和共有产权住房供给,规范发展长租房市场,降低租赁住房税费,尽最大努力帮助新市民、青年人等缓解住房困难
2020 年政府工作报告	坚持"房子是用来住的、不是用来炒"的定位,因城施策,促进房地产市场平稳健康发展
2019 年政府工作报告	更好解决群众住房问题,落实城市主体责任,改革完善住房市场体系和保障体系,促进房地产市场平稳健康发展
2018 年政府工作报告	加大公租房保障力度,对低收入住房困难家庭要应保尽保,将符合条件的新就业无房职工、外来务工人员纳入保障范围;坚持"房子是用来住的、不是用来炒"的定位;满足居民自住购房需求,培育住房租赁市场,发展共有产权住房;加快建立多主体供给、多渠道保障、租购并举的住房制度
2017 年政府工作报告	健全购租并举的住房制度,以市场为主满足多层次需求,以政府为主提供基本保障
2016 年政府工作报告	建立租购并举的住房制度,把符合条件的外来人口逐步纳入公租房供应范围
2015 年政府工作报告	住房保障逐步实行实物保障与货币补贴并举,把一些存量房转为公租房和安置房;对居住特别困难的低保家庭,给予住房救助;落实地方政府主体责任,支持居民自住和改善性住房需求

(四)总结:住有所居、安居乐业、和谐宜居是住房保障发展的重要方向

中国政府视住房为民生之要,40 多年来不断推行住房制度改革,出台各类政策文件,以引导、推动和完善住房市场体系和住房保障体系。

第一阶段计划经济向市场经济转型过程中,中国的住房保障制度探索经验表明,市场和政府要"两手抓",过分依赖政府管理和过分依赖市场经济调节都会给住房保障及至整个房地产业的发展带来严重的后果。第二阶段房价暴涨过程中,保障性住房和商品房制度的并行发展经验表明,过分强化房屋所有权和住房的资产属性并不能真正解决居民住房问题。第三阶段新时代

租购并举住房保障制度体系的确立，正是根据经济社会发展的实际情况而不断调整和完善的结果。

中国房地产发展历史和住房保障制度沿革历程，是一个由主要依赖计划经济分配，到过度依赖市场化改革，再到政府市场协调发展的发展历程。但从实践效果来看，多年来中国住房调控政策收效不大，住房保障工作压力重重，中国住房保障工作仍然任重道远。

解决住房供给不足和人民对宜居住房需求增加的矛盾是核心问题。无论是货币补贴补偿还是住房实物补偿，都不能根本解决住房保障问题，反而会加剧社会矛盾；饮鸩止渴式的房价调控手段阻碍和扭曲了市场，造成房价不稳定的隐患和困局；保障性住房和商品房双线发展模式，制约了政府和市场的协同作用成效。

真正实现“房住不炒”，就要剥离保障性住房的金融属性，深化市场化改革，重点发展保障性租赁住房以满足“居者有其屋”的人民基本生活需求，完善保障性住房认购体系以实现“有恒产者有恒心”的人民安居乐业追求。以充分、平衡、优质的保障性住房供给和便利、高效、精细住房保障服务管理，处理好基本保障和非基本保障的关系，完成住房保障工作任务，形成住房需求牵引供给的更高水平动态平衡。

此外，随着人民生活水平的提高，人民对改善房屋功能和居住环境的要求也越来越高，提升人民群众获得感、幸福感、安全感，形成具有中国特色的住房保障新格局，实现住有所居、安居乐业、和谐宜居是我国住房保障发展的重要目标和方向。

三　北京市住房保障制度的发展与启示

（一）北京市租购并举的住房保障制度发展

2022 年 9 月，北京市住房和城乡建设委员会印发《北京市“十四五”时期住房保障规划》，这是北京市立足新发展阶段，针对首都超大城市存在的各类住房突出问题，对近期住房保障工作的指导性纲领文件。文件指出，目前北京市基本形成“一租一售一补”的住房保障体系；规划要按照“以政府为主提供基本保障，以市场为主满足多层次需求”的总方向。

1. 重点发展保障性租赁住房是实现“住有所居”的关键途径

北京的住房问题一直备受关注，在多年的摸索与实践中，北京坚决贯彻与执行国家的政策，并进行先行先试，逐步形成“租购并举”的住房保障制度。其中，“租”作为“住有所居”的一种重要实现形式，成为北京市住房保障政策体系的关键组成部分。

廉租住房制度作为最早的住房保障形式，是中国住房供应体系的重要组成部分。北京市于 2001 年颁布了《北京市城镇廉租住房管理试行办法》。2005 年，在《关于扩大北京市廉租住房覆盖面有关问题的通知》中，将具有本市城镇常住户口、家庭人均月收入高于本市城镇最低生活保障标准连续一年低于 580 元，且人均住房使用面积低于 7.5 平方米（含）的家庭纳入廉租房的解困范围，适度扩大了廉租住房的覆盖面。

到 2006 年底，政府累计投入财政资金 3.6 亿元实施廉租住房制度，解决了 2.3 万户廉租家庭的住房困难。① 2007 年，为改进和规范城镇廉租住房建设、分配和管理，北京市建委颁布了《北京市城镇廉租住房管理办法》，城八区按照 1 人户至 5 人户细化了家庭年收入、人居住房使用面积，家庭总资产净值等相关申请标准。② 同年，北京市“十二五”时期住房保障规划提出，2010 年底对申请廉租住房实物配租家庭实现“应保尽保”。廉租住房在北京市最初阶段的住房保障工作中扮演了重要角色。③

公共租赁住房是继廉租房后的主要供给类型。2010 年，住建部等 7 部

---

① 北京市住房和城乡建设委员会：《本市廉租家庭住房解困力度进一步加大》，2007 年 1 月 15 日，http：//zjw. beijing. gov. cn/bjjs/xxgk/zwdt/357866/index. shtml。

② 北京市住房和城乡建设委员会：《城八区廉租房和经适房保障标准已定》，2007 年 11 月 19 日，http：//zjw. beijing. gov. cn/bjjs/xxgk/xwfb/318039/index. shtml。

③ 北京市住房和城乡建设委员会：《我市出台〈“十二五”时期住房保障规划〉》，2017 年 2 月 16 日，https：//www. gov. cn/gzdt/2012-02/17/content_ 2069098. htm。

门发布了《关于加快发展公共租赁住房的指导意见》，为中等偏低收入的“夹心层”人群住房困难问题提供解决方案。北京市率先于2009年发布了《北京市公共租赁住房管理办法（试行）》，推出公共租赁住房政策，实现与廉租住房、经济适用住房、限价商品住房的合理衔接。2011年，北京市发布了《关于加强本市公共租赁住房建设和管理的通知》，提出申请公共租赁住房的条件。同年，《北京市公共租赁住房申请、审核及配租管理办法》规定了外地来京工作人员具体的申请标准和配租标准。随后，北京各区相继出台了针对外地来京工作人员申请公共租赁住房的具体办法，让“北漂”一族在北京有个安稳的家的梦想不再遥远。将公共租赁住房作为政府筹集并进行后期管理的住房，在建设质量管控、准入退出机制、后期运行管理等方面出台了若干政策和措施，全力保证其为住房保障人群提供更公平、更高效的保障。2019年住房和城乡建设部等部门共同印发的《关于进一步规范发展公租房的意见》，提出“加大对新就业无房职工、城镇稳定就业外来务工人员的保障力度”，针对新北京人和新就业青年人的住房保障政策进一步细化落地，也进一步增强困难群众的获得感、幸福感、安全感。

为解决不同需求居民的住房问题，完善住房租赁市场，北京市出台系列政策。例如，2018年，北京市发布了《本市关于进一步推进非居住建筑改建宿舍型租赁住房有关工作的通知》，对宿舍型租赁住房的筹集和建设工作进行了明确，加快落实保障性租赁住房供给，以解决城市运行和服务保障行业务工人员住宿问题。在解决不同人群的住房问题上，住房租赁市场将发挥越来越重要的作用。为增加租赁住房供应，缓解住房供需矛盾，同时拓展集体土地用途，基于北京市在2014年发布《关于印发北京市利用农村集体土地建设租赁住房试点实施意见的通知》后所取得的实践与经验，北京市被定为第一批集体土地租赁住房试点城市，继续开展试点工作。截至2021年4月底，北京市累计开工集体土地租赁住房项目44个，房源约5.7万套。①

① 北京市住房和城乡建设委员会：《全市集体土地租赁住房项目建设进展情况》，2017年7月23日，http：//zjw. beijing. gov. cn/bjjs/zfbz/jttdzlzfgxdjpt/gzxx38/10907295/index. shtml。

2. 持续完善保障性住房认购体系作为实现安居乐业的必要手段

发展公共租赁住房和住房租赁市场同时，要满足高涨的住房购买需求，完善“购”的体系是“租购并举”的住房制度的重要方面。

经济适用住房和限价商品住房是初期保障性住房的重要类型，既具有保障性又具有商品性。北京市针对初期在审核、分配和管理中出现的漏洞，相继出台了《北京市经济适用住房管理办法》、《北京市限价商品住房管理办法（试行）》，以及一系列对已购经济适用住房和限价商品住房的管理措施。在提供住房基本保障的同时，明确了再上市交易年限、补交土地收益比例等政策措施，严控退出管理机制，既强化其住房保障功能，又在一定程度上限制了其商品性。

“夹心层”的住房问题同样应得到重视，一系列政策有效地抑制了投机行为，促进了社会公平。2013 年 10 月，北京市发布了《关于加快中低价位自住型改善型商品住房建设的意见》，按照“低端有保障、中端有政策、高端有控制”的总体思路，完善住房供应结构，下大力气做实中端。自住型改善型商品住房建设在面积标准上有所提高，由经济适用房的 60 平方米左右、两限房的 90 平方米以下，提升为以 90 平方米以下为主、最大不超过 140 平方米，而申请条件中除了经济适用房和两限房的轮候家庭，符合购房条件的非京籍家庭可以提出申请。2014 年，北京市作为《关于试点城市发展共有产权性质政策性商品住房的指导意见》6 个试点城市之一，开展共有产权住房的建设。北京市共有产权住房是以满足中低收入家庭以及新市民住房需求为主要出发点，从而达到满足多层次的市场需求、完善住房保障体系的目的。经过大胆的探索和不断的制度创新，北京市的共有产权住房取得了一定的成效。在 2017 年发布《关于支持北京市、上海市开展共有产权住房试点的意见》后，北京市提出未来五年将供应 25 万套共有产权住房的目标，并发布了《北京市共有产权住房管理暂行办法》，截止到 2020 年底，北京市累计供应有产权住房项目 74 个、房源 7.8 万套，4 万余户家庭已购房。[①]

---

① 北京市住房和城乡建设委员会：《“回顾‘十三五’展望‘十四五’”系列新闻发布会：北京市住房保障工作情况》，2021 年 1 月 4 日，http：//zjw. beijing. gov. cn/bjjs/zmhd/zjzbj/10919297/index. shtml。

（二）北京市打造和谐宜居高品质保障性住房的政策保障

在住房保障制度不断完善的过程中，北京市保障性住房的品质也发生了质的飞跃，其中技术政策的制定和不断升级起到了强有力的支撑作用。

保障性住房早期的建设以国家标准、地方标准等通用性规范为基础标准。住宅建设和公共服务设施的配置主要依据当时版本的《住宅设计规范》和《北京市居住公共服务设施配置指标》。2008 年，为加强建设项目质量管理，北京市制定《北京市廉租房、经济适用房及两限房建设技术导则》，以保证建设项目的居住使用功能和节能环保要求，但显然随着经济的发展、城市的生长，以及人们需求的不断提升，早期的住宅和公共配套设施已经不能满足居住者的需求，并且严重制约着片区的发展。2018 年，针对早期建设的经济适用房较集中的回龙观和天通苑地区存在的交通拥堵、公共服务配套不足、市政基础设施薄弱等日趋严重的问题，制定了《优化提升回龙观天通苑地区公共服务和基础设施三年行动计划（2018—2020 年）》，旨在彻底改变该地区的生活环境，满足群众对便利性、宜居性、多样性、公正性和安全性的需要，全面提升当地的生活品质。

为确保公共租赁住房的建设和管理质量，给被保障人群营造良好的生活环境，北京市在建设初期进行了大量的调研和工程技术研究。2010 年，北京市 7 个部门共同研究制定的《北京市公共租赁住房建设技术导则（试行）》正式发布实施，从规划、户型设计等方面均提出了具体要求。北京市率先试点推行标准化设计制度，原住房保障办公室标准和信息化处组织中国建筑设计研究院（现为中国建筑设计研究院有限公司）、中社科（北京）城乡规划设计研究院、国家住宅与居住环境工程技术研究中心等科研和设计机构开展了大量的研究工作，于 2012 年 7 月编制完成并发布了《北京市公共租赁住房标准设计图集（一）》，进一步规范、指导公共租赁住房建设，图集的发布对于保证房屋质量、缩短建设工期、降低成本、提高运营管理效率具有积极意义。2016 年北京市颁布了地方标准《公共租赁住房建设与评价标准》。考虑到60平方米的建筑面积上限和居住人群的实际需求，该标准在制定时通过充分的论证，在小户型的面积标准和户型功能空间上有所突破，也针对小户型进行诸多细节上的考虑和规定，例如规定了应设置储藏空间、晾衣空间等。一系列技术政策的出台和不断完善，在确保公共租赁住房的设计和建设管理质量的同时，更好地满足了住房保障人群的需求。

2017年，为进一步提高共有产权住房品质，提升住房规划设计和建设管理精细化水平，北京市发布全国首部《共有产权住房规划设计宜居建设导则》（以下简称《导则》），从土地供应、规划、设计和建设及监督管理等全方位进行规定，并于2021年针对在建设中出现的问题，以及新政策和新标准，对共有产权住房建设导则进行修订。例如在2017年北京市针对“全面两孩”政策和“居家养老”政策的出台，专门设立了课题“全面实施两孩政策及适老性要求对保障性住房建设标准的影响研究”，对保障性住房建设标准的适应性进行了研究，在本次《导则》修订中，也充分考虑家庭代际及两孩、适老性等新需求，大力倡导多居室精细化套型设计，提出中心城区按照建筑层数执行差别化面积标准，同时《导则》修订遵循可持续发展理念，倡导“空间可变性”，并将此作为方案设计评审的一项审查内容，从套型方案设计伊始就对空间可变性进行设计。①

2021年和2022年，北京市住房和城乡建设委员会、北京市规划和自然资源委员会陆续修订了《北京市共有产权住房规划设计宜居建设导则（试行）》，制定并印发了《北京市保障性租赁住房建设导则（试行）》，对本市保障性租赁住房建设品质提出了基本要求，力求强化技术服务指导，鼓励开发建设单位在此基础上根据实际需求提高建设品质。

① 北京市住房和城乡建设委员会：《共有产权住房建设导则修订即日起公开征求意见　各项指标更细化，宜居标准再升级》，2021年2月22日，http：//zjw. beijing. gov. cn/bjjs/xxgk/xwfb/10940433/index. shtml。

标准、图集、导则等技术政策文件的制定和升级，离不开大量的社会学调研和工程技术研究，同时这也为北京市保障性住房的规划提供支持。近10年来，北京市住房保障办公室每年设置保障性住房相关课题研究，包括建设与运营管理体系方面的研究、建设标准与建造技术方面的研究，以及每年的保障性住房入住项目管理情况调查和公共租赁住房入住项目专项检查等现状调查研究。大量的研究使得北京市的保障性住房建设能够紧跟并符合国家各项经济、社会、环境政策的发展和要求，能够结合北京市实际情况，并具有前瞻性。

表2　2012~2021年北京市住房保障研究专项

分类	时间	内容
建设与运营管理体系研究	2015年	建立与首都城市功能定位相适应的保障房分配模式研究
	2015年	公共租赁住房小区社会治理体系研究
	2015年	北京市保障性住房建设体制机制研究
	2015年	棚户区改造异地安置人口后期管理模式研究
	2016年	北京市棚户区改造工作体制机制的研究
	2016年	自住型商品住房销售管理有关问题研究
	2016年	完善住房保障信访工作机制研究
	2017年	公共租赁住房运营管理标准研究
	2017年	建立兼顾公平与效率的保障房分配体系研究
	2017年	北京市保障性住房建设项目政府管理机制优化研究
	2018年	共有产权住房重点问题研究
	2018年	保障房专业运营企业管理机制研究
	2018年	科技手段在保障房后期管理中的应用研究
	2018年	集体租赁住房建设运营管理研究
	2019年	北京市公共租赁住房整体价格评估技术指引研究
	2019年	公共租赁住房使用监管引入社会力量监督模式研究
	2019年	集体土地建设租赁住房与住房保障准入分配衔接机制研究
	2019年	北京市住房保障大数据助推智慧住保的体系研究
	2020年	关于公租房项目所在区域市场租金评估
	2020年	北京市住房保障体系研究
	2021年	北京市公租房小区引入共建共治共享模式研究

续表

分类	时间	内容
建设标准与建造技术研究	2012 年	公租房建设施工质量通病的过程控制
	2016 年	保障性住房设计方案专家评审数字化可行性研究
	2016 年	全市保障性住房产业化实施情况调查
	2016~2018 年	保障性住房全装修成品交房示范试点专项
	2016 年	北京市保障性住房配套市政基础设施建设管理研究
	2016~2017 年	北京市保障性住房优良部品材料库管理维护
	2017 年	全面实施两孩政策及适老性要求对保障性住房建设标准的影响研究
	2017 年	北京市保障性住房装配式建筑维护管理标准化专项
	2018 年	政策性住房居住公共服务设施需求研究
	2019 年	起草租赁住房建设标准(草案)
	2020 年	保障性住房百年住宅标准研究
	2021 年	保障性住房外围护结构体系整体解决方案技术论证
现状调查研究	2014 年	北京市城镇户籍无房家庭情况调查工作
	2015~2020 年	保障性住房入住项目管理情况调查、公共租赁住房入住项目专项检查

资料来源：北京市住建委网站。

（三）启示和建议

在保障性住房建设快速发展的过程中，北京市不断完善住房保障体系，为更多有住房需求的人提供基本保障。北京市在各类保障性住房建设中的试点经验，包括政策、技术和管理机制上的创新和突破，为中国其他城市住房保障制度的发展和完善提供了宝贵的实践经验和制度借鉴。

第一，北京市在建立和不断完善住房租赁市场体系和住房保障体系上积极开展先行先试。2009 年国务院政府工作报告提出了“要积极发展公共租赁住房”后，同年北京市紧跟国家政策，发布了《北京市公共租赁住房管理办法（试行）》。2011 年，北京申请并获得审批，成为利用集体土地建设租赁住房先行试点，同时，在共有产权住房建设中，北京仍作为 6 个试点城市之一，大力推进共有产权住房的建设和发展。

第二，随着全社会对住房和居住环境的标准提升，北京市对各类保障性住房从居住环境到管理体系的要求不断提高。基于每年的社会学调研和工程技术专项研究，北京市在住房建设、管理和后期的运营维护上不断提升，很多方面都走在了全国的前列，例如要求新建项目达到绿色建筑二星级标准、实施全装修成品交房模式等。北京市在全国率先建立起涵盖“使用监督、运营管理、社会化管理”三位一体的服务管理模式，一方面推进公共服务均等化，将保障对象纳入属地社会化管理体系，享受就近上学、就医、社保、养老等公共服务；另一方面强化监督管理，构建动态的监督管控体系，推动保障房的公平性。①

第三，北京市在管理体制和监督机制上不断创新，加强保障性住房的质量管控，提高规划设计和建设水平。北京市早在 2012 年就成立了住房保障决策咨询专家组，专家在政策评估、舆情咨询、设计方案评审以及技术支持等方面承担了大量的工作。2014 年出台的《关于开展保障性住房设计方案审查的通知》要求北京市各类保障性住房项目规划均应进行设计方案审查。专家参与政策研究和评估论证环节成为北京市住房保障工作中的必备程序和常态机制。近年来的发展证明，决策咨询专家组的设置在北京市住房保障规划编制和政策论证、保障房规划设计方案审查、课题研究等方面发挥了重要的作用，提高了决策科学化水平。

① 北京市住房和城乡建设委员会：《共有产权政策系列解读之规范管理篇：循环使用　严格监督　彰显公平正义》，2017 年 10 月 24 日，https：//www. beijing. gov. cn/zhengce/zcjd/201905/t20190523_ 78168. html。

B.11

高密度·宜居：北京城市治理策略研究

摘　要： 北京的高密度地区呈多点分散态势，由于这些地区有着明显的紧凑特征，且面临公共服务、公共空间、公共交通等一系列突出问题，因此，近年来其逐渐成为学者关注的研究领域。本文首先研究了关于高密度和宜居城市的既有研究结论，进而梳理了相关理论支撑，通过文献研究法、调查法等详细分析了北京高密度地区现存的问题，提出要通过塑造多样化的住区能效空间，构建多层次便捷的交通系统和停车系统，以及宜居的公共开放空间和服务管理机制等，从而提升北京城市治理水平。

关键词： 高密度　宜居　城市治理

近年来，公共空间规划和空间资源配置成为人们关注的热点话题，城市密度、公共交通，以及人居环境与公共卫生的关系都引发了学者各个层面的关注和思考。在很大程度上，公共卫生危机改变了人们的价值追求，也引发了城市治理理念的转变。

所谓高密度城市，是指建成区范围内，由集聚效应的显著作用乃至加剧推动而引起以人口集聚为核心，伴随土地利用、经济、交通等高密度的要素交错复合，呈现出紧凑、集约运营状态的城市。[①] 也有学者认为，城市的高密度发展通常指城市空间日益变得紧凑的一系列过程，包括城市区域内的人

---

① 徐吉羽、刘志强、余慧等：《中国大陆高密度城市公园建设水平演变特征分析——从 1996 年到 2019 年》，《上海城市规划》2022 年第 6 期。

口和居住区变得越来越稠密和紧张。① 有研究对高密度有清晰界定，在GaWC全球城市分类等级中，伦敦、纽约等Alpha++级城市以及香港、新加坡、上海、北京等Alpha+级城市等都被认为是高密度城市，这些城市的市域平均人口密度均超过1300人/km^2。② 本文采用李敏和叶昌东③的研究，以人口密度15000人/km^{2}为高密度建成区的门槛值。根据中国《城市用地分类与规划建设用地标准》（GB50137-2011）推算，城市人口密度规划控制的合理范围为9500~11750人/km^2。从行政区域来看，北京的西城区和东城区属于高密度地区，但实际上，如果不以行政边界来看，北京其地区的部分建成区人口密度也很高，对于这些建成区的宜居治理也极其重要。

表1　2022年北京部分区的人口密度

单位：人/km^2

建成区	人口密度	建成区	人口密度
西城区	21800	昌平区	1687
东城区	16800	顺义区	1299
朝阳区	7564	通州区	2034
海淀区	7253	大兴区	1921
丰台区	6579	房山区	659
石景山区	6677	门头沟区	273

注：平谷区、密云区、怀柔区、延庆区未能获取到2022年官方的确切统计数据。

综上，高密度地区是城市人口和资源较为集聚的区域，是城市经济社会发展的核心区和城市繁荣的风向标，是城市要素构成较复杂、资源约束较突出的区域，也是城市治理难度较大、复杂度较高、较能反映城市治理能力和水平的区域。所谓高密度，其概念等同于“紧凑城市”，主要特征为功能混用和紧凑以及密集化。城市高密度即为人口和建筑的高密度，功能混用即为

① Jenks, M., Burton, E., Williams, K. A., "Sustainable Future through the Compact City? Urban Intensification in the United Kingdom", *Environment By Design*, 1996 (1): 5-20.

② 王辉、杨眉：《高密度城市研究综述与量化指标分析》，《山东林业科技》2023年第4期。

③ 李敏、叶昌东：《高密度城市的门槛标准及全球分布特征》，《世界地理研究》2015年第1期。

城市功能的紧凑和复合，而密集化即为城市各项活动的密集化。

2015 年 12 月，习近平总书记在中央城市工作会议上的讲话中提出，要坚持集约发展，树立“精明增长”“紧凑城市”理念，科学划定城市开发边界，推动城市发展由外延扩张式向内涵提升式转变。这是精明增长概念首次出现在中央重要文件中。2017 年 6 月，习近平总书记专题听取北京城市总体规划编制工作的汇报时强调，注重长远发展，注重减量集约，注重生态保护，注重多规合一。对新时期用精明增长理念提升城市发展内涵提出了更高的要求。2019 年 11 月，习近平总书记在上海考察时提出，城市是人民的城市，人民城市为人民。高密度建成区治理的目标是人民满意、和谐宜居。北京的高密度地区普遍存在的问题是现代城市发展元素与传统居住空间的不适恰，公共空间与城市活力的不匹配，物质环境与功能需求的不兼容。通过解析高密度建成区复杂有机体的相互适应、运行及发展规律，引导各方积极参与，创新城市更新改造模式和基层治理机制，提升高密度建成区的功能品质，创造宜居、宜业、宜乐、宜游的人居环境，提升居民、从业者、到访者的获得感、幸福感和安全感，满足集聚产业创新发展需求，实现高密度地区高质量、高贡献、高活力的发展目标。

一　研究基础

（一）现代城市的规划思想演变

19 世纪末至 20 世纪初，城市发展的“分散论”与“集中论”思想几乎是同步的。1898 年，霍华德提出“田园城市设想”；1922 年，勒·柯布西耶提出“300 万人口的现代都市规划”；1935 年，赖特在纽约洛克菲勒中心发布了“广亩城市模型”，即每个美国公民都可以获得最少 1 英亩的土地、家庭农庄。

1958 年，美国肯塔基州列克星敦划定了城市增长边界，这在城市史上属首次，到 1973 年，俄勒冈州通过立法要求所有城市划定城市增长边界。1966

年，荷兰第一次提出紧凑发展的雏形；之后其公布的第二次国家空间规划报告（The Second Report on Physical Planning in the Netherlands，Ministry of Housing and Physical Planning）强有力地提出了反对郊区蔓延的观点，基本内容包括高效利用土地，投资公共服务和基础设施，保护“绿心”，以及建议将郊区化的发展引向“相对集中的分散”（Concentrated Deconcentration）。自此，“紧凑”一词开始反复出现在荷兰各层级空间规划中。1990 年欧洲共同体委员会（CEC）发表了《欧洲城市环境绿皮书》，首次公开提出回归“紧凑城市”的城市形态。之所以提出“紧凑城市”，是因为受到了欧洲历史城镇的启发，这些城市紧凑且密度高，却被认为是居住和工作的理想环境。新城市主义起源于 20 世纪 80 年代，针对郊区无序蔓延而形成，其主张小城镇，塑造具有城镇生活氛围、紧凑的社区，取代郊区蔓延的发展模式。1993 年，新城市主义运动正式开启。1997 年，马里兰州开启了美国历史上第一个以“精明增长”命名的管理法规。2000 年，美国规划协会联合 60 家公共团体组成了“美国精明增长联盟”（Smart Growth America）。美国提出的精明增长，在于倡导形成紧凑式的城市空间，促进城市、郊区和城镇的繁荣，居住的舒适和安全。

（二）城市的集中或分散发展之辨

1. 城市高密度发展的优势

简·雅各布斯认为，城市的“密集”发展是城市有效应对城市资源不足的有效途径，当人们的基本生活需求被充分满足后，人们会重回城市，这是面对美国当时出现逆城市化现象的理性思考，雅各布斯认为，高密度发展的城市空间形态会更加合理，也会更适宜人的居住。迈克·詹克斯等在《紧缩城市——一种可持续发展的城市形态》中则将“紧缩城市”与“可持续城市发展”相结合进行讨论，提出城市在具有完善的服务设施的前提下，紧缩发展会更宜居、更具有吸引力。迈克·詹克斯等人提出紧缩发展最主要的考虑是解决交通拥堵问题。勒·柯布西耶提出，解决城市中心的拥堵问题，需“构建垂直的城市中心”。他在《明日城市》中拟订了可以供 300 万人生活的城市规划方案，他认为城市人口越密集，城市扩展距离越小，在缩小城市半径的同时，并不会影响开放空间的扩大。柯布西耶还提出了“单元”的理念，每一个基于400码的单元就是一个“网格”。

在建筑师约翰·波特曼看来，城市应该是高密度、多功能的综合区域，这不仅能够解决交通拥堵问题，还能够具有开放空间。提出生态城市的学者罗斯兰德则认为，并不是城市高密度发展才会出现社会问题，这些问题即使是在低密度发展的城市中也是难免的。从目前的研究来看，许多学者的研究以及实践案例均已证明勒·柯布西耶的上述观点，比如日本东京的城市空间结构布局紧凑，中国香港是典型的高密度城市，但其城市仍具有舒适度。中国学者任远指出，高密度城市并非一定会产生城市病，对于高密度的城市，若想实现有效治理，必须从城市管理能力的提升以及服务的精细化入手。①

2. 城市的高密度是把“双刃剑”

城市的高密度是把“双刃剑”。周建高认为，人口过密是交通拥堵的重要原因。Stone 等认为，高密度城市会造成交通拥堵，Yuan 等认为高密度城市会引发更高的房价以及环境污染。但是，有的学者持不同观点，认为高密度更加节能，更加有利于环境保护。

简·雅各布斯是20世纪60年代“集中派”的主要代言人，提到紧凑城市、高密度城市，必定会想到她所提倡的高密度才能造就多样性城市的观点。简·雅各布斯认为，人口密度高的地区安全度高于人口密度低的地区。澳大利亚学者纽曼和肯沃西则通过案例和实证研究指出，提高城市密度可以降低能耗和汽车尾气排放量。埃尔金则认为，紧凑的城市便于社会互动。提倡建设城市高密度街区的布雷赫尼针对逆城市化，提出只有让城市土地功能混合，提高城市密度，才能促进城市中心的再次兴旺以及城市的重塑。

梅尔·希尔曼在《支持紧缩城市》中认为，城市交通拥堵不是人员的密集造成的，相反，是地理空间的扩大和分散造成的。梅尔·希尔曼认为，从20世纪末期起，人类活动在地理位置上的扩张速度达到了一种令人担忧

① 任远：《城市病和高密度城市的精细化管理》，《社会科学》2018年第5期。

的程度，伴随而来的是对小汽车的依赖。同时，其认为是拥有和使用小汽车数量的增加、步行和骑自行车的逐步减少以及衰败的公共交通设施导致了出行拥堵、环境污染、社会两极分化等问题。伯顿认为，城市应该具有一定程度的高密度，城市中心区应具有混合功能以及高效的公共交通系统。Burak Güneralp 认为城市密度会对未来能源使用量以及能源效率产生影响，城市密度与城市形态的其他决定因素共同强烈地塑造了当地的环境条件，如空气质量、步行能力和进入绿地的机会，所有这些均影响城市居民的福祉。中国学者崔敏榆等指出，紧凑的城市格局和发达的公共交通能够减少能源的利用和提高居民体力活动水平，这两方面的影响存在一定的关联性。①

“精明增长”是一项与城市蔓延相对应的城市发展理念，其本质是调整城市扩展的综合性策略，意味着在拓宽容纳经济社会发展用地需求的基础上，控制土地的粗放利用，提高集约节约利用水平，实现城市可持续发展。“精明增长”的核心内容包括：努力保护生态空间；用足城市存量空间，减少盲目扩张；加强对现有社区的更新和生活服务配套；推动土地混合利用，盘活低效工业用地；城市建设相对集中，尽量拉近生活与就业单元之间的距离，减少基础设施、房屋的建设和使用成本。与“精明增长”相似的还有“紧凑城市”理念。紧凑城市理念源于 1973 年丹齐格出版的《紧缩城市——适于居住的城市环境计划》一书。“紧凑”并非传统意义上的物理形态紧凑，而是交通方式与城市单元的有效联系。“精明增长”与“紧凑城市”都是城市集约发展的重要理念和策略。

3. 高密度建成区微观规划及再造研究

尽管学者在城市高密度发展问题上存在一定的分歧，但这并不影响研究者对高密度建成区的合理规划及再造。缪朴和竺晓军指出，高密度的城市生活对邻里私密以及公共设施提供是具有挑战性的，其针对西方流行的城市模式提出了 6 条可替代的理念：点式空间、硬地绿地花园、叠层建筑和开放空

① 崔敏榆、庄宇、叶宇：《整体健康导向的高密度建成环境设计策略》，《国际城市规划》2023 年 9 月 1 日。

间、严格规定的空间界限、多层的商业模式、要有城市边界并建立绿化地标。[①] 高蓉、杨昌鸣提出了针对高密度地区公共空间的 5 条整治对策，提出要提高城市公共空间的利用效率，同时，认为小尺度的空间可以让消极空间积极化。[②] 赵勇伟基于约翰·波特曼提出的“协调单元”概念，提出中心区协调单元的 3 种建构模式。[③] 任远从管理学的角度提出“高密度城市的城市管理和服务应该实行一种精细化的管理”。人口是城市管理和服务的基础，高密度城市的精细化管理需要切实了解人口需求，把握人口状况和变动，基于人口的现实需求提供多样性和适应性的管理服务。因此，精细化管理应先获得人口数量结构分布和动态的精细化信息，基于人口的多样性提供有针对性的管理服务。

一是关于高密度都市区的绿地规划研究。武巍等以中国澳门为例，研究了绿地对城市高密度带来的热岛效应的缓解，指出可通过屋顶花园以及竖向的城市绿化面积来增加绿地规划。[④] 王倩娜等研究了东京都 23 区“绿地基本规划”，指出中国要结合具体城市的发展方向，深入挖掘绿地系统规划编制，探索城市高密度地区建设生态文明的途径；同时，还提出城市环境应重视人文关怀，人性化指标应该作为高密度地区绿地指标的重要体现。[⑤] 刘维东等提出，在空间不足的情况下充分挖掘空间资源，打造“微绿地”，美化城市景观，可采用以立体绿化、移动式装置绿化等形式，增加视觉绿量。[⑥]

二是关于高密度建成区的声环境研究。对于高密度建成区而言，可能会有大于 30%的人生活在高于 55 分贝的状态下。[⑦] 陈怡冰等指出，高密度城市

---

① 缪朴、竺晓军：《高密度环境中的城市设计准则》，《时代建筑》2001 年第 3 期。

② 高蓉、杨昌鸣：《城市高密度地区公共空间的人性化整治》，《中外建筑》2003 年第 3 期。

③ 赵勇伟：《中心区高密度协调单元的构建——一种整体适应的城市设计策略》，《建筑学报》2005 年第 7 期。

④ 武巍、周龙、刘钰等：《应对城市热岛效应的公园系统布局及优化研究——以高密度城市澳门为例》，《复旦学报》（自然科学版）2023 年第 2 期。

⑤ 王倩娜、谭敏、何昕等：《高密度都市区绿地系统规划的构成及特征研究：以东京都 23 区为例》，《国际城市规划》2018 年第 5 期。

⑥ 刘维东、唐楚茵、佘美萱：《广州高密度建成区商业综合体微绿地建设研究》，《广东园林》2019 年第 5 期。

⑦ 王子豪、张春阳：《高密度建成环境与公共健康的关联研究综述》，《南方建筑》2023 年第 6 期。

的声环境质量必须通过声景规划优化来提高，并结合合理的道路设置、用地功能规划，营造特色的声景空间。[①] 马蔚纯等则以中国香港为例，研究了高密度城市不同建筑形态对道路交通噪声的影响，为改善城市噪声污染提供参鉴。[②]

三是关于高密度建成区的交通改造研究。童心、王小凡以香港为例，通过研究真实密度与知觉密度的关系，归纳了影响人们对密度感受的因素，并在此基础上提出要通过一定的设计手法让高密度环境为人们所利用。[③] 1968年德国数学家迪特里希·布雷斯提出了“交通规划悖论”（也称布雷斯现象或布雷斯悖论），即在一个已经拥堵的交通网络中，本想通过增加一条路段来减少交通延滞，结果却降低了整个交通网络的服务水准。比如，纽约第五大道从 8 车道变为 4 车道，在试行的 3 年中，交通拥堵率下降了 26%；20世纪 60 年代末，斯图加特市通过增加街道缓解交通拥堵，结果拥堵更加严重，无奈重新关闭新开街道。这种现象也出现在了 1992 年的纽约“地球日”游行中，当关闭了拥挤的 42 街后，交通状况得到了很大的改观。当然，自行车道也可以解决高密度区域交通拥挤问题。[④]

四是关于高密度区域地下空间利用改造研究。肖威以南京美术馆新馆为例，提出城市高密度环境下的建筑开放空间立体化设计应注重视觉开放性以及行为开放性，并应该在功能上实现多元复合，在元素上实现人性化构造。[⑤] 商谦对东京、香港、首尔以及新加坡 4 个城市进行对比，从利用保障、利用特色、垂直形态、水平形态、过渡空间 5 个方面进行研究，探寻其空间形态规律（见表 2）。[⑥] 国内学者关于高密度建成区的研究情况如表 3 所示。

---

① 陈怡冰、黄建锋、谢嘉琪等：《基于 GIS 的高密度城市声景质量及其影响因素研究——以广州天河区为例》，《应用声学》2021 年第 4 期。

② 马蔚纯、林健枝、沈家等：《高密度城市道路交通噪声的典型分布及其在战略环境评价（SEA）中的应用》，《环境科学学报》2002 年第 4 期。

③ 童心、王小凡：《高密度环境下城市微型公共空间的利用》，《中外建筑》2012 年第 3 期。

④ 衡涛、张贵泳、魏天崎等：《利用自行车道解决高密度办公区域交通拥挤的探讨与设计——以深圳南山科技园某微循环为例》，《住区》2019 年第 5 期。

⑤ 肖威：《城市高密度环境下的建筑开放空间立体化设计研究》，硕士学位论文，东南大学，2018。

⑥ 商谦：《四个东亚发达城市高密度地区地下空间形态研究》，《时代建筑》2019 年第 5 期。

表 2　4 个城市高密度地区地下空间形态对比

城市	利用保障	利用特色	垂直形态	水平形态	过渡空间（地下空间的出入口）
中国香港	根据《回收土地条例》，政府如果为了公共发展需要可以回收私人地块；鼓励地下步行系统相邻的地块让出 24 小时公众通道，并给予容积率补偿	高密度区有发达的地下过街通道，这些通道是人行道与自行车专用道相结合，并与机动车完全分流	香港的核心地带建筑功能混合度非常高，据统计，商住混合用地、商办混合用地、城市综合体用地比例达 29%，这一片区的平均容积率达到 4.77 以上，个别地块的容积率高于 12。地下步行系统有 4 层，还通过屋顶花园和局部的人行天桥增加地块空中层次	中环地下空间逐渐形成两组地铁站、多组地下商场、多条地下通道的地下空间系统	香港地铁尖沙咀站和尖东站总共有 38 个出入口，形成香港最具代表性的地下空间庞大系统
新加坡（被称为“城市国家”）	新加坡鼓励地下步道连接地铁站、连接道路两侧的商业空间	新加坡国土有限，因此对独特的地下岩洞资源也在不断开发利用		新加坡通过地下步行网络将城市中心区的重要节点在地下串联起来	
韩国首尔		大学尝试利用校园公共空间建设地下综合体，拓展校园活动空间和功能	以首尔火车站为例，周边两座地铁站通过步行通道相连，并连接周边各个街区，形成了四通八达的空间连通	首尔利用地下商业街实现城市空间的串联	首尔火车站地铁站位于两条地铁线交汇处，地铁站通过延长通道长度，将地下空间延续到附近更多城市空间中，共设 15 个出入口，跨越了城市中 500 米的若干街区
日本东京	日本《民法典》规定土地拥有者拥有所属土地的上下空间，但利用时不能影响到其他空间。日本针对地下空间的法律法规涉及方方面面，非常全面具体		东京六本木综合体的地下空间深度可达地下 7 层，是层次最多的地区。其地下 1～4 层为地下街、停车、办公、展览等各种公共功能，其下方另有 3 层为交通功能	在新宿站、东京站，地铁线路集中，地下空间通过地下商业街与相邻地铁站、其他地块等各个城市空间相连，又通过步行通道继续连接距离更远的地铁站，形成覆盖面积非常庞大的整体	地铁站出入口多且小，强化地下空间与城市的连接的同时，避免占据过多的街道面积

注：表中内容主要参考了商谦的研究。

表 3　国内学者关于高密度建成区的研究情况

学者(成果发表年份)	研究视角	研究观点
王倩娜、谭敏、何昕等(2018)	高密度地区“绿地基本规划”	将绿视率、居民实感的指标纳入高密度地区评价指标体系
刘维东等(2019)	高密度地区的微绿地景观效果	打造“微绿地”改善典型高容积率建筑的局部环境
童心、王小凡(2012)	高密度地区的交通改造	通过拉德芳斯案例,提出微型公共空间利用办法和高密度环境下城市公共空间设计策略
衡涛、张贵泳、魏天崎等(2019)	高密度地区的交通改造	利用自行车道解决高密度区域交通拥挤问题
肖威(2018)	高密度地区的地下空间改造	开放空间立体化设计应注重视觉开放性及行为开放性,在功能上实现多元复合
商谦(2019)	高密度地区的空间形态	对东京、香港、首尔以及新加坡 4 个城市进行对比,探寻其空间形态规律

新加坡是基本实现“精明增长”的成功典范。新加坡有限的土地面积是城市发展的最大制约之一，因此，新加坡在发展之初就确立了“紧凑开发”的理念，经过 100 多年的发展，形成了有特色、便利、宜居的社区，良好的生态空间，丰富便捷的交通出行方式，以及集约高效的经济生产方式。新加坡城市发展能基本实现“精明增长”，一是得益于强势的政府规划管制力，二是得益于极具理想城市色彩的新市镇建设，三是得益于极为清醒的国土资源忧患意识，四是得益于将历史文化保护与传承看作城市振兴的积极要素，五是得益于随着形势变化动态调整的规划策略。

（三）国内关于宜居城市的研究情况

1. 研究的整体态势

图 1 利用 Citespace 分析了 2005~2023 年大约 1000 篇相关文献，可以看出，“宜居城市”是学者研究的热点。这些研究通过对标世界城市构建指标体系，或者以上海、北京等城市为研究对象进行城市的宜居性分析。图 1 还显示出一些突出的关键词，如“以人为本”“生态宜居”“宜居水平”等。

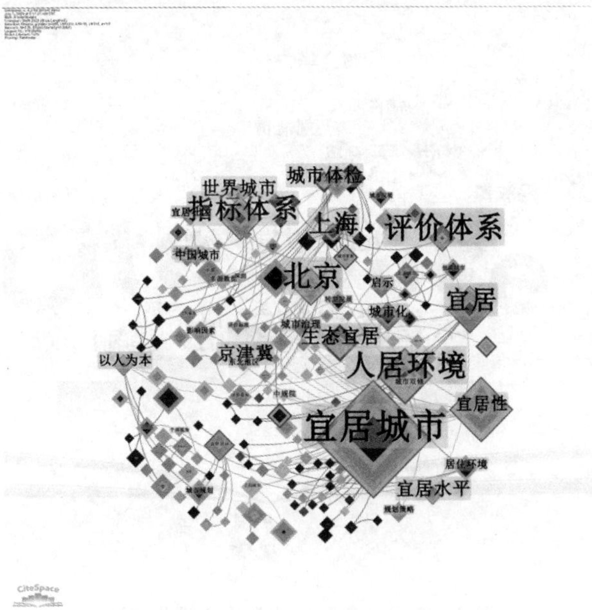

图 1　2005~2023 年关于宜居城市的研究热点

2. 宜居城市的实践探索

从一定程度上而言，宜居城市的建设是中国很长一段时间以来的城市发展目标，宜居城市对于居民生活质量的提高以及城市功能的完善和城市运行效率的提升具有重要价值。图 2 为研究宜居城市的高中心性作者群，从现有研究来看，张文忠的研究中心性最高，为 0.02。张文忠认为，人口密度对不同维度的人居环境感知存在不同的影响路径，作者还提出制定适宜的人口密度控制标准。

3. 宜居城市相关研究进展

关于宜居城市的研究主要集中在 2007~2016 年，学者们主要研究了宜居城市的理论基础和评价。部分学者以北京为例，基于主观感受研究了北京的宜居性、北京市居民宜居满意度、北京城市宜居性空间特征与机制等。

综合文献可知，当前学术界对宜居性的研究主要是针对某类或某个城市的宏观研究；对高密度的研究主要集中于某个地区的微观更新或比较，也就

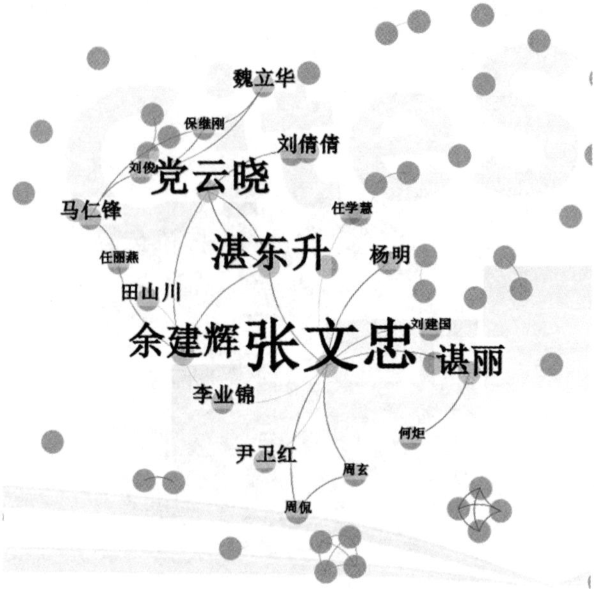

图 2　宜居城市研究的高中心性作者群

是说，现有研究一种偏向宏观，一种偏向微观。

本文在北京高密度地区的宜居性研究上借鉴前人的研究成果，架构上则从宏观理论入手，再到具化分析，以体现北京高密度建成区的特殊时代背景与文化特色。

二　何为宜居

党的二十大提出，坚持人民城市人民建、人民城市为人民，提高城市规划、建设、治理水平，加快转变超大特大城市发展方式，实施城市更新行动，加强城市基础设施建设，打造宜居、韧性、智慧城市。1996 年联合国第二次人居大会提出了城市应当是适宜居住的人类居住地的概念，此概念一经提出就在国际社会达成了广泛的共识，成为 21 世纪新的城市发展观。2004 年北京在全国率先提出建设宜居城市，2014 年 2 月，习近平总书记在北京考察工作时指出，要明确城市战略地位，坚持和强化首都全国政治中心、文化中心、国际交往中心、科技创新中心的核心功能，深入实施人文北京、绿色北京战略，努力把北京建设成为国际一流的和谐宜居之都。

2017 年 2 月习近平总书记视察北京时强调要把建设国际一流的和谐宜居之都作为战略目标。宜居城市有广义和狭义之分，狭义的宜居城市是指气候条件宜人、生态景观和谐、适宜人们居住的城市。广义的宜居城市是一个全方位的概念，强调城市在经济、社会、文化、环境等各个方面都能协调发展，人们在此工作、生活和居住都感到满意，并愿意长期居住下去。本文采用的是广义的宜居城市概念，认为宜居城市是面向所有城市居民的，不仅仅为在城市中工作的人，还要为儿童、老年人、残疾人等各类人群提供较好的生活环境，使他们各得其所；宜居城市是可持续发展的城市，不仅适合当代人居住，还要适合子孙后代居住；宜居城市既要有良好的“硬环境”，满足居民的物质需求，又要形成人与人之间和谐共处的“软环境”，满足居民的精神需求。概括起来，对宜居的理解有三种视角：一是以城市的客观指标数据为基础的视角，二是基于居民主观感受的心理视角，三是将前二者结合的视角。

根据马斯洛的需求层次理论，人的需求从低到高分为五个层次，即生理需求、安全需求、社交需求、尊重需求、自我实现需求。但马斯洛认为，人们的需求层次与时代的发展、地域特征、社会经济发展水平、文化以及受教育程度直接相关。

将马斯洛的需求层次理论与现代大城市生活结合起来，宜居性具有以下 5 个特征，如图 3 所示。

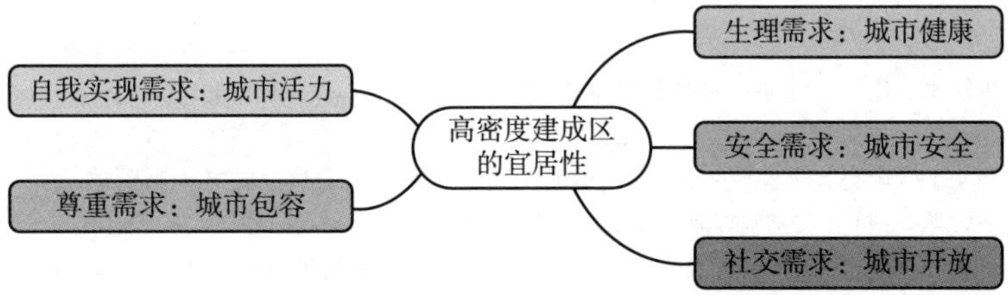

图 3　基于马斯洛的需求层次理论的高密度地区宜居的条件

第一，要注重城市的健康性，满足人的生理需求。习近平总书记提出“大卫生、大健康”的理念，也就是不仅仅要有健康的身体，在精神上，以及社会化的个人完成角色和任务的能力也要处于最恰当的状态。因此，健康的城市需要引导人们有健康的生活方式，同时，还要着眼于社会的可持续发展，以及人和社会的互动关系。崔敏榆等指出，城市健康发展是一种平衡发展的理念，需要综合考虑不同环境要素的发展以及不同群体之间的需求，最终达到整体健康，这需要便捷合理的交通作为保障。①

第二，要满足人的安全需求。宜居城市最重要的表现就是安全、犯罪率低。高密度城市必定人口密集、规模大、社会多元，且对外开放程度高，这些因素是否会影响城市的安全性呢？马文军等的研究认为，深圳、上海、北京以及武汉 4 个城市相比较而言，深圳的防灾能力表现优异。② 城市的防灾设施应该结合人口密度优化布局，并与社区空间匹配。高密度建成区往往具有高强度、高复杂性的特征，在灾害面前呈现敏感和脆弱性。王峤等的研究认为，建立立体化的开放空间系统是缓解和预防高密度环境中常规灾害、提高城市生态安全的有效方法。③

第三，要提高城市的开放程度，满足人们的社交需求。一个城市的开放空间（Open Space，也被称为休憩用地）是城市居民亲近自然、提升生活质量的重要场所。④ 中国香港在高密度区的公共空间利用上非常具有代表性，香港具有多层次的步行网络，因此，可以利用架空平台、屋顶花园、空中廊道等立体化的空间作为开放空间。研究表明，休憩空间的步行可达性是高密度城市开放空间服务水平提升的重要因素。公园、绿地是高密度区传统的开

① 崔敏榆、庄宇、叶宇：《整体健康导向的高密度建成环境设计策略》，《国际城市规划》2023 年 9 月 2 日。

② 马文军、李亮、王奕曾等：《面向健康安全高密度城市治理的社区生活圈体检评估》，《同济大学学报》（自然科学版）2022 年第 11 期。

③ 王峤、曾坚、臧鑫宇：《高密度城区开放空间的生态防灾策略》，《天津大学学报》（社会科学版）2014 年第 3 期。

④ 张灵珠、崔敏榆、晴安蓝：《高密度城市休憩用地（开放空间）可达性的人本视角评价——以香港为例》，《风景园林》2021 年第 4 期。

放空间，但在信息时代，移动互联网的安全、快速全覆盖，也是人们扩大交往的重要方式。

第四，是人的尊重需求，也就是社会的包容度要得到提升。[①] 平等是城市应有的特性。相关研究表明，规模越大、人口越集聚，社会的包容度越高，人的机会越是平等。[②] 此外，比如当前，随子女流动的老年流动人口正在成为一个日益庞大的群体，而中国也即将进入老龄社会，高密度城市的养老照护服务、公共健康服务、社区的老年人友好度等都应该是重要的考虑因素。那么，基本公共服务的年龄平等以及属地平等就显得尤为重要。[③]

第五，是人的自我实现需求，这需要提高城市的活力。根据蒋涤非等的研究，城市活力是一种能够让城市居民以人性化的方式生活的能力。[④] 城市的活力首先应该满足人的生活和体验，目的在于为居民营造舒适宜人的环境。体现城市活力的有城市风貌、公共空间、公共服务布局等，城市活力可以让居民更加“乐业”。[⑤] 劳动力是城市活力的基础，城市活力是吸引劳动力流入的重要推动力[⑥]，二者关系相辅相成。因此，高密度城市必须是具有活力的城市。

三　宜居视角下北京高密度地区存在的问题

（一）整体环境满意度有待提升

高密度地区往往职住密度高，土地使用颗粒化，各种不同的土地混用程

---

① 陈晓彤、何逊、成露依等：《高密度城市儿童游憩空间规划建设策略》，《规划师》2022 年第 6 期。

② 易淑昶、孙久文、柳青：《中国的机会不平等水平与特征研究——兼论城市规模的影响》，《经济理论与经济管理》2022 年第 4 期。

③ 侯慧丽、李春华：《身份、地区和城市——老年流动人口基本公共健康服务的不平等》，《人口与发展》2019 年第 2 期。

④ 蒋涤非、李璟兮：《当代城市活力营造的若干思考》，《新建筑》2016 年第 1 期。

⑤ 闫志攀：《广州建设全球活力城市的四个维度》，《开放导报》2020 年第 1 期。

⑥ 易华清：《城市活力与劳动力结构的时空耦合关系研究——基于京沪穗渝的实证分析》，硕士学位论文，重庆理工大学，2020。

度高，绝大多数的功能由小地块承担，且经济和社会的相关性密切，地块之间临近发展，城市发展的界限模糊。为了满足高密度人群的出行需求，城市的运输系统往往是多模态的，道路内外联系较密切、道路的可达性相对较好，同时出现人行道、机动车道和自行车道并存的局面。高密度地区往往是较低比例的开放空间，因此，公共设施和基础设施的开发要求较高。与此相应的是，过度的拥挤会使居民对空间布局有所排斥，面对混合式的居住空间和噪声污染，大多数居民认为高层住区会产生压抑感和封闭感，不利于环境清洁。

（二）交通拥堵问题尚未彻底缓解

在北京的高密度地区，方格路网是道路主要存在的形式，道路的连接性较好。对于人群密集的地区而言，步行交通的连续性和较为均匀地分布往往更能体现对人的关怀，但是“大马路”的阻隔往往使得行人在每个路口都只能有一种可以抵达目的地的选择，这种限制自由的出行体验被居住者诟病。以机动化交通效率、安全以及容量考量的交通运输系统忽视了人在城市中的活动空间和道路选择自由性。加之目前的高密度地区的方格路网系统表现出均质的路网机理，街道的尺度被动失衡。此外，交通换乘的便捷程度、停车问题、通勤时间等都影响出行效率，这从侧面反映出高密度地区交通服务管理存在一定的问题，不适宜特殊群体的慢行需求。

（三）公共空间提供数量满意度较低

对于高密度地区而言，公共空间的开发一定是低密度的，但公共空间对于环境的改善作用不容忽视。公共空间增加了住区居民的休闲娱乐场所、徒步锻炼和活动区域，同时，也提供了居民的交流活动场所，为居民健康的生活起居提供开放的空间环境，缓解了城市带给人们的压迫感。但越是密度高的地区，公共空间的数量越是稀缺。2022 年底北京口袋公园增加到 390 座，但在高密度地区，往往仍旧受到其他空间的挤压，零碎空间的再利用率并不高，这使得公共空间的环境质量和公共活动空间的需求相差较远，尤其是阳光充足的大面积的硬质活动场地较为缺乏，公共空间内的体育设施和休憩设施也不能满足居民需求，供老年人和儿童等特殊人群使用的空间较少，在场地安全性和无障碍设计方面也缺乏考虑；随着老年人比重的逐年提高，对特殊人群生活需求的充分考虑也逐渐成为宜居住区评价的重要因素。

（四）城市韧性有待进一步提高

提高城市的韧性就是让城市有合理的避灾空间，这也是城市安全的保障，更是城市未来发展的方向。对于北京的城市高密度地区，城市安全问题主要在于空间不足、用地需求量大。由于高密度空间要素集聚、功能混合，避灾空间也相对狭小、容积率较低。同时，由于高密度地区“寸土寸金”，有效建设用地少，受经济利益的影响，高密度区域的公共避灾空间缺乏或者较小，空间可达性较差，且无法拓展，不能满足高密度地区平时和灾时的需求。而高密度地区由于人员密集，一旦发生公共安全事件，会呈现更加敏感和脆弱的特性，如遇紧急情况，很难安全快速撤离，灾害的影响也会相对较大。

四　宜居视角下高密度建成区治理策略研究

治理理论强调的是对公共事务整体管理的治理模式，并鼓励社会性组织与机构尽可能积极融入公共服务团队中。20 世纪 70 年代之后，越来越多的发达国家在政府治理模式上进行了创新与调整，在这一过程中，它们转变的方向几乎一致，即以治理模式为主。罗茨认为，治理意味着“统治”的含义有了变化，意味着一种新的统治过程，意味着有序统治的条件已经不同于以前，或是以新的方法来统治社会。他认为治理有 6 种不同的定义，分别是作为最小国家的管理活动的治理，作为公司管理的治理，作为新公共管理的治理，作为善治的治理，作为社会控制体系的治理，作为自组织网络的治理。全球治理委员会于 1995 年发表的《我们的全球伙伴关系》报告指出，治理是各种公共的或私人的机构管理其共同事务的诸多方式的总和，是使相互冲突的或不同的利益得以调和并且采取联合行动的持续的过程。高密度地区的宜居性规划建设是一个动态的、综合的过程，要突出居民的主体性地位，创建以人为本的生活空间，实现人与人、人与自然、人与社会的和谐可持续发展，是当前中国居住空间发展的客观需要和必然趋势。

（一）建成区功能要多样高效，布局合理

高密度建成区要具有宜居性，土地开发模式必须合理均衡。第一，从交通上而言，不必建造宽马路，交通的可达性要强，各类交通的连接性要好；第二，从住区规模上而言，避免划为大街坊，避免人为扩张规模，而是要统筹居住区、绿化带、公共服务设施、路网等，规模要与居住人口相匹配、相适应，提高土地的混合利用程度；第三，从周边布局来看，要发挥好交通枢纽的作用，让交通可达性促进周边地区空间聚合能力提升，并提高土地利用站点；第四，周边的商业服务和其他公共服务设施要与住区交通、绿地融为一体，将工作、消费、上学、休闲等多种功能与住区构建联系，通过各类交通串联，规划合适的步行可达范围，形成网状和环状共同组合的系统。一些高密度建成区的规划越来越倾向于以交通为中心的布局模式，由于交通对城市的发展具有很好的促进作用，同时交通的布局和定位影响城市的格局，一些围绕交通进行规划的高密度建成区有效地节约了土地资源，充分利用了交通运力，以及城市的公共服务配套设施。研究表明，北京的生产性服务在中心城区集聚经济的强吸引力下不断汇集，生活服务功能也由于人口高密度与区位优势度持续向心汇聚。① 也就是说，从总量上而言，高密度建成区的功能显示出较高的集聚性，但如何在区域内实现科学合理布局，避免重复建设，同时又能极大地满足需求，这应该是亟须考虑的问题。

（二）构建多层次、便捷的交通系统

北京的一些大型社区，已经开设了穿梭于社区内部的社区公交，其特点

---

① 徐姗、员鑫淼、邓羽：《北京城市功能空间演进的结构模式与聚合规律》，《地理学报》2023年第8期。

主要是行车路线固定，但站点灵活，可实现“招手即停”，同时能够与周边的大型公交枢纽以及公共服务设施相互连接，形成城市公交的微循环，在一定程度上缓解了大型公共交通的压力。但是，能够达到这样条件的社区只是少数，绝大多数高密度社区还面临社区与公共交通接驳力度不够的问题，尤其在上下班的高峰期，高密度建成区的交通拥堵问题在所难免，这就有必要为居民提供多层次、便捷的交通系统，比如，在地铁、公共交通服务完善的情况下，仍旧需要完善慢性交通，为自行车骑行者、行人提供最大程度的便利。这就需要利用过街天桥、廊道、绿色步道等鼓励人们步行或慢行，突出慢行空间的层次性、宜居性、可达性，保证高密度建成区能够“人车共存”。高密度住区慢行交通主要包括步行交通和自行车交通，住区的慢行行为可以分为有路慢行、安全慢行、便捷慢行、舒适慢行和自由慢行 5 种，不同的需求层次对住区慢行网络构建有不同的要求。同时，要保证慢行交通的舒适性，这就要求建成区内将慢行交通与其他交通网络形成互为补充的网络系统，并通过慢行设施，如休憩空间等增加慢行空间的整体吸引力。

（三）利用智慧手段破解停车难问题

高密度建成区人员密集，小汽车拥有量也必定不断增加，停车难、停车占道问题随之而来。限于北京的高密度建成区均属老城区，停车方式相对单一、集约化程度低、智慧停车系统少等原因造成地区内停车灵活性较低。

习近平总书记在 2020 年 4 月中央财经委员会第七次会议上讲话指出，完善城市化战略，停车场建设有巨大需求和发展空间。2021 年，国务院办公厅印发《关于推动停车设施发展的意见》，这是继 2015 年国家发改委等部门印发《关于加强城市停车设施建设的指导意见》之后针对停车设施出台的又一重量级政策文件。早在 2018 年，北京就出台《北京市机动车停车条例》，这是北京市第一部机动车停车治理的地方性法规。这些文件不仅体现了国家和地方层面对停车设施的高度重视，也可以看出停车设施在经济社会发展中的重要作用。这些政策文件补齐了首都停车供给短板，也满足了高密度建成区人民合理停车需求。针对高密度建成区的停车设施管理，应先对住区的汽车保有量做前瞻性的预测和规划，在此基础上，合理布置立体式停车场，充分利用公共空间，同时，扩大停车服务半径，有效盘活现有停车位空间和数量；充分利用现代化智慧手段，实现智慧停车，有效提高城市静态空间资源和动态停车利用效率。此外，随着新能源车使用数量的不断增加，充电设施随停车设施共同布局也是现代化基础设施体系的重要组成部分，应科学清晰划分政府和市场权益，让市场受益，从而激发市场参与基础设施提供的活力。

（四）真正将“空间”打造成为“空间”

“空间”并不一定就等于“空间”，空间可能是一个场所、一块空地、一堵围墙，打造具有符号意义的“空间”，必须赋予其一定的文化内涵。

近年来，北京持续打造口袋公园，在“寸土寸金”的东城区和西城区，绿色也可随处入眼。实际上，城市公共空间涵盖范围非常广，包括街道、广场、公园、图书馆、商业场所、餐饮、体育场等室外和室内空间。[①] 这些“空间被视作一种沉默的语言，视作我们信息交流中的一项关键要素”[②]。公共空间不只是场所，它们还具有符号意义，并在某种程度上参与了社会关系的建构。

在高密度建成区内，人群具有复杂性，不同年龄、文化层次、收入、职业人群的需求不同，这就要求公共空间以及公共服务设施应既有特殊性，又有便利性，同时还有安全性。那么，这就要求高密度建成区充分利用楼道空间、避难场所、应急通道、停车棚、围墙等建筑和场地，“见缝插针”，统一进行规划和设计，体现一定的文化氛围，充分利用分散空间，打造统一的文化空间。

① 聂鑫琳：《再造空间：城市文化符号主体间性的建构策略》，《河南师范大学学报》（哲学社会科学版）2023 年第 5 期。

② 约翰·伦尼·肖特：《城市秩序：城市、文化与权力导论》，郑娟、梁捷译，上海人民出版社，2010。

（五）完善好城市服务管理机制

服务连着民生，管理连着发展，因此，城市服务管理机制是城市治理水平的最好体现。高密度建成区人口规模大，居民需求多元，对服务管理机制提出了更高的要求。服务管理的核心在于“以人民为中心”，使城市更健康、更安全、更宜居，满足人民群众对美好生活的期待。目前，城市服务管理模式有 3 种，即行政型、混合型和自治型。在具体形式上，通过政府、街道、社区、居民多方联动，城市管理服务的科学性和专业性有所提升。北京作为首都，率先利用数字化平台，实施智慧城管，实现在线政务互动地图、“我爱北京” App，以及其他智能系统使用，将科技融入城市服务管理中，实现了精细化管理。在精准化服务上，北京探索形成了党建引领、“街乡吹哨、部门报到”的协同管理机制，但是针对高密度地区，应该更加注重民众的个性化需求，突出管理的服务导向，关注“民生福祉”，提高人员集聚地的自治能力，解决居民问题。

B.12
基于样本数据的北京公共服务供需匹配度研究

摘　要：　随着城市的发展，居民对城市公共服务的需求从单一、低层次的生存性需求逐步转向了多元的、高层次的发展性需求。那么，作为城市公共服务的提供一方，如何通过公共服务设施配置模式，实现自上而下、贴近居民的精准供给，这对于城市治理具有极其重要的意义。本报告通过调查北京市东城区、西城区、海淀区、朝阳区、昌平回天地区，基于样本数据研究了北京公共服务供需匹配度，并分析了影响公共服务供给的主要因素，最后给出了对策建议。

关键词：　供给侧改革　公共服务　供需匹配

党的二十大报告提出要“增强公共服务的均衡性和可及性”。习近平总书记2019年在上海考察时指出，城市是人民的城市，人民城市为人民。公共卫生事件等引发了城市治理理念的转变，公共空间资源配置成为热点话题，城市交通、环境与公共服务的关系引发了学者思考。北京作为人口和资源最集聚的区域，治理难度最大，最能反映城市治理能力和水平。公共服务供需矛盾是制约城市公共服务体系健康发展和改善民生的障碍，解决公共服务供需矛盾，就是实现“微观个体需求”与“宏观供给决策”的最优连接，也是满足人民群众对高质量公共服务供给的更高期待，使得人民获得感、幸福感和安全感提升的施政重心。如何连接以及怎样连接就是公共服务的具体流程，服务供应链（Service

Supply Chain)[①] 和公共服务联合生产理论（Public Service Coproduction）[②]对此做出了相应解答。基于此可以得出，公共服务是一个网络系统，这个系统由前端的供给者—中端的管控者（包括决策与流程服务）—末端（需求端）的使用者—终端的公共服务评价反馈构成。本报告在上述高密度地区公共服务现状中的统计描述实际上已经涵盖了部分终端服务评价结果，因此，服务评价仅作为模型变量数据来考量，并未单独呈现结果数据。韩健、李林[③]认为，现如今，公共服务需求越来越具有差异化，在这种背景下，仅强调公共服务均等化是远远不够的。王玉龙、王佃利[④]认为，公共服务供给侧改革，要甄别公众真实的需求，通过精准供给提升公共服务供给效率。通过公共服务精准化供给理论可以得出，要实现公共服务供需精准匹配，必须进行供需匹配研究和设计，才能形成高效的供需连接。何继新等[⑤]人基于5省市626份社区样本实地调查数据，深入分析城市社区公共物品多主体协同供给现状及影响主体间有效协同的制约因素。研究发现，我国城市社区公共物品多主体协同供给总体满意度较高，但是多元主体在供需匹配性、效率性、合作性等方面问题凸显。回归分析显示，业务流程关系、信息沟通反馈、主体间的互信程度对城市社区公共物品多主体协同供给具有显著正向影响，自身利益关注程

① 服务供应链是以客户需求为导向，服务供给商、服务集成商及客户等多元主体通过互动协调机制，紧密集成以进行服务需求管理、服务供给管理、服务流程与能力管理及服务绩效考核管理，对服务活动实行有效控制，从而追求服务产品经济与社会效益及服务客户价值最大化的功能网链结构，其目的是通过服务过程中各参与主体的协同合作，实现供需双方主体间资源与需求的精准匹配，本质在于整合所有服务资源，共同创造客户价值。

② 与服务供应链管理关注服务交付过程的设计不同，公共服务联合生产理论突出强调公共服务供给公民导向、系统导向、社会效益导向的特征，倡导政府、服务提供者、公众作为平等的参与者，在公共服务供给各节点上应充分利用各自的资源和能力，以提升公共服务供给数量和质量。

③ 韩健、李林：《促进流动人口公共服务精准化的财政政策研究——基于政治经济学批判的视阈》，《经济研究参考》2017年第33期。

④ 王玉龙、王佃利：《需求识别、数据治理与精准供给——基本公共服务供给侧改革之道》，《学术论坛》2018年第2期。

⑤ 何继新、杨鹏、高亚君：《城市社区公共物品多主体协同供给：现状评估及影响因素分析》，《吉首大学学报》（社会科学版）2015年第4期。

度具有显著负向影响。卢洪友等[①]人提出，中国政府提供的公共服务拥挤程度存在较大差异，这主要是因为政府的公共财政政策造成了供给差异。高春亮、李善同[②]的研究表明，人力资本分布决定公共服务需求空间格局，影响公共服务均等化发展，人力资本和工资收入越高，公共服务需求越高。

本报告选取了北京市东城区、西城区、朝阳区、海淀区以及昌平回天地区为调查研究范围，共收集了有效问卷500份。一是通过问卷尝试摸清这些地区存在的现代城市发展元素与传统居住空间不适恰问题；二是借助有序的数据模型对公共服务供需匹配程度及影响因素加以分析，摸清公共空间与城市活力不匹配问题；三是通过调研从居民需求、服务供给以及管理流程上掌握物质环境与功能需求不兼容问题，得出结论，并给出启示性建议。

一 调研思路

（一）问卷设计

根据城市治理以及公共服务均等化和精准化理论，本报告构建由公共服务供给（决策）端（主要包括政府、市场、社会组织3个方面）、公共服务需求端（包括居住、文化、卫生、安全、教育、交通、环境宜居性7个方面）、公共服务管控流程（主要是供给目标与公众需求的匹配度，如供给大于需求、供给等于需求、供给小于需求），以及公共服务效率（供给资源利用率）组成的公共服务供需精准匹配度模型，并从以上4个方面设计问卷，进行数据支撑。利用数据交叉分析方法，分析前述地区公共服务存在的问题及其形成的原因，通过数据分析给出公众需求与公共服务资源高效投放的双向匹配建议，实现公共服务的有效且高质量供给。

---

① 卢洪友、卢盛峰、陈思霞：《中国地方政府供给公共服务匹配程度评估》，《财经问题研究》2011年第3期。

② 高春亮、李善同：《人力资本流动、公共服务需求与公共服务均等化》，《南开管理评论》2021年第2期。

（二）题型及调研对象

本报告采用了选择题、问答题以及借助李克特五点量表进行问卷设计，受访者根据自身感知在1~5分内进行打分。本研究采用了电子问卷形式进行，调查对象通过匿名形式提交问卷，以鼓励其表达自己的真实看法。本报告还根据实地调研情况，对问卷题项内容和结构进行修订，保证了调查结果的合理性和有效性。由于问卷通过条件限定，限制了非调研地域范围内的人员填写，也避免了无效问卷，最终问卷浏览量为1891人（次），填写且有效问卷500份，达到了项目研究所需的样本数量。

二　调研对象特征及问卷的信效度

（一）调研对象的特征

调研尽量按照北京不同的地理区位选择，涵盖了东城、西城、海淀、朝阳、昌平回天地区五个区，且所选的调研范围具有代表性，同时，这几个地区的经济发展水平具有一定的差异，保证了样本选取的广泛性、典型性、代表性以及分异性。从调查结果来看，因为定向调研目标明确，填写问卷的对象大多集中在中青年在职群体，且一半以上的人具有本科以上学历（见表1），他们对公共服务情况有更深的体会，也有着自己独有的认识和见解。

表1　调查对象的统计特征

单位：人，%

指标	统计项	人数	问卷数占比
调研地区	东城	110	22
	西城	110	22
	朝阳	90	18
	海淀	90	18
	昌平回天地区	100	20

续表

指标	统计项	人数	问卷数占比
受教育程度	初中(中专、职高、技校)等及以下	33	6.6
	高中(大专)	85	17.0
	本科	251	50.2
	硕士研究生	108	21.6
	博士研究生	23	4.6
在京居住时长	<1年	5	1.0
	1~5年	32	6.4
	5~10年	54	10.8
	10~20年	133	26.6
	≥20年	276	55.2
年龄	≤18岁	1	0.2
	19~28岁	71	14.2
	29~39岁	196	39.2
	40~50岁	143	28.6
	51~60岁	52	10.4
	61岁以上	37	7.4
性别	男	221	44.2
	女	279	55.8
	A. 是北京户籍	398	79.6
	B. 非北京户籍	102	20.4
从事职业	A. 企业从业者	161	36.8
	B. 事业单位人员	103	23.5
	C. 政府行政人员	91	20.8
	D. 社会组织从业者	8	1.8
	E. 个体经营者	9	2.1
	F. 其他	66	15.1

注："从事职业" 调查人数中不含62名离休人员。

（二）问卷的信效度检验

1. 克隆巴赫信度检验

研究对相关统计项进行了信度分析，通过分析可以测量样本的回答结果是否可靠，即样本有没有真实作答。因信度分析仅针对量表数据，即定量数据，通常认为，克隆巴赫信度系数即 Cronbach α 系数值，如果在 0.8 以上，则该测验或量表的信度非常好；信度系数在 0.7 以上是可以接受；如果在 0.6 以上，则该调查量表应进行修订，但仍不失其价值；如果低于 0.6，量表就需要重新设计题项。研究利用 SPSSAU 进行测算，得到问卷整体 Cronbach α 系数值为 0.930，表明量表收集数据具有较高的可靠性和可信性。

2. 数据效度检验

问卷以理论研究为基础，并结合实地走访调研情况以及专家意见进行完善，无论是在理论层面还是实践层面，都保证了其数据分析的合理性与全面性。通过 SPSS 分析，所有问卷数据的 KMO 值为 0.899，巴特利特球形度检验结果显著性为 0（见表 2），表明问卷数据可信度高，可进行相关因子分析。为了判断各数据间的相关性，本文对数据进行了 Pearson 检验，结果显示，所得有关要素均通过 1%或 5%的双尾相关性检验（由于数据表过大，本报告未截取检验数据表），这说明问卷数据具有良好的结构效度，可依此进行进一步的分析。

表 2　KMO 和巴特利特检验

KMO 取样适切性量数	0.899	
巴特利特球形度检验	近似卡方	43434.736
	自由度	3655
	显著性	.000

三　调研分析

（一）基于样本的北京公共服务现状

1. 人均居住面积情况

基于数据汇总的方法可知，昌平回天的人均居住面积在 5 个样本区域中为最大（见图1），东城区的居住面积最小。就通勤时间而言，西城区、朝阳以及昌平回天地区的通勤时间较长，可推断这三个区域的职住分离情况较为显著；室外公共活动空间东城和西城较为充足，朝阳、海淀地区以及昌平回天地区得分较低，这充分说明，近年，北京对于中心城区的公共空间改造取得了明显的成效。

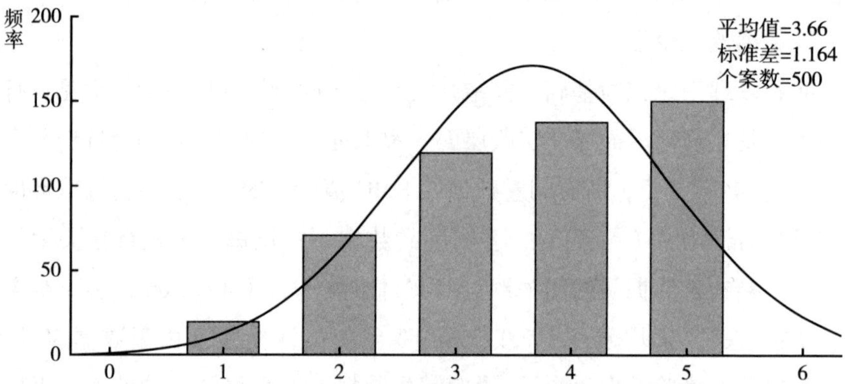

图1　人均居住面积直方图

注：1为东城区；2为西城区；3为朝阳区；4为海淀区；5为昌平回天地区。

从表3可以看出，被调查者中有30.2%的人均居住面积大于等于30平方米，是各组中频数最高的；其次是人均居住面积为21~30平方米，占27.6%；人均居住面积在11~20平方米的人占24%；6~10平方米的居住面积人群占14.2%；人均面积小于5平方米的占比最低，为4%。

表3　人均居住面积情况

单位：%

有效面积	频率	百分比	有效百分比	累计百分比
≤5m^2	20	4.0	4.0	4.0
6~10m^2	71	14.2	14.2	18.2
11~20m^2	120	24.0	24.0	42.2
21~30m^2	138	27.6	27.6	69.8

续表

有效面积	频率	百分比	有效百分比	累计百分比
≥30m²	151	30.2	30.2	100.0
总计	500	100.0	100.0	—

为了进一步分析人均居住面积情况，本报告利用 SPSS 的频数分析法计算出所有样本的人均居住面积的四分位数（见表 4）；并根据户籍状况对数据进行了拆分后重新计算了四分位数，分别得到了本市户口和外地户口的人均居住面积的四分位数。各项计算结果如表 4 所示。四分位数主要用于测度数据的中心趋势和散布程度。本报告的居住面积为给定范围数值，因此计算四分位数时根据表 3 有效百分比将五分段的测度面积选项以 1~5 的位序进行排列，其目的在于进一步分析人均居住面积的离散程度。

表 4　人均居住面积四分位数

个案数	有效	500
	缺失	0
百分位数	25%	3.00
	50%	4.00
	75%	5.00

从表 4 可以看出，四分位法 25%的位置上数字为 3，50%的位置上数字为 4，75%的位置上数字为 5，根据表 3 数据以及上述四分位计算方法可以推出：北京市人均居住面积整体较为均衡，虽然呈现出一定的左偏分布，但整体而言较为对称。

进一步分析，本市户口和外地户口的人均居住面积四分位数（见表 5 和表 6）表明，本市户籍人口中，398 位调查者，人均居住面积的四分位差为 10 平方米；外地户籍人口有 102 位调查者，人均居住面积的四分位差是 20 平方米，可见，外地户籍人口的人均居住面积的离散程度高于本市户籍人口，尤其是在高数值区。

表 5　非京籍人员居住面积四分位数

统计[a]		
居所人均面积为		
个案数	有效	102
	缺失	0
标准偏差		1.238
百分位数	25	2.00
	50	3.00
	75	5.00

注：a. 是否北京户籍=非北京户口。

表 6　京籍人员居住面积四分位数

统计[a]		
居所人均面积为		
个案数	有效	398
	缺失	0
标准偏差		1.138
百分位数	25	3.00
	50	4.00
	75	5.00

注：a. 是否北京户籍=北京户口。

2. 通勤情况

通勤指的是从居住地往返工作地的交通行为，是连接生活与工作的纽带。近年来随着城镇化的加快以及交通工具的迅猛发展，居住地和工作地分离的现象也在明显加剧。“职住分离”意味着通勤距离和通勤时间的增长。行业调查显示，北京居民通勤的平均通勤路程为 13.2 千米，平均用时达 56 分钟。从表 7 可以看出，东城区的通勤时间为 31 分钟~1 小时的占比最高，小于等于 30 分钟的排第二。西城区的通勤时间为 31 分钟~1 小时的人占比最高；朝阳区也同样是 31 分钟~1 小时的占比最高；海淀情况最为理想，通勤时间小于等于 30 分钟的占比为 42.22%。

表 7　各地区通勤时间占比统计

单位：%

项目	≤30 分钟	31 分钟~1 小时	>1 小时
东城区	31.82	34.55	28.18
西城区	19.09	40.00	20.91
朝阳区	18.89	41.11	22.22
海淀区	42.22	23.33	17.78
昌平回天地区	24.00	29.00	35.00

注：表中数据已删除各区“不需要通勤人员”的占比。

北京随着《北京城市总体规划（2016 年-2035 年）》推进职住平衡发展，对于中心城区职住分离情况有了极大的改善。但对于回龙观天通苑地区，职住分离情况仍然突出，昌平回天地区通勤时间大于 1 小时的人群占比为 35%；其次为 31 分钟~1 小时的通勤人群，占比 29%。2018 年的研究表明[①]，在五环以内，国贸、金融街、丰台科技园为北京职住比较高的区域。西城区、东城区和海淀区是北京职住比最高的 3 个行政区域，西城区的职住比达 1.19，东城区的职住比达 1.15，海淀区的职住比达 1.11。显然，从目前的调查数据来看，这种状况有所改善。再来看朝阳区，因为调研大多集中在 CBD 地区，以 CBD 的职住人口为例，该区域居住人口的就业地主要集中在 CBD 区域中，而就业人口的居住地则更多地位于外围区域，从通勤时间来看，41.11%的人通勤时间在 31 分钟~1 小时，有 22.22%的人通勤时间大于 1 小时，通勤时间小于等于 30 分钟的人仅有 18.89%。从数据能够明显看出背后的逻辑——“收入和房价比”对工作居住地选择上的支配。有能力支付更高房租的人住在通勤最便捷的地区，而稍显拮据的人则会选择周边交通较为方便的地区居住。对于昌平回天地区，通勤时间大于 1 小时的人群占比 35%，在 31 分钟~1 小时范围内的人群占比是 29%，通勤时间小于等于 30 分钟的人群占比 24%。昌平回天地区因为房价低、房租便宜，通勤方便，

① 资料来源：《2018 年中国城市通勤研究报告》，https：//zhuanlan.zhihu.com/p/40122799。

吸引了大量居民。

3. 教育基本公共服务情况

教育服务是最基本的公共服务，具有公共性、普惠性、基础性、发展性等特征，是全体人民群众的重大关切，也是最现实、最直接的现实利益。从表 8、表 9 中可以看出，对于托幼服务和中小学基础教育的服务情况，各高密度地区存在一定的差异，且不同的人群对于政府提供的教育服务感受也有很大的不同。关于托幼服务的满意度情况，调查数据显示（见表 8），东城区具有北京户籍的居民很满意度处于 5 个地区之首，达 37. 30%。海淀区的托幼服务很满意度也较高，为 21. 60%，朝阳（CBD 地区）的托幼很满意度为 19. 60%，西城区的托幼很满意度为 13. 70%，昌平回天地区的托幼很满意度最低，仅占 7. 80%。一项调查显示[①]，中国目前 80%的婴幼儿是由祖辈看护，育儿成本占到中国家庭平均收入的近 50%，但托幼服务短缺严重，0~3 岁婴幼儿在中国各类托幼机构的入托率仅 4%。从调查结果来看，这个问题在昌平回天地区尤为突出。目前，托幼机构基本由街道办园、企业办园和事业单位办园组成，昌平回天地区人员密集，企业少，事业单位也较少分布于此，这就进一步加剧了昌平回天地区托幼服务的紧缺度。然而，对于非京籍而言，大概源于其期望值较低，对于托幼服务的满意度情况恰好相反，海淀区的托幼服务满意度最高，然后依次是昌平回天地区、西城区和东城区。对于这样的调查结果，可能的原因在于托幼机构不受户籍的影响，非京籍居民有平等的托幼机会，因此，非京籍人群对这项服务的满意率较高。

本报告进一步调查了五个地区周边的小学、初中基础教育公共服务情况。数据显示（见表 9），具有北京市户籍的人群，东城区的总体满意度最高，海淀区排第二，排在第三位的是西城区，昌平回天地区的满意度仍旧最低。对于非京籍而言，西城区的满意度最高，其次是海淀区，朝阳区排第三，昌平回天地区满意度仍为最低。

① 刘琳：《北京市妇联：建立多元托幼服务模式》，2018 年 1 月 27 日，https：//www. sohu. com/a/219295300_ 161623。

表8　托幼服务满意度

单位：%

户籍	地区	很不满意	不满意	一般	满意	很满意
京籍	东城区	9.10	25.50	28.60	17.20	37.30
	西城区	31.80	34.00	24.90	19.40	13.70
	朝阳(CBD地区)	18.20	17.10	14.60	24.70	19.60
	海淀区	27.30	10.60	13.50	23.70	21.60
	昌平回天地区	13.60	12.80	18.40	15.00	7.80
非京籍	东城区	0	8.30	28.60	7.70	15.40
	西城区	14.30	41.70	24.90	30.80	15.40
	朝阳(CBD地区)	0	0	14.60	7.70	23.00
	海淀区	0	8.30	13.50	23.00	30.80
	昌平回天地区	85.70	41.70	18.40	30.80	15.40

注：表中京籍“很不满意”、京籍“不满意”、京籍“一般”、京籍“满意”、京籍“很满意”各为1；非京籍同上。

表9　周边小学、初中基础教育公共服务情况

单位：%

户籍	地区	东城区	西城区	朝阳区（CBD地区）	海淀区	昌平回天地区
京籍	很不满意	2.90	6.40	5.60	5.80	9.80
	不满意	7.80	8.50	15.30	7.20	13.10
	一般	34.40	48.90	47.20	33.40	60.70
	满意	34.30	24.50	20.80	37.70	11.50
	很满意	20.60	11.70	11.10	15.90	4.90
	总满意度占比（满意比+很满意比）	54.90	36.20	31.90	53.60	16.40
非京籍	很不满意	0	6.30	0	0	17.90
	不满意	12.50	12.50	0	4.80	12.80
	一般	62.50	37.40	72.20	66.60	48.80
	满意	0	25.00	5.60	14.30	12.80
	很满意	25.00	18.80	22.20	14.30	7.70
	总满意度占比（满意比+很满意比）	25.00	43.80	27.80	28.60	20.50

注：表中东城区京籍、西城区京籍、朝阳区（CBD地区）京籍、海淀区京籍、昌平回天地区京籍各为1。

4. 环境情况

调查中，就地区环境得到了较为细化的数据，限于篇幅和内容，在此仅展示对于该地区环境整洁的整体满意度情况。从表 10 中可以看出，海淀区的居民满意度最高，几乎一半的人对环境的整洁度满意，其次是朝阳地区，满意度达 41.20%。东城区和西城区满意度分别为 38.2% 和 33.7%。从各种资料来看，老城区人口密度较高，且小区的建成时间较早，这对于环境的整洁度是个巨大的挑战。昌平回天地区的环境整洁满意度为最低。昌平回天地区居住着 100 多万人口，60% 以上拥有大专以上学历，70%左右是 45 岁以下的青年人群，而且多从事 IT、金融、文化设计等工作。近年来《优化提升回龙观天通苑地区公共服务和基础设施三年行动计划（2018－2020 年）》的实施对该地区的环境有了很大改观，但从调查数据来看（见表 10)，满意度仍旧不高。环境改善是否存在区域内差距，或者与青年人群的要求还存在差异，这都是值得探讨的问题。

表 10　环境整洁满意程度分析

单位：%

项目	东城区	西城区	朝阳区（CBD 地区）	海淀区	昌平回天地区
很不满意	6.40	6.30	0	3.30	3.00
不满意	11.80	10.00	14.40	10.00	12.00
一　般	43.60	50.00	44.40	40.00	56.00
满　意	21.80	25.50	30.10	37.80	22.00
很满意	16.40	8.20	11.10	8.90	7.00
总满意度占比	38.20	33.70	41.20	46.70	29.00

注：表中东城区、西城区、朝阳区（CBD 地区）、海淀区、昌平回天地区各为 1。

5. 医疗服务情况

医疗卫生服务具有公共产品属性，这无可争议，而公共卫生服务也是一个国家或地区人民群众健康的基本保障，因此，公共卫生关系着社会的公共安全，因为公共医疗投入大，也是体现政府作用的最佳领域，无疑也是政府部门的责任。从此次调查数据来看，昌平回天地区的不满意度最高，西城区的不满意度最低（见表11）。

表11 到达最近的公立医院的方便程度

单位：%

项目	东城区	西城区	朝阳区	海淀区	昌平回天地区
很不方便	4.50	3.60	1.10	1.10	3.00
不方便	2.70	1.80	8.90	6.70	9.00
一　般	36.40	31.90	41.10	33.30	48.00
方　便	25.50	43.60	32.20	40.00	30.00
很方便	30.90	19.10	16.70	18.90	10.00
不方便度总比重	7.20	5.40	10.00	7.80	12.00

限于篇幅，本报告对于北京公共服务现状仅分析以上5个方面，对于其他公共服务状况，本报告将在以下实证部分分析。

（二）实证研究

1. 模型设计及理论假设

（1）模型选择

基于正式调查前的专家咨询和预调研，为使其表达真实的想法，我们以口头形式记录了调研结果。根据这个结果的判定，公共服务匹配与地区居民居住舒适度高度相关，为了能够让被调查对象更清晰地锁定问题，且对问题有更加直观的感受，本报告以居住地区整体舒适度为衡量地区公共服务匹配度的替代变量。

根据前文所述公共服务供需匹配度研究思路，本报告将公共服务评价作为被解释变量，将绿化情况，周边配套设施，饮用水安全，房屋采光、通风情况，地区环境整洁度，地区的安全感作为公共服务供给变量；将停车位、公共活动空间、室内活动场所作为公共服务需求端；将通勤时间和相关政府机关应对紧急事态的能力作为公共服务的公共服务管控流程变量；将年龄、受教育程度、户籍、在京居住时长、常住地区、职业、年收入等个体情况作为公共服务使用者参与能力变量。因为公共服务各个环节的变量互相交错影响，因此，在实证分析过程中，本报告并未根据上述分类逐步引入变量，而是根据先验判断的相互影响因素将变量逐步引入方程中。

（2）理论假设

一个地区的公共服务供给情况通常由多个方面可以来衡量，其核心能力是财政资金投入能力，首都绝大部分区域政府投入资金能力相差并不大，因此，本文未将政府资金投入引入方程，而将作为由政府提供的绿化情况、周边配套设施、饮用水安全、房屋采光及通风条件、地区环境整洁度、地区的安全感等作为公共服务供给变量作为考量。同样，公共服务管控流程也是错综复杂的，为了更加凸显人、地区、公共服务三者之间的紧密联系，本报告仅引入通勤时间和相关政府机关应对紧急事态的能力两个关键变量；公共服务是否匹配，不但与处于前端的供给者有关，还与末端的接收者能力相关，本文引入年龄、受教育程度、户籍、在京居住时长、常住地区、职业、年收入等个体情况作为公共服务使用者参与能力变量。但常住地区与职业因其数据特殊性，我们只作为协变量参与方程计算，不会对其进行理论假设。基于以上分析，本报告对已给定变量提出以下假设（见表 12）。

表 12　理论假设

假设变量	假设内容
年龄(H1)	年龄对公共服务精准匹配具有负向影响
受教育程度(H2)	受教育程度对公共服务精准匹配具有负向影响
户籍(H3)	户籍对公共服务精准匹配具有负向影响(数据分析中,具有京籍的调查对象名义定义值为“1”;非京籍的调查对象名义定义值为“2”)
在京居住时长(H4)	在京居住时长对公共服务精准匹配具有负向影响
年收入(H7)	年收入对公共服务精准匹配具有负向影响
通勤时间(H8)	通勤时间对公共服务精准匹配具有负向影响
房屋采光、通风条件(H9)	房屋采光和通风条件对公共服务精准匹配具有正向影响
公共活动空间(H10)	公共空间对公共服务精准匹配具有正向影响

续表

假设变量	假设内容
室内活动场所(H11)	室内活动场所对公共服务精准匹配具有正向影响
绿化情况(H12)	绿化情况对公共服务精准匹配具有正向影响
停车位(H13)	停车位对公共服务精准匹配具有正向影响
周边配套设施(H14)	周边配套设施对公共服务精准匹配具有正向影响
饮用水安全(H15)	饮用水安全性对公共服务精准匹配具有正向影响
地区环境整洁度(H16)	地区环境整洁度对公共服务精准匹配具有正向影响
地区的安全感(H17)	地区的安全感对公共服务精准匹配具有正向影响
社区文化氛围(活动)(H18)	社区文化氛围对公共服务精准匹配具有正向影响
相关政府机关应对紧急事态的能力(H19)	相关政府机关应对紧急事态的能力对公共服务精准匹配具有正向影响

2. 影响因素分析

(1) 数据统计描述

从调查数据来看（见表 13），被调查者中认为当前所在的地区整体舒适度“非常舒适”“舒适”的群体占所有受访者的 42.2%，认为目前社区舒适度“不舒适”“很不舒适”的群体则占 8.4%，且从均值来看，均值达到 3 说明被调查者对目前社区的舒适度评价就不会是“不舒适”或者“很不舒适”。从区域的统计结果来看，CBD 地区对地区舒适度评价最高，均值为 3.50 分，东城区次之，且都高于整体的均值。但是，昌平回天地区居民对社区舒适度的评价得分最低，均值为 3.36 分，小于整体均值，与最高的 CBD 得分相比，相差 0.14 分。从年龄区间来看，得分最低的是 51~60 岁的人群，其次是 29~39 岁的群体，评价最高的是 61 岁以上群体。这一数据反映出，北京的整体情况是老年人或中年人友好型，而对于较为年轻者以及处于中年及老年这个阶段的人群关注较少。从户籍情况来看，京籍的评价整体高于非京籍的评价。从受访者教育水平来看，博士研究生对地区的整体舒适度评价最高，均值为 3.70 分，硕士研究生对地区的整体舒适度评价最低，这更促使我们进一步分析影响评价结果的原因。从调查结果来看，性别对评价结果的影响较小。从在京居住时长来看，居住时长小于1年的群体对地区的舒适度评价最高，这可能缘于其在京居住时间短，对北京居住地区的体会并不是很深。

表13　被调查对象对社区舒适度的总体评价统计

指标	统计项	均值(分)	非常舒适(%)	舒适(%)	一般(%)	不舒适(%)	很不舒适(%)
总体		3.42	11.80	30.40	49.40	5.00	3.40
所在地区	东城区	3.46	15.50	27.30	49.10	4.50	3.60
	西城区	3.40	11.80	32.70	45.50	3.60	6.40
	朝阳(CBD地区)	3.50	13.30	31.10	47.80	7.80	0.00
	海淀区	3.39	10.00	33.30	46.70	5.60	4.40
	昌平回天地区	3.36	8.00	28.00	58.00	4.00	2.00
年龄	29~39岁	3.39	8.50	32.40	52.10	4.20	2.80
	40~50岁	3.47	14.30	32.10	44.40	4.60	4.60
	51~60岁	3.35	10.50	27.30	53.10	4.90	4.20
	61岁以上	3.50	11.50	34.60	46.20	7.70	0.00
户籍	京籍	3.44	12.10	31.90	47.50	5.00	3.50
	非京籍	3.35	10.80	24.50	56.90	4.90	2.90
受教育程度	初中(中专、职高、技校)等及以下	3.39	18.20	12.10	63.60	3.00	3.00
	高中(大专)	3.40	10.60	28.20	54.10	4.70	2.40
	本科	3.48	12.70	32.30	47.00	6.00	2.00
	硕士研究生	3.26	7.40	32.40	47.20	4.60	8.30
	博士研究生	3.70	17.40	34.80	47.80	0.00	0.00
性别	女	3.41	12.20	29.00	49.50	6.10	3.20
	男	3.44	11.30	32.10	49.30	3.60	3.60
在京居住时长	<1年	3.80	20.00	40.00	40.00	0.00	0.00
	1~5年	3.28	6.30	31.30	53.10	3.10	6.30
	6~10年	3.76	25.90	31.50	37.00	3.70	1.90
	11~20年	3.36	7.50	34.60	48.90	4.50	4.50
	≥21年	3.39	11.60	27.90	51.80	5.80	2.90

（2）模型估计

由于调查数据涉及问题较多，相关的变量也较多，为了使验证结果具有较高的稳定性和可靠性，采用前述逐步回归的方法对模型进行拟合。本报告借助 SPSS 26 软件，采用有序 Probit 模型，将各个变量逐步回归，估计结果。具体而言将地区、年龄、性别、户籍、受教育程度、在京居住时长作为协变量，进行同步回归（见表 14）。方程 1 将年龄、受教育程度、户籍、在京居住时长、职业、年收入等个体特征作为协变量进行初步回归；方程 2 在方程 1 的基础上，引入高密度地区的通勤时间作为自变量；方程 3~12 则是在方程 2 的基础上逐步引入地区居民居住情况作为自变量，这些因素包括通勤时间、房屋采光和通风条件、室外公共活动空间和室内活动场所、绿化情况、停车位、周边配套设施、饮用水安全、环境整洁度、地区的安全感、社区文化活动氛围；方程 13 则是在方程 12 的基础上引入公共服务的政府能力因素，即相关政府机关应对紧急事态的应变性。为了对比检验回归模型的稳健性，本报告采用与方程 13 相同变量的方法，借助 OLS 模型进行回归估计。两种回归方法的验证结果显示，方程 1~13 整体效果较为显著，对数似然值在逐渐减小，而伪 R^2 值在方程 1~13 中逐渐增加，表明所用模型具有较高的拟合度。同时，通过 OLS 检验，方差膨胀系数都大于 1，说明模型的解释变量不存在多重共线性，研究模型的稳健性较强。

（3）结果分析

由表 14 可知，在设定控制变量的前提下，受访者的能力因素中，“户籍”与“在京居住时长”两个解释变量的系数分别为-0.287 和-0.145，且在 10%和 5%水平下显著，表明当受访者具备特定的条件时，公共服务的匹配度并不会完全受到供给的数量和多寡的影响。也就是说，对于京籍居民和非京籍居民，以及在京居住时间长短这个条件而言，可以分别提供差异化、特定的公共服务，这样可适当提高公共服务匹配度。模型中对于其他影响受众者个人能力的条件，经过模型验证，发现其影响并不明显。

表 14　有序 Probit 模型估计结果

变量	方程 1	方程 2	方程 3	方程 4	方程 5	方程 6	方程 7	方程 8	方程 9	方程 10	方程 11	方程 12	方程 13	OLS 模型估计（VIF 值）
年龄（H1）	0. 021	-0. 023	-0. 009	0. 019	-0. 010	-0. 020	0. 001	-0. 006	-0. 014	-0. 039	-0. 121	-0. 151	-0. 023	1. 859
受教育程度（H2）	-0. 026	0. 001	0. 001	0. 043	0. 042	0. 084	0. 094	0. 078	0. 106	0. 205	0. 071	0. 034	0. 165	1. 769
户籍（H3）	-0. 287*	-0. 643**	-0. 677**	-0. 622**	-0. 615**	-0. 489*	-0. 502*	-0. 601**	-0. 580**	-0. 550*	-0. 631*	-0. 598*	-0. 636*	1. 520
在京居住时长（H4）	-0. 145**	-0. 282**	-0. 322***	-0. 317***	-0. 315***	-0. 284**	-0. 277**	-0. 349***	-0. 337**	-0. 283**	-0. 281*	-0. 283**	-0. 134	1. 784
常住地区（H5）	-0. 044	-0. 035	-0. 037	-0. 065	-0. 075	-0. 050	-0. 070	-0. 029	0. 016	-0. 033	0. 004	0. 024	0. 055	1. 123
职业（H6）	0. 025	0. 029	0. 043	0. 040	0. 034	0. 037	0. 044	0. 031	0. 042	0. 031	0. 062	0. 051	0. 029	1. 350
年收入（H7）	-0. 050	-0. 050	-0. 088	-0. 101	-0. 141	-0. 133	-0. 144	-0. 170*	-0. 112	-0. 129	-0. 126	-0. 103	-0. 107	1. 454
通勤时间（H8）		-1. 157***	-1. 117***	-1. 067***	-0. 890***	-0. 042	-0. 309	-0. 209	-0. 569*	-0. 376	-0. 638*	-0. 169	-0. 076	1. 487
房屋采光、通风条件（H9）			0. 635***	0. 417**	0. 404**	0. 265	0. 210	0. 204	0. 228	0. 008	0. 066	0. 049	0. 214	1. 149
地区公共活动空间（H10）				0. 962***	0. 804***	0. 155	0. 016	0. 047	0. 075	0. 018	0. 122	0. 066	0. 050	1. 329
室内活动场所（H11）					0. 989***	0. 118	0. 108	0. 107	0. 151	0. 087	0. 025	0. 223	0. 243	1. 272
绿化情况（H12）						1. 812***	4. 818***	4. 365***	3. 412***	2. 267***	1. 819***	1. 794***	1. 685***	2. 059

续表

变量	方程 1	方程 2	方程 3	方程 4	方程 5	方程 6	方程 7	方程 8	方程 9	方程 10	方程 11	方程 12	方程 13	OLS 模型估计（VIF 值）
停车位(H13)							0.814**	0.804**	0.715**	0.475	0.446	0.389	0.356	1.141
周边配套设施(H14)								2.033***	1.193***	0.400	0.495	0.601	1.022*	1.486
饮用水安全(H15)									3.385***	1.821***	1.696**	1.629**	1.301*	1.814
地区环境整洁度(H16)										5.664***	4.178***	3.793***	2.869***	2.567
地区的安全感(H17)											2.495***	2.457***	1.825***	1.953
社区文化氛围（活动）(H18)												1.273***	0.259	1.538
相关政府机关应对紧急事态的能力(H19)													7.621***	2.091
样本量	500	500	500	500	500	500	500	500	500	500	500	500	500	500
对数似然值	1095.335	1154.592	1158.465	1138.440	1134.419	986.535	971.801	941.064	879.859	816.851	724.107	714.826	266.563	—
伪 R^2 或 R^2	0.017	0.078	0.097	0.143	0.163	0.382	0.400	0.436	0.501	0.560	0.634	0.641	0.854	—

注：***、** 和 * 分别表示在 1%、5%和 10%的水平上具有统计显著性。

表 15　验证结果

假设变量	假设内容	假设成立/不成立
年龄(H1)	年龄对公共服务精准匹配具有负向影响	不成立
受教育程度(H2)	受教育程度对公共服务精准匹配具有负向影响	不成立
户籍(H3)	户籍对公共服务精准匹配具有负向影响(数据分析中,具有京籍的调查对象名义定义值为“1”;非京籍的调查对象名义定义值为“2”)	成立
在京居住时长(H4)	在京居住时长对公共服务精准匹配具有负向影响	成立
年收入(H7)	年收入对公共服务精准匹配具有负向影响	不成立
通勤时间(H8)	通勤时间对公共服务精准匹配具有负向影响	成立
房屋采光、通风条件(H9)	房屋采光和通风条件对公共服务精准匹配具有正向影响	成立
公共活动空间(H10)	公共空间对公共服务精准匹配具有正向影响	成立
室内活动场所(H11)	室内活动场所对公共服务精准匹配具有正向影响	成立
绿化情况(H12)	绿化情况对公共服务精准匹配具有正向影响	成立
停车位(H13)	停车位对公共服务精准匹配具有正向影响	成立
周边配套设施(H14)	周边配套设施对公共服务精准匹配具有正向影响	成立
饮用水安全(H15)	饮用水安全性对公共服务精准匹配具有正向影响	成立
地区环境整洁度(H16)	地区环境整洁度对公共服务精准匹配具有正向影响	成立
地区的安全感(H17)	地区的安全感对公共服务精准匹配具有正向影响	成立
社区文化氛围(活动)(H18)	社区文化氛围对公共服务精准匹配具有正向影响	成立
相关政府机关应对紧急事态的能力(H19)	相关政府机关应对紧急事态的能力对公共服务精准匹配具有正向影响	成立

关于公共服务的管控流程中，“通勤时间”和“政府机关应对紧急事态的能力”两个因素都从侧面反映出公共服务的中间环节，在实证结果中显示，这两个因素都在1%的水平下显著。作为公共服务提供者的关键环节，交通要素以及服务机构的服务态度、服务技能直接影响到公共服务的满意度，这也说明，该项检验结果完全契合先验假设。

公共服务是否匹配，最终取决于末端的需求方。本报告引入了停车位、地区公共活动空间、室内活动场所作为公共服务需求端变量。验证表明，停车位在5%的水平下显著，且与公共服务成正相关；地区公共活动空间是公共服务的最直接体现，在1%的水平下呈现明显的正向作用；室内活动场所数量也在1%的水平下呈现明显的正向影响。这说明，当公共服务对象具有强烈的参与意愿，且具备享有公共服务的个人能力时，往往会对公共服务的匹配度起到事半功倍的作用，有利于促进公共服务的高效匹配。

公共服务是否匹配，更为重要的是公共服务的供给，本报告采用绿化情况、周边配套设施、饮用水安全、房屋采光和通风条件、地区环境整洁度、地区的安全感6个变量作为公共服务的供给变量。通过验证显示，绿化情况对公共服务匹配有正向影响作用，且在方程中在1%水平下显著，这说明，绿化是公共服务供给的直接影响因素。周边配套设施在方程中呈现有1%水平下以及10%水平下的正向影响作用，这说明周边配套设施是公共服务供给的重要表征要素。饮用水安全在1%的水平下显著影响；房屋采光和通风条件在1%的水平下显著；地区环境整洁度和地区的安全感也在1%的水平下对公共服务匹配有显著正向影响。

研究中，尽量将各类影响因素都涵盖其中，但实际上，随着市场化进程的加快以及技术的不断引入，公共服务投入质量是在不断提升的，效率也一定是有改进的，只不过难免会有不匹配的情况出现。从回归验证结果来看，相关系数的显著性虽然明显，但也有较多引入的因素影响并不显著，或是限于笔者能力与篇幅，许多因素未被引入模型考虑，这些是今后需要探索和挖掘的研究点。

四　研究启示及建议

（一）研究启示

本文基于访谈及调查问卷，以及前人的研究文献，对北京公共服务匹配度进行了分析研究，并通过实证识别了影响公共服务精准匹配的影响因素。在研究方法上，本文通过模型设计、模型假设、模型验证等发现，目前北京公共服务供需匹配程度总体为中等偏上（均值大于3），但仍有很大的提升空间。据此，本文得出如下启示：一是数据结果显示，公共服务供给的关键影响因素对公共服务匹配度影响呈正向作用；从数据分析结果来看，公共服务供给与公共服务管控流程可能正向促进也可能悖向发展。例如，政府为居民提供了互相交错的交通路网，但忽视了使用者的人流方向，造成交通拥堵、通勤成本高，这就是管控流程环节的问题。而与公共服务供给关系最为密切的是政府部门的处事能力和应变能力，这对公共服务供给匹配度具有直接的正向影响作用。二是北京各区的公共服务供给水平基本相当，但公众需求却各有差异，研究证明，公共服务供给侧的改革需要由需求侧来拉动。

（二）政策建议

1. 优化公共服务供给数量

公众群体的公共服务需求个性化首先应该满足公共服务的公平性、基础性和保障性。也就是说公共服务供给要充足，这是维护社会基本公平正义的基础，也是社会矛盾的“缓冲器”。要实现公共服务供给充足，就要整合社会力量，将政府单一供给模式变为社会系统合作供给模式，发挥联动作用，也有利于推进社会和谐发展。

2. 优化公共服务供给流程

公共服务供给的管控流程直接影响着公共服务供给的匹配程度，也直接影响着地区间资源的公平配置，因此，要强化政府公共服务的绩效管理，强化政府部门的主体责任，提高政府工作的效率和应变能力，完善公共服务中端管控流程的体制机制，充分发挥政府在公共服务资源配置中的有效作用，推动政府公共服务管理职能的运行机制向“创造良好发展环境、维护社会公平正义”转变。

3. 通过“需求侧”拉动公共服务“供给侧”

公众是公共服务的直接享用者，也是公共服务的终极服务对象，所谓公共服务精准匹配，实际上是公共服务能否精准满足公众的服务需求。在政府具备同样财力、物力的条件下，高效提供公共服务，精准满足公众需求，是构建公共服务提供者与需求者双向互动的高效模式。通过研究发现，公共服务必须将公众意愿纳入公共服务决策考量中，由政府“一厢情愿”的独断服务转变为政府—公众协商互动共同决议。通过公众的需求拉动公共服务的供给，既能提高公众参与公共服务资源的调配效率，又能高效实现公共服务资源的配置，还能从根本上实现公共服务的“供给侧”改革。

参考文献

陈才：《“十四五”时期新型智慧城市发展思路与建议》，《中国建设信息化》2021年第1期。

陈翔：《中国住房保障制度优化研究》，硕士学位论文，河南大学，2017。

陈元志、陈劲：《社会主义现代化强国视域下的科技创新：历史演进、内涵特征和实现路径》，《上海大学学报》（社会科学版）2023年第3期。

崔佳琪：《政策工具视角下中国住房保障政策文本量化研究》，硕士学位论文，燕山大学，2021。

崔兰亭、屈爽、王欣桐等：《规划综合实施方案编制初探：北京丰台东铁营棚户区改造项目》，《北京规划建设》2021年第2期。

党云晓、余建辉、张文忠等：《基于主观感受的宜居北京评价变化研究》，《人文地理》2015年第4期。

丁明磊、黄琪轩：《健全新型举国体制的逻辑思考与实践启示》，《人民论坛·学术前沿》2023年第1期。

丁怡婷：《基于数字化、网络化、智能化进行基础设施建设“新城建”让城市更美好（经济新方位）》，《建筑设计管理》2022年第5期。

董光器：《四十七年光辉的历程——建国以来北京市城市规划的发展》，《北京市规划建设》1996年第5期。

方金城、陈婷婷、刘柱坤等：《基于Entropy-DEMATEL的智能制造产业创新生态系统脆弱性分析》，《电子科技大学学报》（社会科学版）2023年第3期。

付明：《实施市政基础设施智能化，提高运行效率和安全性能》，《中国建设信息化》2023年第5期。

高春亮、李善同：《人力资本流动、公共服务需求与公共服务均等化》，《南开管理评论》2021年第2期。

高蓉、杨昌鸣：《城市高密度地区公共空间的人性化整治》，《中外建筑》2003年第3期。

龚道孝、周长青：《建设智能化市政基础设施，促进城市治理现代化》，《中国建设信息化》2022年第23期。

顾宗培：《北京城市文化空间的解读与更新利用探索》，硕士学位论文，中国城市规划设计研究院，2012。

韩健、李林：《促进流动人口公共服务精准化的财政政策研究——基于政治经济学批判的视阈》，《经济研究参考》2017年第33期。

何继新、杨鹏、高亚君：《城市社区公共物品多主体协同供给：现状评估及影响因素分析》《吉首大学学报》（社会科学版）2015年第4期。

黄南、郑琼洁：《全球科技创新的范式变革与长三角科技创新圈建设的路径探索》，《中国发展》2019年第6期。

李明烨：《由〈拉德芳斯更新规划〉解读当前法国的规划理念和方法》，《国际城市规划》2012年第5期。

李雅洁：《基于"城市触媒"理论的旧工业区更新改造策略研究——以首钢工业区为例》，硕士学位论文，河北工程大学，2016。

刘维东、唐楚茵、佘美萱：《广州高密度建成区商业综合体微绿地建设研究》，《广东园林》2019年第5期。

卢洪友、卢盛峰、陈思霞：《中国地方政府供给公共服务匹配程度评估》，《财经问题研究》2011年第3期。

缪朴、竺晓军：《高密度环境中的城市设计准则》，《时代建筑》2001年第3期。

任保平、张倩：《中国式现代化新征程中高质量数字基础设施建设的新要求和实现路径》，《求是学刊》2023年第2期

石铁矛等编著《国外著名建筑师丛书第一辑：约翰·波特曼》，中国建

筑工业出版社，2003。

孙久文、史文杰：《以中国式现代化全面推进区域协调发展》，《中国国情国力》2023 年第 5 期

汤文仙、李京文：《基于颠覆性技术创新的战略性新兴产业发展机理研究》，《技术经济与管理研究》2019 年第 6 期。

唐毅、代振、杨洁：《推进大数据智能化公共基础设施建设研究》，《中国信息化》2023 年第 5 期。

童心、王小凡：《高密度环境下城市微型公共空间的利用》，《中外建筑》2012 年第 3 期。

王崇烈、陈思伽：《北京城市更新实践历程回顾》，《北京市规划建设》2021 年第 6 期。

王楚鹏：《住房保障制度的运作及其法治改进》，硕士学位论文，中南财经政法大学，2021。

王合群等编《2019~2020 中国城市更新年鉴》，经济管理出版社，2020。

王敏：《北京市保障房发展现状与有效供给的政策思考》，《中国房地产》2017 年第 30 期。

王倩娜、谭敏、何昕等：《高密度都市区绿地系统规划的构成及特征研究：以东京都 23 区为例》，《国际城市规划》2018 年第 5 期。

王儒奇、陶士贵、刘强：《数字经济能否提升城市创新能力——基于双边随机前沿模型的新视角与再测算》，《江苏大学学报》（社会科学版）2023 年第 3 期。

王延安、宋斌斌、章文光：《基于央地关系的中国创新治理政策过程研究》，《新视野》2021 年第 4 期。

王玉龙、王佃利：《需求识别、数据治理与精准供给——基本公共服务供给侧改革之道》，《学术论坛》2018 年第 2 期。

王育晓、邢丹宇、张茹瑜：《基于内容分析法的陕西省硬科技产业政策分析：政策工具与创新价值链双重视角》，《中国科技资源导刊》2022 年第 3 期。

肖威：《城市高密度环境下的建筑开放空间立体化设计研究》，硕士学位论文，东南大学，2018。

许婧雪、张文忠、谌丽：《杭州城市人口密度对人居环境感知的影响》，《地理科学》2022 年第 2 期。

杨浚：《回顾“十三五”，展望“十四五”——大力推进城市更新，促进首都高质量发展》，《北京规划建设》2021 年第 4 期。

尹艳林：《中国企业自主创新的现状、问题与对策》，《中国科技投资》2006 年第 3 期。

袁北星、赵宁：《科教人才优势如何更好转化为创新发展优势——以武汉市为例》，《社会科学动态》2022 年第 12 期。

约翰·卡萨达等：《航空大都市——我们未来的生活方式》，曹允春、沈丹阳译，河南科学技术出版社，2013。

湛东升、张文忠、党云晓等：《中国流动人口的城市宜居性感知及其对定居意愿的影响》，《地理科学进展》2017 年第 10 期。

湛东升、张文忠、余建辉等：《基于地理探测器的北京市居民宜居满意度影响机理》，《地理科学进展》2015 年第 8 期。

湛东升、张文忠、余建辉等：《基于客观评价的北京城市宜居性空间特征及机制》，《地域研究与开发》2016 年第 4 期。

张旭文：《我国保障性住房有效供给研究——基于制度变迁的分析视角》，博士学位论文，江西财经大学，2021。

赵璇：《我国保障性住房法律问题研究》，硕士学位论文，兰州大学，2017。

赵勇伟：《中心区高密度协调单元的构建——一种整体适应的城市设计策略》，《建筑学报》2005 年第 7 期。

钟源：《多地争创科创中心　国家区域协同创新提速》，《经济参考报》2022 年 3 月 11 日。

祝侣：《上海科技创新政策工具箱优化研究》，《江南论坛》2023 年第 2 期。

后　记

《中国城市管理报告（2023）》是首都城市环境建设研究基地首席专家刘承水教授带领研究团队在相关研究成果基础上写成的，相关章节虽然以脚注进行了说明与感谢，但他们的贡献远非如此，且非常重要，在此理应再次对胡雅芬博士、汤文仙博士、翟文博士、周秀玲博士（以姓氏拼音首字母排序）致以诚挚的谢意。同时，感谢尚晋钢老师和褚旭老师，他们分别承担了本书的数据建模、排版以及翻译工作。特别感谢北京市哲学社会科学基金对该书的资助，感谢中国社会科学文献出版社张丽丽、赵熹微老师对本书不辞辛劳的编审。还要指出的是，《中国城市管理报告（2023）》从准备到诞生历时一年，在此过程中，得到了多方面的大力支持，北京城市学院首都城市环境建设研究基地的全体研究团队积极推动了该项工作的进展。

希望《中国城市管理报告（2023）》为中国的城市治理提供更有价值和更有意义的参鉴。

本书作者团队

于北京市海淀区北四环中路 269 号

2023 年 8 月 15 日

Abstract

The city is an important carrier of modernization, and the modernization of urban governance is the inherent requirement of promoting Chinese-style modernization. With a large population, large volume and many factors, cities are a gathering place of resources such as talents, economy and science and technology, an important engine for economic and social development, and an important node of the national and global economic system. Therefore, urban governance has the characteristics of complexity, difference and particularity, and the urban governance system andmethods need to be continuously explored and advance with the times.

Based on practice and years of data accumulation, the China Urban Management Report 2023 analyzes economic, social, environmental, scientific and technological innovation, infrastructure and other fields, and focuses on hot issues in the capital to provide governance paths for analyzing the causes and development trends of urban problems.

The general report comprehensively analyzes the overall management level of China's 36 key cities to propose the path of urban governance modernization, that is, fully absorb the excellent traditional Chinese culture, pay much attention to the "details" of the city, and make use of the advantages of science and technology and city clusters to realize the sharing and interoperability of public services.

The five sub-reports respectively analyze the level of urban public service, economic management, environmental management, scientific and technological innovation management, and infrastructure management. The key to improving the level of public service is to put the people first and make equal access to basic public services as the goal, and continue to promote the modernization of the basic public service system. The improvement of urban economic management level should start from two main aspects: market supervision system and scientific management of local government revenue and expenditure. Urban ecological environment has increasingly become an important factor affecting the benign and sustainable development of cities. The path of environmental management lies in actively promoting the work of carbon peak and carbon neutrality, expanding environmental publicity and strengthening the collaborative management mechanism. As Report of the Party's 20th National Congress puts forward higher requirements for accelerating the realization of high-level science and technology self-reliance, the most important factor affecting the improvement of science and technology innovation management level is the choice of innovation policy tools. Infrastructure is an important support for economic and social development, and the key to improving the level of infrastructure management is to perfect the construction system and improve the intelligent level of facilities.

The Beijing theme brings together some of Beijing's hot issues. By studying the "dual hub" of Capital International Airport and Daxing International Airport and comparing the development experience of Tokyo, the report proposes to promote the deep integration of regional port and city through brand effect and rail transit. Science and technology innovation is an important part of the national strategic science and technology power, the paper summarizes the status quo of Beijing's implementation of innovation drive, analyzes the experience of foreign enterprises, and recommends to build an enterprise innovation index evaluation system and strengthen "production, university, research and investment" four-in-one scientific and technological innovation alliance with enterprise science and technology innovation as the main body. As the theoretical guidance and action program for local construction practice, the theme is based on the five aspects including population, income, ecology, material and spiritual civilization, and development path, and fully demonstrates the Beijing characteristics of Chinese-style modernization. The theme also studies Beijing's housing security system andinstitutions, pointing out that Beijing's pilot experience in the construction of various types of affordable housing provides a good reference for other cities. Multi-point dispersion in high-density areas is an important feature of Beijing. The theme proposes to create diversified residential energy efficiency spaces for high-density areas, build convenient slow traffic and parking system, expand public open spaces, and improve service management mechanisms.

The theme also studies Beijing's housing security system andinstitutions, pointing out that Beijing's pilot experience in the construction of various types of affordable housing provides a good reference for other cities. Multi-point dispersion in high-density areas is an important feature of Beijing. The theme proposes to create diversified residential energy efficiency spaces for high-density areas, build convenient slow traffic and parking system, expand public open spaces, and improve service management mechanisms. Improving the quality of public service in Beijing is an important task to improve the level of social governance in the capital and achieve comprehensive modernization. The theme points out that Beijing residents' demand for urban public services has gradually shifted from a single, low-level survival need to a diversified, high-level development demand, and it is necessary to adjust the supply mode of public service to achieve accurate supply. Improving the quality of public service in Beijing is an important task to improve the level of social governance in the capital and achieve comprehensive modernization. The theme points out that Beijing residents' demand for urban public services has gradually shifted from a single, low-level survival need to a diversified, high-level development demand, and it is necessary to adjust the supply mode of public service to achieve accurate supply.

Keywords: Chinese-style Modernization; Key Cities; Urban Governance

Contents

I General Report

Abstract: In the post pandemic era, economic growth in various countries around the world continues to decline, and technology empowers cities to drive productivity growth. The general report traces back to the urban management system and model in the pre Qin period of China, comprehensively analyzes the management level of 36 key cities in China, and objectively analyzes the basis for the development of Chinese path to modernization governance in China's major cities at present. The research results show that the management level of key cities in China has increased steadily as a whole, science and technology drive has significantly enhanced the governance level of major cities, and the construction of new and old infrastructure has strengthened the management cornerstone of provincial capital cities The foundation of grassroots social governance is steadily developing. At the end of the report, it proposes the road of Chinese path to modernization governance in China's big cities. It should seek the source of Chinese excellent traditional culture, implement community fine governance under the dual guidance of party building planning, continue to empower smart governance in big cities driven by science and technology, and coordinate urban regional development, public service sharing and connectivity, and other suggestions.

Keywords: Chinese-style Modernization; Urban Governance; Big City

Ⅱ Sub-reports

Abstract: This chapter analyzes and evaluates the public service management level of 36 key cities based on 12 indicators in three dimensions. The indicator system includes three segments: education, health and social security, and public culture. The evaluation results show that the level of public service equalization has been significantly improved, and the cities in central and western China have narrowed the gap with the cities in the east in terms of health and education. It is recommended to further promote the improvement of urban public service management in three aspects, including adhering to the people-centered development ideology, adhering to the goal of basic public service equalization, and adhering to the goal of modernizing basic public service capacity.

Keywords: Key Cities; Public Services; Social Security

Abstract: The report establishes an evaluation index system for the level of urban economic management in China, and selects 36 key cities to evaluate the level of urban economic management in 2021. The evaluation results show that the overall level of urban economic management in the eastern region is higher, and the scores and rankings have obvious advantages. The gap between the urban economic management level of the central region and that of the eastern region has narrowed. The level of urban economic management in the western region has continued to improve, and the coordination of regional development has gradually increased, with important urban agglomerations such as Chengdu-Chongqing and Guanzhong Plain playing a more prominent leading role. In northeast China, the urban economic management and administration color are thick, and the market lacks vitality. Finally, the report suggests that we should continue to optimize the economic functions of urban governments, realize the transformation of economic growth mode, and promote high-quality economic development; It is necessary to improve the basic system of market regulation, improve the long-term mechanism of market regulation, and constantly improve the modernization level of market regulation and governance system and governance capacity. We will strengthen the management of local government budget revenue and expenditure, improve the mechanism for high-quality growth of fiscal revenue, formulate fiscal revenue policies in light of local conditions, and promote high-quality fiscal development.

Keywords: Urban Management; Economic Management; Comprehensive Evaluation

Abstract: A harmonious and livable living environment is an important manifestation of urban civilization. This report evaluates and compares the environmental management level of 36 key cities in China, taking into account five dimensions: solid waste management level, gas waste management level, liquid waste management level, ecological greening management level, and noise environment management level. The analysis results show that urban environmental management work is progressing steadily overall. However, the development of regional urban environmental management levels is uneven and there are differences. It is gratifying that some cities have made significant improvements in their environmental management level. Finally, the report proposes suggestions from three aspects: actively promoting carbon peak and carbon neutrality work, utilizing new media to explore new ideas for environmental education, and strengthening collaborative management mechanisms, to help improve the level of urban environmental management.

Keywords: Urban Management; Environmental Management; Comprehensive Evaluation

Abstract: The report of the 20th National Congress of the Communist Party of China has put forward higher requirements for accelerating the realization of high-level technological self-reliance and self-improvement. As the main battlefield of China's modernization drive, strengthening the scientific and technological innovation capability of cities is the primary task of urban scientific and technological innovation management in the future. This report evaluates the level of innovation management in 36 key cities, objectively reflecting the overall situation of innovation management and promoting innovation in these cities. Finally, classify and provide examples of commonly used urban innovation policy tools in China, and propose suggestions for the use, selection, and improvement of these tools for different urban types.

Keywords: Innovative City; Science and Technology Innovation; Policy Tool

Abstract: Urban infrastructure is an important guarantee for ensuring the safe operation and sustainable development of cities, as well as an important factor in enhancing their competitiveness and attractiveness. This report evaluates and compares the infrastructure management level of 36 key cities in China, taking into account three dimensions: water and electricity facility management level, road traffic facility management level, and post and telecommunications facility management level. The analysis results show that the overall level of urban infrastructure management is relatively stable, with little fluctuation in ranking. The four major first tier cities are in a leading position in infrastructure management, but there are still certain differences between them. In addition, the level of infrastructure management in some cities has been steadily improved. The report proposes some suggestions to help improve the level of urban infrastructure management. First, it is suggested to improve the chinese-style modernization infrastructure system and vigorously promote the construction of new infrastructure to meet the growing urban demand. Secondly, we will promote the construction of new urban infrastructure, implement intelligent municipal infrastructure construction and management, enhance the level of intelligence in infrastructure, and improve service efficiency and quality.

Keywords: Urban Management; Infrastructure Management; Comprehensive Evaluation

Ⅲ Beijing Topics

Abstract: This report studies the development of Beijing Capital International Airport and Daxing International Airport (hereinafter referred to as the dual hub). Relying on the construction of them, Beijing has promoted the development of the airport economic zone, and formed an airport industrial cluster represented by aviation, specialized new technology, aviation logistics, biological medicine, conference and exhibition, with the Beijing Capital International Airport Economic Demonstration Zone and Beijing Daxing International Airport Economic Demonstration Zone. Meanwhile, the report compares Tokyo's dual hub experience and analyzes the specific situation of Beijing and Tokyo in terms of their respective resource endowments. Accordingly, in view of Beijing's advantageous position of "dual hub and dual district", the report puts forward suggestions of enhancing the combination of internationalization and localization, shaping the brand of international airport city, strengthening the construction of rail transit, and promoting the deep integration of districts, airports, and the city.

Keywords: Dual Hub; Beijing Capital International Airport; Daxing International Airport

Abstract: Enterprise scientific and technological innovation is an important component of national strategic scientific and technological strength. This report studies Beijing's innovation-driven development situation. Beijing has thoroughly implemented the new development concept, firmly grasped the general trend of new scientific and technological revolution and international industrial transformation, focused on high-end and sophisticated industries, and driven the high-quality development of Beijing's industries. This report compares the experience of foreign enterprises' scientific and technological innovation, and analyzes the specific situation of Beijing and abroad in terms of their respective resource endowments. Accordingly, this report offers policy suggestions to strengthen the dominant position of enterprise in scientific and technological innovation and accelerate the implementation of innovation-driven development. Emphasis should be placed on building the evaluation system of enterprise innovation indicators and strengthening the four-in-one science and technology innovation alliance with enterprise science and technology innovation as the main body. The paper puts forward the model of "enterprises set questions, scientific research institutes and universities give answers, and the government review the answer".

Keywords: Science and Technology Innovation Alliance; Enterprise Life Cycle; Beijing

Abstract: Chinese path to modernization is the best interpretation of upholding fundamental principles and breaking new ground, the concrete practice of the theory of seeking truth from facts, and the guiding principles of local construction practice. The history of modernization in China can be broadly divided into four stages: the budding exploration of the concept of modernization during the New Democratic Revolution, the expansion of industrialization and the four modernizations during the socialist revolution and construction period, the development of socialism with Chinese characteristics during the reform and opening-up period, and the development of Chinese path to modernization in the new era. Beijing is the capital of China, the frontier and the appearance of Chinese path to modernization. The Beijing characteristics of Chinese path to modernization are reflected in the following five aspects: (i) Beijing has a huge population, a high level of urbanization, a high level of educational attainment and an abundance of high-quality human resources. Beijing's population size tends to be stable and its population distribution is relatively balanced. (ii) Challenges to urban wealth distribution equilibrium are still existing, the income gap between urban and rural residents is still large, and the unbalanced and insufficient development of the Beijing-Tianjin-Hebei Capital Metropolitan Area is prominent. (iii) Beijing has achieved remarkable results in building material civilization and a rich and colorful spiritual civilization. (iv) Beijing's ecological civilization has achieved remarkable results, its green development is at the forefront of the country, and its environmental management achievements have become Beijing's calling card, but it still faces many challenges in ecological protection. (v) Beijing has modernized the road to peaceful development by building a high-quality platform for diplomacy, accelerating the construction of major facilities and projects, and creating a first-class business environment.

Keywords: Chinese Path to Modernization; Development Stage; Beijing Practice

Abstract: Establishing a well-developed housing security system is an important guarantee for promoting people's well-being, advancing high-quality urban development and realizing the strategic goal of common prosperity in a Chinese path to modernization. The development of China's housing security system has gone through three stages. The first stage is the exploration stage of housing security system during the transition from planned economy to market economy. The second stage is the parallel development and innovation stage of the affordable housing system and commercial housing system in the process of soaring housing prices. The third stage is the establishment and improvement stage of the rent-purchase housing security system with multiple subjects and multiple channels in the new era. Under the framework of the national system, Beijing, taking into account the characteristics of the city, has focused on the development of affordable rental housing as the key to achieve secure housing. Beijing has continuously improved the subscription system for affordable housing as the necessary means to achieve secure housing. Meanwhile, Beijing has actively improved the planning, construction and management system of affordable housing with the goal of creating harmonious and livable high-quality affordable housing. Beijing has provided valuable practical experience and institutional reference for the development and improvement of China's housing security system.

Keywords: Housing Security System; Beijing; Affordable Housing

Abstract: High-density areas in Beijing are characterized by dispersion, compact development, and a series of outstanding problems such as public service, public space, and public transportation. Therefore, high-density areas have gradually become the research field of scholars in recent years. This paper reviews the relevant research conclusions of high-density cities and livable cities, and points out the relevant theoretical basis. This paper analyzes the problems existing in high-density areas of Beijing in detail, and proposes to provide diversified public services to residents in residential areas by shaping diversified residential spaces, constructing convenient slow traffic systems and parking systems, as well as livable public open spaces and service management mechanisms. Based on these, inprove the leved of urban governance in Beijing.

Keywords: High-density; Livable; Urban Governance

Abstract: With the development of cities, residents' demand for urban public services has gradually shifted from a single, low-level survival need to a diversified, high-level development need. As a provider of urban public services, it is of great significance to urban governance to achieve top-down and accurate supply close to residents through the allocation mode of public service facilities. By investigating Dongcheng District, Xicheng District, Haidian District, Chaoyang District and Changping Huitian District of Beijing, this paper studies the matching degree of public service supply and demand in Beijing based on sample data, analyzes the main influencing factors of public service supply, and finally gives countermeasures and suggestions.

Keywords: Supply Side Reform; Public Services; Supply and Demand Matching

皮 书

智库成果出版与传播平台

✤ 皮书定义 ✤

皮书是对中国与世界发展状况和热点问题进行年度监测，以专业的角度、专家的视野和实证研究方法，针对某一领域或区域现状与发展态势展开分析和预测，具备前沿性、原创性、实证性、连续性、时效性等特点的公开出版物，由一系列权威研究报告组成。

✤ 皮书作者 ✤

皮书系列报告作者以国内外一流研究机构、知名高校等重点智库的研究人员为主，多为相关领域一流专家学者，他们的观点代表了当下学界对中国与世界的现实和未来最高水平的解读与分析。截至 2022 年底，皮书研创机构逾千家，报告作者累计超过 10 万人。

✤ 皮书荣誉 ✤

皮书作为中国社会科学院基础理论研究与应用对策研究融合发展的代表性成果，不仅是哲学社会科学工作者服务中国特色社会主义现代化建设的重要成果，更是助力中国特色新型智库建设、构建中国特色哲学社会科学“三大体系”的重要平台。皮书系列先后被列入“十二五”“十三五”“十四五”时期国家重点出版物出版专项规划项目；2013~2023 年，重点皮书列入中国社会科学院国家哲学社会科学创新工程项目。

S 基本子库
UB DATABASE

中国社会发展数据库（下设 12 个专题子库）

紧扣人口、政治、外交、法律、教育、医疗卫生、资源环境等 12 个社会发展领域的前沿和热点，全面整合专业著作、智库报告、学术资讯、调研数据等类型资源，帮助用户追踪中国社会发展动态、研究社会发展战略与政策、了解社会热点问题、分析社会发展趋势。

中国经济发展数据库（下设 12 专题子库）

内容涵盖宏观经济、产业经济、工业经济、农业经济、财政金融、房地产经济、城市经济、商业贸易等12个重点经济领域，为把握经济运行态势、洞察经济发展规律、研判经济发展趋势、进行经济调控决策提供参考和依据。

中国行业发展数据库（下设 17 个专题子库）

以中国国民经济行业分类为依据，覆盖金融业、旅游业、交通运输业、能源矿产业、制造业等 100 多个行业，跟踪分析国民经济相关行业市场运行状况和政策导向，汇集行业发展前沿资讯，为投资、从业及各种经济决策提供理论支撑和实践指导。

中国区域发展数据库（下设 4 个专题子库）

对中国特定区域内的经济、社会、文化等领域现状与发展情况进行深度分析和预测，涉及省级行政区、城市群、城市、农村等不同维度，研究层级至县及县以下行政区，为学者研究地方经济社会宏观态势、经验模式、发展案例提供支撑，为地方政府决策提供参考。

中国文化传媒数据库（下设 18 个专题子库）

内容覆盖文化产业、新闻传播、电影娱乐、文学艺术、群众文化、图书情报等 18 个重点研究领域，聚焦文化传媒领域发展前沿、热点话题、行业实践，服务用户的教学科研、文化投资、企业规划等需要。

世界经济与国际关系数据库（下设 6 个专题子库）

整合世界经济、国际政治、世界文化与科技、全球性问题、国际组织与国际法、区域研究 6 大领域研究成果，对世界经济形势、国际形势进行连续性深度分析，对年度热点问题进行专题解读，为研判全球发展趋势提供事实和数据支持。

法律声明